ゆれうごくヤマト

もうひとつの古代神話

アンダソヴァ・マラル

青土社

ゆれうごくヤマト　目次

序章　9

第Ⅰ部　出雲世界——出雲国風土記を中心に

第一章　祭祀者としての出雲国造とその〈神話作り〉　21

1　出雲国風土記の成立および特徴
2　出雲国造はどのような存在だったのか
3　意宇郡の由来——国引き神話
4　巨人神のオミヅヌの命
5　「おゑ」とは何を意味するのか

第二章　杵築大社の成立——オホナムチをいつき祀る者たち　43

1　山が神体のオホナムチ
2　出雲西部の祭主、キヒサカミタカヒコ
3　出雲西部の祭主から出雲東部の祭主へ
4　アヂスキタカヒコにみる国造
5　杵築大社の成立
6　楯縫郡——カムムスヒと「天」

第三章　出雲国造の宇宙観——「天の下所造らしし大神」　75
1　天地開闢神としてのオホナムチ
2　いくつもの始原
3　「天の下」の創造神、オホナムチ
4　母理郷の条の解釈
5　出雲の国魂である国造
第四章　天皇と出雲の神々——「詔」・「勅」の分析から　103
1　出雲国風土記における天皇
2　「詔」と「勅」について
3　和語の「のり・のる」について
4　出雲国風土記における「詔」
第五章　古事記と日本書紀——ヤマトからみたオホナムチと出雲　125
第一節　古事記にみるオホクニヌシ
1　国造り神としてのオホクニヌシ
2　「さやぐ」世界と荒ぶる神
3　葦原中国の言向け
4　オホクニヌシの国譲り
第二節　日本書紀にみるオホナムチ

第Ⅱ部　古事記を読み直す

第一章　荒ぶる異界と対面する――神武天皇にみる熊野とヤマト　161

第一節　熊野の村
1　イハレビコ、東へと向かう
2　タカクラジとその夢
3　タカクラにおける夢
4　熊野というトポス

第二節　「サヰ河」の音――神武天皇の結婚歌
1　「佐韋河」の表記とそれに関する歌の解釈
2　「狭井河」の表記とそれに関する歌の解釈
3　「サヰ河」に対する注文の分析
4　神武とオホモノヌシ

第三節　日本書紀における神武天皇
1　ヤマトを征伐する神武
2　神武による結婚

第二章　ヤマトの境を決めていく――崇神天皇にみる国作りと神祭り　205

1　オホモノヌシの祭祀の制度化
2　日本書紀におけるオホモノヌシ

第三章　出雲を訪問する御子――垂仁天皇にみる出雲大神の祭祀　221

1　出雲大神の祟り
2　ホムチワケによる出雲訪問
3　ヤマトと出雲
4　ヒナガヒメとの結婚
5　日本書紀における出雲

第四章　ヤマトタケル――景行天皇にみる〈建く荒き情〉の意義　241

1　ミコトを誤認するヤマトタケル
2　古事記におけるミコト
3　憑依する〈天皇霊〉
4　景行とタケル
5　日本書紀におけるヤマトタケル

第五章　気比の大神を祭る――応神天皇にみる新王朝の誕生　269

1　神託と仲哀天皇の死
2　神と名を変えるオホトモワケ
3　日本書紀における応神と気比の大神

終章　285

あとがき　293

注　297

参考文献一覧　323

Summary　iv

索引　i

ゆれうごくヤマト　もうひとつの古代神話

凡例

・本書におけるテクスト原文の引用は次の通りである。古事記は神野志隆光校注『古事記』（新編日本古典文学全集）小学館、一九九七による。ただし、古事記の漢字文の訓読に関して、神野志隆光と異なる立場をとる場合、『古事記』（新潮日本古典集成）西宮一民校注、新潮社、二〇〇五（初版　一九七九）を参照している。そのことについて注で示している。日本書紀は小島憲之校注『日本書紀』（新編日本古典文学全集）小学館、一九九四による。出雲国風土記は荻原千鶴『出雲国風土記』講談社学術文庫、一九九九によるが、他の風土記は『風土記　新編日本古典文学全集』植垣節也校注、小学館、一九九七を用いている。

・本書における本文の引用は、原則として漢字文で示し、括弧の中に読み下し文を掲載している。

・古事記、日本書紀、出雲国風土記にみられる神名・人名はカタカナで表記している。ただし、出雲大神、高木の神、気比の大神はそのまま記している。

・古事記、日本書紀、出雲国風土記にみられる神名・人名に相違ある場合は一つに統一している。例えば、アヂスキタカヒコ（出雲国風土記）、アヂスキタカヒコネ（古事記、日本書紀）はアヂスキタカヒコで統一し、オホナモチ（出雲国風土記）、オホアナムヂ（古事記）、オホアナムチ（日本書紀）はオホナムチで統一し、ホムチワケ（古事記）、ホムツワケ（日本書紀）はホムチワケで統一し、ホムダワケ（古事記）、ホムタワケ（日本書紀）はホムダワケで統一している。

序章

神話は永遠に人を魅了するものである。世界の始まりの物語や自然の生成、人間の先祖にあたる神の出現や英雄なる者の業績、想像を超えるほど遠い昔の話が、今までにあらゆる世界の文化において語り続けられてきていることが不思議でならない。文字であらわされた神話体系を有する国もあれば、口頭で、師匠から弟子へと伝承されている文化を有する地域も多い。人はなぜ神話を求めているのだろうか、神話が我々をいざなう世界とはどのようなものなのだろうか。こうした疑問と立ち向かうときにその神話世界への入口はそれぞれの物語があらわされた表現や言葉にあると思うことが多い。

口頭で伝えられた神話にしろ、文字に起こされた伝承にしろ、その神話の聞き手・読み手への伝達はまず言葉を通して実現するものである。その言葉にはむろん、悲劇性にとんだものもあれば、人を笑わせ、楽しませるものも少なくない。そして、あえて受け手の興味を湧き立たせるような工夫や手法が駆使されている表現も多くみられる。その中でも、意義を担う語のみならず、例えば、鳥の叫びだったり、河の音だったり、海の嘆きだったりを表現するという〈音〉の伝達も、受け手へとそれぞれの語りを具現化する上で重要であるといえよう。

〈音〉をあらわすという点では、口頭で行われる語りが有利のようにみえる。口頭であれば、口による音の真似や語り手の声の高さやリズム、楽器の演奏を伴うパフォーマンスの場合は、音の弾き方の強弱などによって、音の伝達は成功する例をみる。

しかし、文字に起こされ、はるか遠い古代に記述された神話を目の当たりにする場合は、我々が向き合うのはテクストのみである。そのテクストに刻まれた文字の世界はどのようにして〈音〉を表現しうるものなのだろうか、どのようにして、それぞれのストーリーの主人公が置かれている場面を具体化して受け手へと伝達しうるものなのだろうか、と考えてみたい。

古事記にみられる例として神武天皇のヤマトに進出してからのエピソードがあげられる。神武はオホモノヌシの娘、イスケヨリヒメと結婚するのだが、それは「サヰ河」のふもとで行われるものとして描かれる。ともに一夜を過ごしたのち、神武は葦原の「しけしき」小屋でヒメと結ばれたことを歌うが、その記述の中に、「サヰ河」の音を歌い表していると解せる記述がみられる。

「サヰ河」とは流れの激しい河として知られ、騒がしい音を立てるため「サヰ河」と名付けられた。葦の葉がすれあう音も「さやぐ」というように表現され、不穏で、激流の「サヰ河」の騒がしい様子と響き合う。それに、神の威力の出現も「さや」の音で表される例がみられ、それには神のにぎわい・勢いととらえられる側面もあれば、不穏でまわりをざわつかせる神の息遣いを感じさせる側面もある。葦原の音、河の音、神の音を歌いだす神武に、古代神話の編者たちは何をたくしたのだろうか。このようなことから、文字でもって〈音〉を表現する古事記のおもしろさが垣間見えてくるのである。

こうした音はまた単なる手法としてテクスト内に響くものとして機能しているのではなく、ヤマトそのものを意味付ける役割を担っていることにも注目する必要があろう。オホモノヌシは疫病をなすという荒ぶる神として描かれ、それが住み着くヤマトは不穏な音がたつ場所として描写される。天皇たる存在が君臨する国土とは常に繁栄・秩序・文明の意義を担わなければならないのだが、神武が行きつくヤマトはそれとはまるで異なる世界として描かれている。不穏で、さわがしい音、ざわざわとした気に満ちている世界である。

だが、神武はヤマトの音を歌い上げることによって、土地の神、オホモノヌシの荒ぶる力を生成力・生命力へと転化させている。このように、ヤマトの大王は聖性を象徴する存在だったのではなく、荒ぶる力と対面し、それとコミュニケートしていたことがみえてくるのである。そして、ヤマトそのものは聖なる中心として機能していたのではなく、荒々しい力を発動する世界として意味づけられることも、〈音〉の分析から明らかになっていく。〈音〉でもって世界を表現する、こういうおもしろさも古事記にある。

神武の第九代の子孫、崇神はこうしたヤマトの神であるオホモノヌシの祭祀を制度として整え、国の安定・平安をもたらす。そこで、ヤマトの荒ぶる力が解消されたかと思えば、今度は異なる主人公によるヤマトの持つ荒々しさが浮上する。この人物とはヤマトタケルである。

ヤマトタケルは西と東を平定して、国土を拡大した英雄として知られている。だが、古事記と日本書紀におけるこの人物の描写は異なっているのである。日本書紀のタケルは天皇の愛を受け、天皇に従順で、立派な将軍として描かれる。それに対して、古事記のタケルは暴力性そのものの象徴であるかのように、兄の手足をもぎ取り、熊襲タケルを、瓜を切りさくかのように切りさき、天皇の命令もないのに、出雲タケルまで殺害する。古事記と日本書紀の英雄はどちらもヤマトの名を負う「タケル」だが、そのタケル性が意味するところが両書によって異なっていると同じように、古事記と日本書紀におけるヤマトの意味付けも異なっていることがみえてこよう。荒々しくて、制御されない暴力性を潜めた古事記のヤマトと天皇を中心とする秩序を辺土に届ける日本書紀のヤマトである。

このようにヤマトの描写はなぜ異なるのだろうか。そして、なぜ古事記は秩序とは異なるところに、ヤマトを根拠づけようとしているのだろうか、という疑問がわきあがってくる。この疑問は、なぜヤマトの意志を実現するという古事記と日本書紀が同時代に作られなければならなかったのかという課題[1]に直結する。本書において、この問題に関する一考を加えてみることにしたい。

ヤマト像とならび本書の課題となっているのは、両書における天皇と土地の神および地方豪族との接し方の相違である。垂仁天皇の条に、天皇の御子が物のいえない存在として誕生し、古事記はそれを出雲大神の祟りによるものとして描いている。ホムチワケは出雲へと大神を祭祀するために派遣されるが、ヤマトへ帰還する前に、斐伊川下流域の仮宮に据えられ、そこで初めて言葉を発する。御子の言語能力の回復には出雲大神の霊威の働きをよみとることができる。日本書紀は出雲大神を天皇の祭祀制度に取りこまれている地方神としてしか描いていないのに対し、古事記はヤマトのかつての対立者、出雲西部の勢力の聖地、斐伊川下流域に御子を再誕させる。なぜ、古事記は、本来であれば、忘れられていくはずの世界をよみがえらせようとしているのだろうか、それには、日本書紀が成立したことへのメッセージが込められているはずである。[2]本書においてそれに関する考察を深めていく。

出雲大神は『記』『紀』の神代においてオホナムチ、またはオホクニヌシの名で登場する神である。オホナムチの描写も、右にみてきた両書における天皇の土地の祭神への対応と呼応する側面が大きい。日本書紀は天皇を中心に据え、地方の神々がそれに服属するものとして描くのに対して、古事記は天皇がそれらを祭祀することで初めて天皇としての資格が得られるものとして語る。このように古事記の天皇像は中国の古代思想に彩られた日本書紀の天皇像とは異なる世界に根拠を求めていることがみえてくる。こうした古事記の意図とは何だったのだろうか、本書において考えていく。

オホナムチと出雲のことを考えると、古事記、日本書紀の他に出雲国風土記のことが浮上する。オホナムチの本貫地は出雲であることから、ヤマトと出雲には古くから交流があったことが考えられる。出雲西部の農耕神、開墾神だったオホナムチの信仰がヤマトに渡っていき、古事記と日本書紀では国作りの神として登場させられたのである。がんらいこの神が誕生した地、出雲では、この神はどのように捉えられていたのだろうか。この疑問に一つの答えを提示するのが出雲国風土記である。

出雲国風土記の成立の発端はヤマト朝廷による官命にあったのだが、他の風土記とは異なり、その編纂をつとめたのは中央から派遣された国司ではなく、出雲在地の人間であった。その最終責任者は意宇郡の大領を兼帯していた出雲国造であり、出雲国造がもともとの伝承をそのまま掲載していたのではなく、自らの意図にそって改変していたことが明らかになっている。その改変の意図は政治的、社会的な要因に求められると同時に出雲の神々の祭祀を行う者としての国造の在り方にも起因するものとしてとらえることが可能である。

本書において、国造が書きとどめたと考えられるオホナムチの原像や旧来の祭祀者の姿、国造自身を投影するような神格を取り上げていく。出雲の重要な神であり、国造の主祭神でもあるオホナムチは『記』『紀』とはまた異なる意味づけをもった神格として浮かび上がってくるのである。そして、オホクニヌシとの関わりでみえてくる天つ神の子孫、すなわち天皇とそれが本拠地としているヤマトも、『記』『紀』とは異なる世界として意味づけられるのである。国造が出雲国風土記の諸記事に織りこめていく主張をよみとることによって、古事記と日本書紀の分析のみでみえてこない世界があらわとなる。

神話の世界の入口に言葉や表現があるとすれば、その奥には、語り手自身の意図をはるかに上回るものになろうとも、そのメッセージをよみとることがもとめられる。テクストと向き合う我々には、テクストの意図をさぐる考察が必要となっていく。古事記、日本書紀と出雲国風土記の、それぞれのメッセージをよみとることで、これらの書物が共有する神話的・宗教的空間がみえてくるのである。

神話とは、未来へと向かうと同時に、忘れられていく世界へと、遠い昔へと回帰する志向をもつ。秩序でもって世界を把握しようとするも、混沌とした中でこそ、自らのアイデンティティを見だす。そしてそれを担う者にとって存在する根拠を与えてくれる。神話の世界およびそれを見つめ続ける者たちの解消しえない葛藤からは、古代神話のもう一つの姿が浮かび上がってくるのである。

本書では、こうした葛藤をつぶさにみていくことで、古事記、日本書紀および出雲国風土記の神話世界を読み解き、ヤマトの位置づけの新たな可能性について考えてみたい。

第Ⅰ部　出雲世界——出雲国風土記を中心に

古代神話といえば出雲神話を思い浮かべる人が多いだろう。それは毎年老夫婦の娘を食らうヤマタノヲロチやスサノヲとクシナダヒメの聖婚、稲羽の素兎の物語やオホクニヌシによる根の国訪問譚などである。古代のトポスとしての出雲を代表する神話が古事記、日本書紀（以後『記』『紀』と略する）に語られている。

だが、出雲を主題とする神話はヤマト朝廷において編まれた『記』『紀』のみならず、出雲国風土記においてもみられる。そこにおけるスサノヲやオホナムチは『記』『紀』のそれとはまた異なる姿で登場するのである。本書の第Ⅰ部において出雲国風土記に注目し、その諸記事から浮かび上がってくる出雲世界をみていくことにしたい。

従来、風土記は地理誌としてとらえられ、古事記と日本書紀を理解するために用いられてきた。出雲国風土記もこうした視点で研究されてきた側面が大きい。しかし、近年の研究動向では出雲国風土記の固有性が重要視され、ヤマトの側から出雲をとらえるのではなく、出雲の側からとらえるという研究視座が成立している。その代表的なものとして門脇禎二や瀧音能之の研究があげられよう。(1)

その一方で、出雲国風土記を『記』『紀』神話の世界の享受のもとで成り立っているものとしてとらえる見解も示されている。松本直樹は、出雲国風土記の編纂をつとめた国造は有利不利という判断基準に基づき、『記』『紀』の内容から自分にとって好都合のものを取り入れ、不都合なものを排除したという論理に基づいて編纂を行っていたととらえている。(2)

例えとして、『記』『紀』神話で活躍する有名な出雲神、スサノヲを取り上げてみよう。『記』『紀』において、スサノヲはアマテラスの神田を荒らすなど乱行を働く神として語られているのに対し、出雲国風土記ではその荒ぶる神としての姿が一切見られない。出雲国風土記を『記』『紀』の影響のもとで成り立つとする視点からは、スサノヲを暴力神として描くことは「負の要素」であるととらえられ、そのため、荒ぶる神としての描写が避けられたと解されている。(3)

それに対して瀧音能之は出雲国風土記におけるスサノヲやその子神に関する記事を分析した結果、『記』『紀』のスサノヲは当風土記のスサノヲとその子神の合わさった結果生じた神格であるとし、出雲から『記』『紀』神話へという過程を想定しなければならないと述べる。(4) 出雲の重要な神々であるオミヅヌの命、カムムスヒ、オホナムチに関しても、それらの神格が『記』『紀』神話を受容する過程においてととのったものではなく、がんらい出雲を本貫地とする神であり、出雲国内の歴史過程を反映するものとして、出雲国造の編纂意図により、神格の変容を遂げさせられたとみる見解は肯定するべきであろう。

右の議論にもう一つ問題点を加えてみたい。出雲国風土記の神話は『記』『紀』の再解釈(5)であるととらえると、出雲国造は『記』『紀』を国家の起源や自らのアイデンティティが求められる権威のあるテクストとして認識していたと想定することになろう。しかし、出雲国風土記の各記事をよんでみると、国造はむしろ出雲在地の神々に自己のアイデンティティを求めていたことがみてとれる。

本書第Ⅰ部第一章で見ていくが、国造は在地の民間伝承であった国引き神話を改変し、それを出雲国全体の起源神話として位置づけ、自らの拠点である意宇の地の権威を高めている。国造にとって在地の伝承に結び付けることで自らの立場を強化できると認識されていたことがみてとれる。(6)このことは国造は出雲独自な伝承を権威のある起源譚・神話として捉えていたことを意味しているだろう。

それに続けて、国造の主祭神であるオホナムチの宮の造営を指令する神としてタカミムスヒではなく、出雲各地に多くの御子神を有するというカムムスヒを設定していることも、在地の神を権威のある存在として認識していたことを示しているだろう。(7)また、当風土記に頻出する「天」や「天の下」についても、それは『記』『紀』神話の世界観を背負う概念として機能していたのではなく、出雲独自な視座によって構成されていたことが本書第Ⅰ部における分析からみえてくるのである。国造が構想していたオホナムチに関する記事の分析は第Ⅰ部第二章、第三章において行うことにする。

もう一つ指摘されるのは、当風土記における天皇の問題である。出雲国造は日本書紀の記述に依拠して出雲国風土記を構成したとしたら、『記』『紀』神話世界の頂点にたつ天皇に関する説話を取り入れても不都合なことはない。他の風土記は在地の神を主人公とする説話を天皇が主体のものに切り替えることで、在地の伝承を権威づけていたことがみられる。(8)律令制下において朝廷の官人であった国造が同様の志向のもと説話を構成しても不思議ではない。

しかし、当風土記は天皇を主人公とする説話はほとんど掲載していないのである。オホナムチを頂点とする出雲の神々が記述の中心であり、それらに『記』『紀』や他の『風土記』において皇祖神や天皇のみが主体の「詔」の字が発話語としてあてられている。それはなぜなのだろうか、ということについて第Ⅰ部第四章において考えていく。

このようなことから、出雲国造は出雲在地の神々を権威のある存在として認識し、それらに関する伝承に依拠しながら、改変することによって自らのアイデンティティを創出していたことがみてとれる。この視点にたつと、国造は『記』『紀』神話を享受し、それを再解釈することで、出雲の権威・自らの立場を強化していたととらえることが困難であることがみえてくる。出雲国風土記を『記』『紀』神話のとらえ直し、再解釈したものとみる視点は再考の余地を有するのである。

しかし、国造は『記』『紀』に記された神話にまったく無関係だったとはいえない。国造は出雲神賀詞を奏上するために朝廷へ参上することが知られている。この儀礼は通説では服属儀礼としてとらえられているが、近年は当儀礼を天皇の即位儀礼の一部としてとらえる研究が提示されている(9)。当儀礼の分析からヤマトと出雲によって祭儀的・宗教的空間が共有されていたことがみてとれる。それにおける度重なる交流のもと、オホナムチを中心とする出雲の神々とそのヤマトとの接点を語る記事が構成されたとみるべきである。既述した通り国造が構想していたヤマトと天皇に関して、第Ⅰ部第四章にみていく。それに続けて、第五章では、ヤマトの側で成立した書物、古事記と日本書紀からみたオホナムチと出雲について考察をくわえることにしたい。そうすることによって、それぞれのテクストからみた出雲とヤマトの関係性、すなわち共有空間がみえてくるのである。

こうした議論をまとめれば、出雲国風土記の神話を出雲在地のものとしてとらえるか、それとも『記』『紀』神話の享受のもと成立したものとしてとらえるか、ということが先行研究の中で問題になっていることがみえてこよう。本書では、当風土記の神話世界を基本的に出雲の地に根ざした伝承に依拠するものとしてとらえていく。ヤマトと宗教的・神話的空間が共有されている中、構成された伝承もあるとみて、それに関しても出雲国造の独自な視座から成立したものとしてとらえることとする。本書において用いる〈神話作り〉の用語は右の視点を踏まえて使用することとする。こうして第Ⅰ部の分析からは出雲の神祇の総斎としての国造の姿が浮き彫りになり、そのことが当風土記における出雲の位置づけや出雲とヤマトとの関わり方の描写を決定づけていることがみえてくるだろう。それではさっそくはじめよう。

第一章　祭祀者としての出雲国造とその〈神話作り〉

1　出雲国風土記の成立および特徴

古事記が成立した和同五年（七一二年）の翌年の和同六年（七一三年）に律令政府から畿内と七道諸国に対して次のような大政官命が発された。『続日本紀』の和同六年（七一三）五月二日条は以下のようである。

五月甲子、畿内七道諸国郡郷名、着二好字一。其郡内所レ生、銀銅彩色草木禽獣魚虫等物、具録二色目一、及土地沃塉、山川原野名号所由、又古老相伝旧聞異事、載二于史籍一言上。

（五月甲子、畿内と七道との諸国の郡・郷の名は、好き字を着けしむ。その郡の内に生れる、銀・銅・彩色・草・木・禽・獣・魚・虫等の物は、具に色目を録し、土地の沃塉、山川原野の名号の所由、また、古老の相伝ふる旧聞・異事は、史籍に載して言上せしむ。）

〈『続日本紀』和同六年（七一三）五月の条〉

右の官命をまとめると次のようになる。

1. 畿内と七道諸国の郡・郷の名称は、好字を選んでつけること
2. 郡内に産出する銀・銅・彩色・食物・鳥獣・魚・虫などの物は詳しくその種類を記すこと
3. 土地が肥えているかやせているかを報告すること
4. 山・川・原野の名称の由来を記すこと
5. 古老が伝承している旧聞や、異事を記すこと

右記の五つの事柄を史籍に記載して報告することが求められた。諸国は朝廷からの官命に対して、要求されていた記事について記載した文を「解」、すなわち下級官庁から上級官庁への上申文書の形式をとった報告書という形で上申した。政府による官命及び諸国からの報告書には風土記の書名が見られず、風土記の名が後につけられたものであるとするのは定説となっている(1)。

この官命に応えて編纂された上申文書のうち現代まで伝わったのは、常陸国、播磨国、出雲国、豊後国、肥前国の五か国のもののみであり、その他は逸文という形で伝わっている。その中でも出雲国風土記はもっとも完成した形で伝わっていることが注目される。

出雲国風土記には、他の風土記と異なるもう一つ重要な点があることが指摘されよう。他の風土記は中央から派遣された国司が中心となり、郡司の協力を得て編纂されていた(2)。それに対して、出雲国風土記の全体的な編集責任者は、出雲国造である出雲臣広島が中心となっていたのである。以下は出雲国風土記の「奥付」の部分に記されている記事を取り上げてみたい。

天平五年二月卅日勘造　秋鹿郡人　神宅臣全太理

国造帯意宇郡大領　外正六位上　勲十二等　出雲臣広嶋
（天平五年二月三十日　勘へ造る　秋鹿の郡の人　神宅の臣全太理
国造帯意宇の郡の大領　外正六位上　勲十二等　出雲臣広島）
〈出雲国風土記、奥付〉

出雲国風土記の奥付部分だが、完成の年月日と最終筆録・総責任者の名が記されている。風土記の撰進の官命があった和同六年（七一三）から二十年も後の天平五年（七三三）が出雲国風土記の成立年であることが明記されている。

それに続けて、本記事は当風土記の最終筆録者・編纂責任者が「秋鹿郡人　神宅臣全太理」および「出雲臣広島」であったことをうかがわせている。「秋鹿郡人　神宅臣全太理」は他に見えない存在だが、(3)「出雲臣広島」は養老五年（七二一）に国造に就任しており、その後出雲神賀詞を奏上したことが『続日本紀』にみられ、意宇の郡の大領を兼任していた出雲国造であったことが知られている。(4)

出雲国風土記の各郡の記事のまとめに実質的に携わっていたのは郡司たちであり、それらの中にも国造と同族の出雲臣が多かった。郡司によってまとめられ、提出された資料を広島が勘造者として整理編纂をしていたことがうかがえよう。(5)すなわち、出雲国風土記編纂の全体的責任者をつとめたのは中央から派遣された国司ではなく、在地の側の人間だったのである。

では、「国造帯意宇の郡の大領」という「出雲臣広島」とはどのような存在だったのか、次節において見ていきたい。

2 出雲国造はどのような存在だったのか

出雲国風土記の「奥付」にみえる「出雲臣広島」という人物は意宇の郡の大領をつとめており、出雲東部を拠点とする勢力を背景にしている。だが、古来出雲には西部を拠点とする政治集団が大きい勢威を有し、東部と対立していたことが知られている。出雲東部の勢力がどのようにして出雲全域を統合するにいたったのか、東部と西部の対立は出雲の古代史における重要な議論の一つであるといえるだろう。まずはその論点をまとめてみたい。

出雲東部と西部の対立について初めて議論を展開したのは井上光貞である。「国造制の成立」において、オホナムチを祭神とする出雲西部の勢力はヤマト国家に徹底的に反抗していたと述べ、それに対して熊野大神を氏神とする出雲東部の意宇の勢力はヤマト勢力に帰伏し、ヤマト勢力と共同で出雲西部の勢力を攻撃したとする。その功績により、出雲東部の首長が朝廷より出雲国造に任ぜられたととらえている(6)。

水野祐は井上光貞の出雲西部と東部の二大勢力の抗争に対して、全体の構想として賛同を示すが、細部において相違する点を提示している。神魂命を祭る氏神を主宰者とする西部の勢力はヤマト国家と併合しようとした意宇勢力を倒したが、のちにヤマト国家の攻撃を受け滅亡したとする。東出雲の意宇の出雲臣族はヤマト国家に服属して、西出雲と統合の戦を展開した結果、東出雲が出雲を統合したととらえている(7)。

門脇禎二はこうした歴史過程に吉備国家の介入を見ている。五世紀の末に吉備国家がヤマト国家と対立するようになり、ゆくゆくは衰退すると述べ、それを契機に意宇の王が五世紀末葉から六世紀前半にかけて出雲の全域を掌握し、専制的な支配体制を整えたとする。意宇の首長が本来熊野大神を祀っていたが、出雲の西部を支配化に入れることによって、出雲西部の祭神の祭祀権を握掌していき、それを「天の下所造らしし」オホナムチとしてととのえ上げていった。六世紀末〜七世紀初期に意宇の王はヤマト朝廷に服属し、その地方官としての国造の官位をうけいれたととらえている。(8)

前記の論者は東部が西部へと勢力を伸長した過程の細部における把握に関して相違はみられるが、いずれも、東部と西部の二大勢力を対抗していたものととらえ、抗争の結果、出雲全域の支配は東部勢力が行うこととなった展開を共通の認識として示している。さらに、出雲西部に勢力を伸ばす過程においてがんらい自らの氏神を祭祀していた出雲東部の首長は出雲西部の祭神の祭祀権を掌握する必要が生じていたことを指摘しているのである。(9)

その土地の神の祭祀権を握ることは土地そのものの支配を意味する。西部の祭神の祭祀権を掌握することは東部の国造にとって出雲西部を支配下にいれる上で不可欠なことであるといえるだろう。それに加えて、国造の出雲国全域を統合支配にいたる過程において、出雲全国の神々の祭祀権を統轄することも求められたことが容易に想像されよう。

出雲国風土記に出雲国内の神社の総数を記録した記述（全三九九社、そのうち神祇官社が一八四社、非神祇官社が二一五社）が見られ、各郡に「社」の項目をたてられ、神祇官社と非神祇官社に分類した神社名が列記されている。このことは国造が出雲全国の神社を統轄していたことをうかがわせる。土地の神社を記載することは中央政府からの要請（命令方針）になかったにもかかわらず、自発的に神社を掲載している国造には神祇を統轄することの重要性がみてとれる。(10) さらに、出雲国造の神賀詞に国造が「かぶろき熊野び大神、櫛御気野命、国作り坐しし大穴持命、二柱の神を始めて、百八十六社に坐す皇神等」を祭祀してから、その「返し言」を天皇に奏上するとみえ、国造が出雲全域に祭られている諸神の祭祀権を掌握していることうかがえる。[11] 出雲国の神祇の総斎であるという国造の位置は、律令制が実行されてからも保持されていたのである。

律令制下において、出雲の行政形態が、国造支配からヤマト朝廷による直接支配をうける形態へ変わり始め、国造の立場にも変化が生じた。律令制になる以前は国造とは土地の有力な豪族から選ばれ、その土地の支配をしていたのだが、七世紀半ばの大化の改新以後、国造制は全国的に廃止される方向に進んでいった。これは、国造制から律令に基づく国郡里制に支配体制が移行したことを示している。律令制下において、地方は中央から派遣された国司が権威を有することになり、地方豪族からは郡司が選ばれる体制となったのである。

こうした中で、七〇六年冬には出雲国造は意宇郡領つまり郡司に任命され、政治的にたんなる郡司としての扱いを受けることになった。このあと『続日本紀』によれば第四三代元明天皇の和銅元年（七〇八）に、忌部宿祢子首が出雲国守に着任してきた。[12]

しかし、諸国の国造の制度が廃止され、律令制化において国造が姿を消していくなかでも、出雲国造は称号の存続を許された例外的な存在であった。『続日本紀』の第四二代文武天皇二年（六九八）三月の条に、以下のように記されている。

己巳、詔、筑前国宗形・出雲国意宇二郡司、並聴連任三等已上親。

（己巳、詔したまはく、「筑前国宗形・出雲国意宇の二の郡の司は、並に三等已上の親を連任することを聴す」と

のたまふ。）〈『続日本紀』文武天皇二年（六九八年）三月の条〉

天皇の詔によって、出雲国造は紀伊国造などとともに、ごく一部の例外的な氏族として国造の称号存続を許されことが記されている。

水野祐は出雲国造だけは旧態を保ち、名義上は意宇郡大領として一郡司の処遇であったが、その実力は出雲国守にも怠らない勢力と権威をもっており、出雲一国の神祇の総斎という地位を占めていたと述べる(13)。

本来は熊野大神を氏神としていた東部の首長が出雲西部に勢力を伸ばし、その祭神の祭祀権を掌握し、オホナムチを「天の下所造らしし」大神としてその神格をととのえ上げた。そして、出雲全国の諸神の祭祀権を掌握し、出雲全国の統合支配の頂点に立ち、律令制下においても出雲国の神祇の総斎として国造の称号を認められていた。こうした背景を有する国造は、どのような志向を有し、出雲国風土記の各記事を構成していたのだろうか。自らの拠点である意宇郡と新たに祭主となったオホナムチに関して、どのように認識していたのだろうか、このことに関する考察は本書の重要な課題であるといえよう。本章では、国造の拠点である意宇郡の起源を述べる記事に注目してみたい。

3　意宇郡の由来——国引き神話

意宇郡の名の由来は巨人神であるオミズヌの命による国引きに求められている。この神は出雲国風土記において「八束水臣津野命（総記、意宇郡総記、島根郡総記、出雲郡杵築郷）」と「意美豆努命（出雲郡伊努郷、神門郡神門水海）」の二通りの表記を有している。古事記にもスサノヲの第四代の子孫として「淤美豆奴」の神名が確認され、この神と同神であると理解される(14)。

神名の「八束」についてだが、八束穂・八束鬚・八束脛とも用いられるように、「八」とは数の多い意を表し、「束」は物の長さの単位で、握り拳の幅に相当する。つまり、「八束水」とは「数尺も増水した深い水」を意味する修飾語である(15)。「臣津野（意美豆努）」とは「大水主《おみづぬ》」の意であり、大水の主宰神を現す(16)。

オミヅヌの命は大水の主として水の力を象徴し、この神を主人公に語られる国引き詞章は土地を引っ張って縫い付けるモチーフで構成されている。それには水の力によって、土地が運ばれ陸地が造営されるというイメージをよみとることができる(17)。大水の力を象徴したオミズヌの命による国土創造の神話はどのように語られているのだろうか、以下に確認していきたい。

意宇郡の命名譚だが、巨人神の八雲立つ出雲国は幅の狭い布のような幼い国だなあ、という発語からはじまる。オミヅヌの命は初めの国は小さく作ってあったのだと述べ、それでは、作って縫いつけることにしようというのである。その様子について次のように記載されている。

所三以号二意宇一者、国引坐八束水臣津野命、詔、八雲立出雲国者、狭布之稚国在哉。初国小所レ作。故、将二作縫一、詔而、栲衾志羅紀乃三埼矣、国之余有耶見者、国之余有、詔而、童女胸鉏所レ取而、大魚之支太衝別而、波多須々支穂振別而、三身之綱打挂而、霜黒葛闇々耶々尓、河船之毛々曽々呂々に、国々来々引来縫国者、自二去豆乃折絶一而、八穂尓支豆支乃御埼。以レ此而、堅立加志者。石見国与二出雲国一之堺有、名佐比売山、是也。亦持引綱者、薗之長浜、是也。

（意宇と号くる所以は、国引き坐しし八束水臣津野命、詔りたまひしく、「八雲立つ出雲の国は、狭布の稚国在る哉。初国小さく所作れり。故、作り縫はむ」と詔りたまひて、「栲衾志羅紀の三埼を、国の余り有りやと見れば、国の余り有り」と詔りたまひて、童女の胸鉏所取らして、大魚のきだ衝き別けて、はたすすき穂振り別けて、三身の綱打ち挂けて、霜黒葛くるやくるやに、河船のもそろもそろに、国来々と引き来縫へる国は、去豆の折絶より、八穂尓支豆支の御埼なり。此を以ちて、堅め立つる加志は、石見の国と出雲の国との堺有る、名は佐比売山、是也。亦持ち引ける綱は、薗の長浜、是也。）

〈出雲国風土記、意宇郡〉

オミヅヌの命は新羅の三埼を、国の余りがあるかと思って見ると、国の余りがあるといい、童女の胸のように平らな鋤を手にとり、大魚のえらを突くように土地を突き刺し、大魚の肉を切り離すように土地を切り離し、太い縄を投げかけて、霜つづらを繰るように、たぐり寄せたぐり寄せ、河船をひき上げるようにそろりとそろりと、国よ来い、国よ来い！と引いてきて縫い付ける。新羅の三埼から引いた土地が去豆の断崖から杵築の御埼までであり、引いてきた国を固定するために立てた杭は石見の国と出雲の国との境にある佐比売山であることが記載されている。

次に、オミズヌの命は北門の佐伎の国からも土地を引っ張ってくるのだが、その様子はとなると、

亦、北門佐伎之国矣、国之余有耶見者、国之余有、詔而、童女胸鉏所レ取而、大魚之支太衝別而。波多須々支穂振別而、三身之綱打挂而、霜黒葛闇々耶々尓、河船之毛々曽々呂々尓、国々来々引来縫国者、自二多久乃折絶一而、狭田之国、是也。

（亦、「北門の佐伎の国を、国の余り有りやと見れば、国の余り有り」と詔りたまひて、童女の胸鉏所取らして、大魚のきだ衝き別けて、はたすすき穂振り別けて、三身の綱打ち挂けて、霜黒葛くるやくるやに、河船のもそろもそろに、国来々々と引き来縫へる国は、多久の折絶より、狭田の国、是也。）

〈出雲国風土記、意宇郡〉

と伝えられている。出雲の北の門である佐伎の国は余りがあると見たオミズヌの命は、童女の胸のように平らな鋤を手にとり、土地を切り離し、太い縄を投げかけ、霜つづらを繰るようにたぐり寄せ、河船をひき上げるようにそろりと引いてきて縫い付けることが上段と同様な語調で語られている。

北門の佐伎の国から引き付けた土地は多久の断崖から狭田の国までであり、その次に出雲の北の門である良波の国と越の都都の三埼から国を引き寄せていることが語られる。良波の国から引き寄せた土地は、宇波の断崖から闇見の国までであり、越の都都の三埼から引き寄せた土地は美保の埼にあたる。国引きを終えた巨人神は次のような言葉を発したのであった。

今者、国者引訖、詔而、意宇社尓、御杖衝立而、意恵、登詔。故云二意宇一。

（「今は、国は引き訖へつ」と詔りたまひて、意宇の社に、御杖衝き立てて、「おゑ」と詔りたまひき。故、意宇と云ふ。）

〈出雲国風土記、意宇郡〉

オミヅヌの命は意宇の郡に御杖をつき立て、「おゑ」と発した。その声音から意宇の地名が生じたというのである。

右にまとめているのは国引き詞章として有名だが、オミヅヌの命が国を引き寄せる様子が見事なリズムによって語られており、土地に縄をかけて、国よ来い！国よ来い！と土地を引き寄せては縫い足し、引き寄せては縫い足すとあるくだりは律文的な調子で構成されており、繰り返しが多く用いられている。これは口承伝承によくみられるパターンであり、このことから当説話が口頭で伝えられていた伝承に基づくものとして注目されることが多い[18]。

だが、当風土記においては本説話が「国引き」、「初国」、「国」というように国が主題となっていることを指摘しなければならない。石母田正はその背景には、出雲全域を一つの「国」として把握するという政治的社会としての変革があったとする[19]。出雲国自体が一つの行政上の国として認識されるようになってから、この神話は国の由来を語るものとして編纂されたとみて間違いないだろう[20]。

では、編纂の側にいた出雲国造はどのような意図のもと本記事をまとめたのだろうか。前記に見てきたとおり、当説話で注目されるのは、国引きの壮大なスケールである。オミヅヌの命は朝鮮半島や越、出雲の北門である佐伎の国と良波の国から土地を引っ張ってきて、縫い付ける。その結果、現在の島根半島に比定される四つの地域が形成する[21]。国引きを終えてから神が出雲東部の意宇郡に降臨する。すなわち、本記事は巨人神による出雲西部から東部にかけての島根半島の造営を描きながら、神の鎮まる場所として出雲東部の意宇郡を設定し、その由来を語る神話として構想されているのである。

石母田正は国引きは意宇の地を中心として、西、北、東の三方を眺めわたした構成となっていることを指摘する。すなわち、国造は観念的に意宇を出雲国の中心に据えた視点からこの神話を構成しているのであり、オミヅヌの国引きを自らの本拠地の意宇と意図的に結び付けていたことがうかがえるのである。[22]

石母田正はこの伝承の基盤にあったのは山を引いてくる巨人のダイダラ坊が主役の民間伝承であるとする。当説話が山を引くという民間伝承から土地を引っ張り縫い付けるというモチーフの説話まで、何段階にもわたる編纂を経ており、最終的に国造の意宇郡の由来を語るものとして当風土記に掲載されたと述べる。それには最終的な編纂を行ったという国造の意図を読み取るべきである。国造はオミヅヌの命を出雲の国全体にかかわる雄大な神として描き、この神が国引きの終了後に国造の本拠地である意宇に降臨したとすることによって、自らの権威を高めることを意図したものとして理解されるのである。[23]

オミヅヌの命に関する伝承は出雲国風土記の他の郡の記事からも確認することができる。次節において、この神が登場する記事を取り上げ、考察を加えてみたい。

4　巨人神のオミヅヌの命

この神は意宇郡の命名者であるとともに、出雲の国号、島根の郡名、出雲の郡名の命名者としての位置も与えられている。出雲国風土記におけるこの神の登場用例をまとめると、次の通りとなる。

1. 所㆔以号㆓出雲㆒者、八束水臣津野命、詔、八雲立、詔之。故云㆓八雲立出雲㆒。
（出雲と号くる所以は、八束水臣津野命、詔りたまひしく、「八雲立つ」と詔りたまひき。故、八雲立つ出雲と云ふ。）

〈出雲国風土記、総記〉

2. 所三以号二意宇一者、（中略）今者、国者引訖、詔而、意宇社尓、御杖衝立而、意恵、登詔。故云二意宇一。

（意宇と号くる所以は、（中略）（オミヅヌの命が）「今は、国は引き訖へつ」と詔りたまひて、意宇の社に、御杖衝き立てて、「おゑ」と詔りたまひき。故、意宇と云ふ。）

〈意宇郡総記〉

3. 所三以号二嶋根郡一、国引坐八束水臣津野命之詔而、負給名。故云二嶋根一。

（島根郡と号くる所以は、国引き坐しし八束水臣津野命の詔りたまひて、負せ給ふ名なり。故、島根と云ふ。）

〈島根郡総記〉

4. 杵築郷。郡家西北廿八里六十歩。八束水臣津野命之国引給之後、所レ造二天下一大神之宮将レ奉而、諸皇神等、参二集宮処一杵築。故云二寸付一。

（杵築の郷。郡家の西北二十八里六十歩。八束水臣津野命の国引き給ひし後に、天の下所造らしし大神の宮奉らむとして、諸の皇神等、宮処に参集ひて杵築きき。故、寸付と云ふ。）

〈出雲郡杵築郷〉

5. 伊努郷。郡家正北八里七十二歩。国引坐意美豆努命御子、赤衾伊努意保須美比古佐倭気能命之社、即坐二郷中一。故云二伊農一。

（伊努の郷。郡家の正北八里七十二歩。国引き坐しし意美豆努命の御子、赤衾伊努意保須美比古佐倭気能命の社、即ち郷の中に坐す。故、伊農と云ふ。）

〈出雲郡伊努郷〉

6. 神門水海。（中略）此者意美豆努命之国引坐時之綱矣。

（神門の水海。（中略）此は意美豆努命の国引き坐しし時の綱矣。）

〈神門郡〉

これらは出雲国風土記に見られるオミヅヌの命の登場用例だが、一つずつ取り上げ、考察を加えてみたい。用例1では「出雲の国」の名の由来はオミヅヌの命の「八雲立つ」という発語に起因していることが記されている。用例2は意宇の郡の由来を述べたもので、前例と同様オミヅヌの命の発声音「おゑ」に当郡の由来が求められているものとして描かれている。用例3は、島根の郡名とはオミヅヌの命のおっしゃって負わせた名であることを伝えている。

前記の用例においては、オミヅヌの命は出雲の国号、意宇、島根の郡名の命名者として登場している。このことは国引き神話におけるこの神の性質とかかわりがあると考えられる。どれもオミズヌの命を出雲国土全体にかかわる神として位置付けているのである。

用例4は出雲郡杵築郷の由来を説く記事であり、当郷におけるオホナムチの宮の造営はオミヅヌの命の国引きの後に行われたものとして伝えている。用例5も出雲郡にかかわる記事であり、当郡伊努郷にオミヅヌの命の御子神であるアカフスマイヌオホスミヒコサワケノ命の社があることを伝えている。その他に、出雲郡には神祇官社として伊努社が四社、伊農社が三社みられ、非神祇官社として伊努社が三社みられる。アカフスマイヌオホスミヒコサワケノ命は出雲郡に本貫地をもっており、オミヅヌの命も出雲郡で信仰されていたことを示唆する記事である。[24]

それに続けて、出雲の郡名の由来に関して「出雲と号くる所以は、名を説くこと国の如し」と記載され、出雲の郡の名の由来は出雲の国の名の由来と同様のものであることが伝えられている。すなわち、出雲国の由来はオミヅヌの命の「八雲立つ出雲」の発話に求められるものであれば、出雲郡の由来も同様にオミヅヌの命の発話に求められることとなる。石母田正は出雲国の名そのものが、出雲郡の名からおこったものであるとし、その命名者であるオミヅヌの命は本来出雲郡にかかわりをもつ神格であったことを論じている。命名することは創造することと同様の意であり、オミヅヌの命は出雲郡の創造神であったことがうかがえるとする。[25]

秋鹿郡の非神祇官社として伊努社がみられ、当郡伊農郷の伝承にも、オミヅヌの命の御子神の妃に関する伝承が確認される。オミズヌの命は島根の郡名の命名者でもあることから、瀧音能之は「出雲郡から秋鹿郡、そして、島根郡にかけての地域、すなわち、島根半島にほぼ連続して」信仰されていた神であるとし、国引き神話の内容を考え合わせると、島根郡がこの神ともっとも関係が深いものとして位置付けている。[26]

右記の議論を踏まえると、オミヅヌの命はがんらい、出雲郡または島根郡という一地方の（命名神、創造神）神であったが、出雲国風土記において出雲の国全域の創造神へと神格を変えられていったことがみてとれる。それには国引き神話と同様に、出雲全域を「国」として把握するという認識が作用していたことが考えられよう。[27]

このようにがんらい出雲の一地方の命名神であったオミヅヌの命が出雲全域の創造神へと格上げされ、この神による国土創造は出雲全域にかかわるものとしてその性格をととのえ上げられた。国造は意宇を中心にすえ国引き詞章を構成し、それによって自らの拠点である意宇の位置をたかめようとしたのである。

こうした伝承の改変には国造の出雲全域の支配者としての側面のみならず、その出雲の神祇の総斎であるという祭祀者としての立場も影響を与えていたと考えられる。国引き神話の末尾では、オミヅヌの命が「おゑ」という声音を発することによって意宇の地名が生じたと伝えられている。国造はなぜ、神のつぶやきに自らの拠点である地の由来を求めたのだろうか。次節において、出雲全国の神々を祭るという国造の志向に寄り添いながら、「おゑ」の意味するところについて考えてみたい。

5　「おゑ」とは何を意味するのか

本居宣長は「意恵は、事に労きて苦きを、休息ふ時の声なり」と述べ、(28) 石母田正はこれを受けて、国引きを終えた巨人の全身的な疲労を表現しているものであるととらえている。(29)

それとは異なる見解を示すのは、折口信夫である。「おゑ」は神武天皇が熊野の村で「遠延（をえ）」伏したの時の「をえ」（瘁・瘼臥）と通ずる語であるとし、(30)「仮死状態」を意味するという。それを受けた日本古典文学大系の出雲国風土記は「おゑ」は「神が活動を止めて鎮座しようとする意を示す詞と解するべきであろう」とする。(31)

これらに対して、加藤義成は「おゑ」を感動詞ととらえ、疲労感を表すのではなく、国の「完成の喜びの叫び」であるとする。(32) 荻原千鶴は同様の見解を示し、両者は播磨国風土記の播磨国の伊和村の伝承で国作りを遂げた神が「おわ」と言ったとあり、オミヅヌの命の「おゑ」はそれに通じるととらえている。(33)

伊和村の伝承は「伊和《いわ》の村。本の名は神酒《みわ》なり。大神、酒《みわ》をこの村に醸みたまふ。故れ、神酒《みわ》の村と曰ふ。又、於和《おわ》の村と云ふ。大神、国作り訖へて以後、云りたまひしく、「於和《おわ》。我が美岐《みき》と等し」とのりたまひき」とあり、神は国が自ら造った神酒に等しくうまくできたものだと、国誉めをしていることがみえる。

ここで、村名の「伊和（いわ）」とその別名の「於和（おわ）」と神酒を意味する「神酒（みわ）」と神の声音「於和（おわ）」とが、音が共鳴するような記述をなしており、一種の言葉遊びとして見受けられる。「おわ」の声音はこの説話の特有な音の成り立ちの文脈から断ちがたい語であり、それを国引き神話におけるオミヅヌの命の「おゑ」と同一の働きを有する語としてとらえる見解には再考の余地があると思われる。

また、「おわ」を終わるの意に解することの困難さもみてとれよう。「をふ（終わる）」動詞はワ行のヲとハ行のフであり、ア行のオとワ行の「おわ」と別語である。「おわ」という連用形で用いられていることも疑問視されるべきであろう。

このようにみてくると、出雲国風土記の「おゑ」を播磨国風土記の「おわ」と同語ととらえ、完成の喜びを現す「終わる」を意味するものとしてとらえることが困難であることがうかがえる。オミヅヌの命が意宇の地に杖をたてた、国引き神話の特有な文脈にかかわらせて理解すべきではないだろうか。

では、意宇の由来を語る伝承における巨人神の発声音に注目してみよう。ここで巨人神が御杖を突きたてたのは「意宇の社《もり》」であることが注目されよう。「社」は「杜」に通わせた字であり、神の依りつく木立などのある所の意である。[34] この神が意宇の社に杖を突きたてるとは、自らの占拠する土地を示し、自らの鎮座する場所・斎場の所在地を示したとみることができる。[35]

神がつきたてた杖は神に仕える祭祀者のことも象徴していよう。垂仁紀には「一云く、天皇、倭姫命を以ちて、御杖として天照大神に貢奉りたまふ」とあり、ヤマトヒメが天皇に命じられアマテラスに仕える巫女となるが、それが「御杖」と表現される。

国造自身に関しても、それが代替りに行う火継神事や毎年行う新嘗会において神と共同食をとり、神々と一体となることが知られている。[36] 祭儀におけるオホナムチと国造の関係について千家和比古は近世前期に記録された資料（千家国造家日記『寛文十二記』）からうかがえる本殿での座配の位置について次のように述べる。「この位次は一般的な御祭神―神饌―国造という関係ではなく、御祭神―国造―神饌」とあったと述べ、「すなわち国造は御祭神に背を向けて御箸をとったことになり、国造が大神にかわって、大神として行為する御杖代の姿をそこに読みとることができる」とする。[37]

さらに、国造の神事に携わっていたという近世初期の佐草白清という人物の著作とされる『出雲国造系譜考』（未完）の冒頭に「云曰、出雲無レ神、以二国造一為レ神焉、嗚呼宜矣哉其言乎、所三以為二大神之御杖代一也、豈誰誣レ之哉」とあり、また同書の天穂日命の箇条には「国造秘記曰、杵築無二穂日命鎮座一事、為二大己貴大神之御杖代一以来、至二于当国造一（後略）」とも見える。[38] すなわち、国造はオホナムチの「御杖代」として認識されていることがうかがえる。さらに、同著による近世初期の火継神事や新嘗会を概説した『媒家伝之神書』には国造を神の「垂迹」とみる記事が確認できる。平井直房は国造を「御杖代」とみる信仰が出雲に存在していたことを指摘している。[39]

国造の神事は秘儀とされてきており、近世初期の記録がのこっているが、それ以前の神事の内実を確認することが難しい。しかし、出雲国造が神賀詞奏上儀礼において出雲の神々の「いはいの返り事の神賀の吉詞」を天皇に奏上する様子が「奏し賜はくと奏す」と表現されていることから、小村宏史は国造が神々に口を貸して神となって奏上している様子をよみとり、国造を出雲の神々の〈御杖代〉とする志向が八世紀～九世紀というより早い段階に既に存在していたものとして捉えられる可能性を示している。[40]

本章で確認してきたとおり、出雲全国の神祇の総斎という国造の位置を思い合わせると国造制が廃止されたにもかかわらず、国造の地位の存続を許されていた背後に神々の〈御杖代〉という宗教的カリスマとして国造の姿を垣間見ることができるのである。

このようにみてくると、国造の拠点である意宇郡の由来譚において、巨人神が発した「おゑ」の声音は、国造の神の依り代であるという在り方とかかわりを有するものとしてよめてくる。秋本吉徳はこの「おゑ」には「神に仕えるシャーマン的存在の者が、神がかりして半狂乱になっている様を想像させるものがある」とする。[41] 神が託宣を下すときはその言葉がはっきりとせず、無意味な音のつらなりであることが多い。[42] オミヅヌの命が依りつき、言葉を伝えようとするときのまだ意味がはっきりとしていない声音が「おゑ」と表現されたのではないだろうか。神の言葉を受け入れ、神へと奉祀する国造は、自らの本拠地「意宇（おう）」の郡の由来を神の発声音「意恵（おゑ）」に関わらせたことで、〈御杖代〉としての自らの起源を神話的に根拠付けたとみることができる。

では、なぜ国造はオミヅヌの命を主題としたのだろうか。オミヅヌの命は本来一地域（出雲郡または島根の郡）の命名神だったが、国造はそれを出雲全域にかかわる命名神・創造神へと格上げしていった。命名することは支配すること、さらには創造することと同意の働きを有し、オミヅヌの命は出雲全域の創造神としての位相を与えられたのであった。

神話は起源を語るものだが、その起源を知ることはその事柄そのものの支配能力を含意する。[43] 国造は国土創造神話を改変し、当風土記に自らの拠点である意宇の由来譚として掲載し、自らを始原神の御杖代として位置付けた。そのことによって、国造は出雲全国の起源そのものを支配していることを示そうとしたのではないか。意宇郡をはじめとする出雲国風土記の記述をささえるものとして、神話の起源・始原を創出し、支配するという国造の〈神話作り〉の志向が機能していると考えられるのである。

次節において国造の主祭神であったオホナムチに焦点を当て、出雲国造とその神話作りの過程を探っていきたい。

第二章

杵築大社の成立——オホナムチをいつき祀る者たち

オオナムチは出雲を舞台とする神話においてきわめて重要な位置をしめている。古事記において五つの名を持つ神（オオクニヌシ、オオアナムヂ、ヤチホコ、アシハラシコヲ、ウツシクニタマ）として登場し、日本書紀本書にはオオアナムチ、一書には三輪の祭神である大物主とも習合した神として登場する。[1] 両書におけるオオナムチは国土を造り、それを天孫に譲る神として語られる。

ヤマト王権のもとで編まれた『記』『紀』において重要な位置を与えられるこの神は、がんらい出雲に信仰圏を有しており、『記』『紀』の神話に登場するのはオオナムチの信仰が畿内に浸透した結果であるとみられている。[2] 古事記、日本書紀におけるこの神の描かれ方は相違点が多く、詳細な論述は第Ⅰ部第五章に譲るが、本章においては出雲国風土記におけるオオナムチに関して考察していきたい。

オオナムチは古事記には「大穴牟遅神（オオアナムヂ）」、日本書紀には「大己貴神（オオアナムチ）」と記され、出雲国風土記には「大穴持命（オオナモチ）」と記されている。「オオ」は「大」の意であり、「ナ（アナ）」は「土地」、「ムチ（モチ）」は「貴人」を意味し、オオナムチは大地の霊威を神格化した名である。[3] 出雲国風土記の意宇郡出雲神戸の条に「五百つの鉏々猶所取り取らして天の下所造らしし大穴持命」とみえるように、この神は鉏をとって土地を開拓するという農耕神としての性格が強い。和田萃はがんらいオオナムチの鎮座地は斐伊川の下流域にあったと推定し、オオナムチは出雲西部の祭神であったとする。斐伊川の下流域の出雲平野が開墾されていく過程において、開拓神・農耕神と信仰されていたオオナムチは国作りの神として語りだされたと述べているのである。[4]

このようにオオナムチは出雲の国の西部に信仰されていた神であったのだが、意宇を拠点とする東部の国造が自らの支配を出雲の全域に拡大するにつれて、西部の祭神であったオオナムチの祭祀権を掌握していった。それによってオオナムチは出雲全域の神として神格をととのえあげられていったのである。[5]

東部の国造が監守をつとめていた出雲国風土記においてこの神は重要な位置を与えられている。出雲国風土記は古事記と日本書紀と異なり、神話が一つのまとまった体系を有せず、地名の起源譚が羅列され、地理誌の形を有している。だが、その各条に掲載されている説話の内容から、それぞれの神に対して与えられる位置・役割について考察が可能である。出雲国風土記を編纂した意宇を拠点とする国造はオオナムチをどのように観念し、その神に関する説話をどのように構想し当風土記に取り組んでいったのか、この点に関する考察をすすめていくことによって、自らの祭神を語る祭祀者としての国造の姿も読み取ることができるだろう。[6]

出雲国風土記の地名起源の説話は意宇郡、島根郡、秋鹿郡、楯縫郡、出雲郡、神門郡、飯石郡、仁多郡、大原郡というように東から西へ進む形で記述されている。出雲国風土記に登場数のもっとも多い神であるオオナムチだが、当神に関する記事は全部で三九件確認でき、そのうちオオナムチを主人公とするのは三四件、その子神を主人公とするのは七件（うち二件は大神と子神の両方が主人公）みることができる。以下はオオナムチに関する記事を表にしたものを掲載する。

本章において出雲国風土記におけるこの神に関する伝承を考察していきたい。

1　山が神体のオホナムチ

古事記の出雲神話は斐伊川（肥川）が舞台となることが多い。毎年老夫婦の娘を食らうというヤマタノヲロチは暴れ川である斐伊川を象徴するものとされ、オホナムチによる国譲りの舞台やヤマトタケルが出雲タケルと水遊びをする場所は斐伊川の下流域である。また、キヒサツミがヤマトから派遣されたホムチワケを迎え入れ、青葉の山を飾ったのも斐伊川の下流域と伝えられている。

現在の斐伊川は出雲平野を北流したのち東へ曲がり宍道湖にそそぐが、古代は斐伊川・神門川ともに西に流れ、その下流域に「広大な出雲平野を形成して神門水海にそそぎ、日本海に通じていた」とされる。(7) 出雲平野は開墾の土地となっており、オホナムチは農耕神、開墾神としてこの地域を中心に信仰されていた。古代の出雲西部にいた出雲郷・神門郷を中心とする勢力はこうしたオホナムチを祭神としていたのである。(8)

斐伊川と神門川の二つの川筋の間が挟まるところに神門郡朝山郷があり、出雲国風土記にその付近にある朝山六神山と称される山々に関する記事がみえる。以下は神門郡の当該条を確認してみたい。(9)

宇比多伎山。郡家東南五里五十六歩。大神之御屋也。（宇比多伎山。郡家の東南のかた五里五十六歩。

表1　出雲国風土記におけるオホナムチ

番号		場面	神名
1	意宇郡	母理郷	天の下所造らしし大神大穴持の命
2		山代郷	天の下所造らしし大神の御子、山代日子の命
3		拝志郷	天の下所造らしし大神の命
4		宍道郷	天の下所造らしし大神の命
5		出雲神戸	天の下所造らしし大穴持の命
6		加茂神戸	天の下所造らしし大神の命の御子、阿遅須枳高日子の命
7	嶋根郡	手染の郷	天の下所造らしし大神の命
8		美保郷	天の下所造らしし大神の命
9	秋鹿郡	大野郷	和加布都努志の命
10	楯縫郡	郡総記	天の下所造らしし大神
11		玖潭郷	天の下所造らしし大神の命
12	出雲郡	杵築郷	天の下所造らしし大神
13		美談郷	天の下所造らしし大神の御子、和加布都努志の命
14		宇賀郷	天の下所造らしし大神の命
15		出雲御埼山	天の下所造らしし大神
16	神門郡	朝山郷	天の下所造らしし大神大穴持の命
17		八野郷	天の下所造らしし大神大穴持の命
18		高岸郷	天の下所造らしし大神＋御子阿遅須枳高日子の命
19		滑狭郷	天の下所造らしし大神の命
20		多伎郷	天の下所造らしし大神の御子、阿陀加夜努志多伎吉比売命
21		吉栗山	天の下所造らしし大神
22		宇比多伎山	大神
23		稲積山	大神
24		陰山	大神
25		稲山	大神
26		桙山	大神
27		冠山	大神
28	飯石郡	三屋郷	天の下所造らしし大神
29		多祢郷	天の下所造らしし大神大穴持命
30		琴引山	天の下所造らしし大神
31	仁多郡	郡総記	天の下所造らしし大神大穴持命
32		三処郷	大穴持命
33		布勢郷	大神命
34		三沢郷	大神大穴持命＋阿遅須枳高日子命
35	大原郡	神原郷	天の下所造らしし大神
36		屋代郷	天の下所造らしし大神
37		屋裏郷	天の下所造らしし大神
38		来次郷	天の下所造らしし大神の命
39		城名樋山	天の下所造らしし大神大穴持命

大神の御屋なり。）

稲積山。郡家東南五里七十六歩。大神之稲積。（稲積山。郡家の東南五里七十六歩。大神の稲積なり。）

陰山。郡家東南五里八十六歩。大神之御陰。（陰山。郡家の東南五里八十六歩。大神の御陰なり。）

稲山。郡家東南五里一百一十六歩。東在二樹林一。三方並礒也。大神御稲。（稲山。郡家の東南五里一百一十六歩。東に樹林在り。三つの方は並びに礒也。大神の御稲なり。）

桙山。郡家東南五里二百五十六歩。南西並在二樹林一。東北並礒。大神御桙。（桙山。郡家の東南五里二百五十六歩。南と西は並びに樹林在り。東と北は並びに礒なり。大神の御桙なり。）

冠山。郡家東南五里二百五十六歩。大神之御冠。（冠山。郡家の東南五里二百五十六歩。大神の御冠なり。）

〈出雲国風土記、神門郡〉

右の記事をまとめると次のようなことがうかがえる。「大神の御屋」と記されている「宇比多伎山」だが、「御屋」とはオホナムチの住処を意味し、山そのものが神殿であることの意である。[10]「稲積山」は「大神の稲積なり」とあり、「稲積」とは収穫した稲穂を積み重ねたものを意味する。この山は稲積の形に似ており、この伝承はそれを大神の神饌用の稲積に見立てているとされる。「陰山」は「大神の御陰なり」とあり、「カゲ」は頭を覆うものの意で、食物のつるなどを髪にさして飾りとしたものである。「大神の御稲なり」とあるところの「御稲」は神の神饌用の稲のことであり、稲を集めた山に見立てられている。「桙山」は「大神の御桙なり」とあり、神が用いる矛のことである。「大神の御冠なり」とあるところの「御冠」は神の被り物であると解される。[11]

右記をまとめると次のようになる。

大神の衣　　↓御陰＝陰山、御冠＝冠山
大神の食　　↓稲積＝稲積山、御稲＝稲山
大神の住まい↓御屋＝宇比多伎山
大神の器　　↓御桙＝桙山

以上からうかがえるように、これらの山々がオホナムチの神殿、矛、冠、髪飾、稲積、稲、であり、神の日常生活に必要な衣関係（御陰・御冠）、食（稲積、御稲）、住（御屋）、神器（御矛）をそろえて、それを山に見立てている。(12)荻原千鶴は神門郡の朝山郷にみられる先記の六つの山々はオホナムチの鎮座地であるととらえ、この地におけるオホナムチへの信仰の篤さを物語っているとする。(13)

瀧音能之は宇比多伎山を中心にオホナムチへの信仰圏が想定されることを述べ、それには杵築大社に祭祀される以前のこの神の姿が見いだせるとし、それをオホナムチの原像としてとらえている。(14)

こうして出雲西部に祭られたオホナムチは山そのものを神体とし、神が身につけるものや、食べるもの、神器・武器を山になぞらえて伝承されていることがうかがえる。

それでは杵築大社に祀られる以前のこの神への祭祀はどのように、そして誰によって実行されていたのだろうか。出雲国風土記の記述から探っていきたい。

2　出雲西部の祭主、キヒサカミタカヒコ

出雲国風土記の出雲郡にキヒサカミタカヒコの命という神が登場する。以下は出雲郡漆沼郷の条を取り上げてみたい。

漆沼郷。郡家正東五里二百七十歩。神魂命御子、天津枳比佐可美高日子命御名、又云二薦枕志都治値一之。此神、郷中坐。故云二志丑治一。

（漆沼の郷。郡家の正東五里二百七十歩。神魂命の御子、天津枳比佐可美高日子命の御名を、又薦枕志都沼値と云ひき。此の神、郷の中に坐す。故、志丑治と云ふ。）　〈出雲国風土記、出雲郡漆沼郷〉

この条においてアマツキヒサカミタカヒコはカムムスヒの子神であり、出雲郡漆沼郷にいることが記されている。さらに、出雲郡の神名火山（仏経山）の条ではこの神の社に関する記述がみえる。以下はその記事を取り上げてみる。

神名火山。郡家東南三里一百五十歩。高一百七十五丈、周一十五里六十歩。曽支能夜社坐、伎比佐加美高日子命社、即在二此山嶺一。故云二神名火山一。

（神名火山。郡家の東南三里一百五十歩。高さ一百七十五丈、周り一十五里六十歩。曽支能夜の社に坐す、伎比佐加美高日子命の社、即ち此の山の嶺に在り。故、神名火山と云ふ。）　〈出雲国風土記、出雲郡〉

曽支能夜の社に鎮座するキヒサカミタカヒコの神社はこの山の嶺にあることから、神名火山（仏経山）と命名された、という記事である。カムナビとは神の宿るところの意であり、[15]神名火山とは神が依りつく山のことである。神が宿る山の嶺に社をかまえたキヒサカミタカヒコには神霊を宿らせる力があることがうかがえる。山の嶺とは神への祭祀を行う場であり、[16]キヒサカミタカヒコにはこの山に依り憑く神霊に奉祀するという祭祀者としての姿が読み取れる。

キヒサカミタカヒコは古事記の垂仁天皇の段に登場するキヒサツミと同神であるとされる。[17]以下は垂仁記の記述を確認してみたい。

故、到二於出雲一、拝二訖大神一、還上之時、肥河之中、作二黒樔橋一、仕二奉假宮一而坐。爾、出雲国造之祖、名岐比佐都美、餝二青葉山一而、立二其河下一、将レ献二大御食一之時、其御子詔言、是、於二河下一、如二青葉山一者、見レ山、非レ山。若坐二出雲之石硐之曾宮一葦原色許男大神以伊都玖之祝大廷乎、問賜也。

（故、出雲に到りて、大神を拝み訖りて、還り上る時に、肥河の中に、黒き樔橋を作り、仮宮を仕へ奉りて坐せき。爾くして、出雲国造が祖、名は岐比佐都美、青葉の山を餝りて、其の河下に立て、大御食を献らむとせし時に、其の御子の詔ひて言ひしく、「是の、河下にして、青葉の山の如きは、山と見えて、山に非ず。若し出雲の石硐の曾宮に坐す葦原色許男大神を以ちいつく祝が大庭か」と、問ひ賜ひき。）

〈古事記中巻、垂仁天皇〉

垂仁天皇の子、ホムチワケは生まれてから物をいうことができず、天皇の夢でのお告げにより、それは出雲の大神の崇りによるものであることが判明する。ホムチワケは出雲へと派遣されるが、参拝を終えてからヤマトへ帰ろうとしたときに、その伴人は斐伊川（肥河）の上に黒い橋をたて、その上に仮宮を造り、御子をそこに据える。出雲の国造の祖であるキヒサツミは川下に青葉の山をたて、大御食を献上したときに、御子は「是の、河下にして、青葉の山の如きは、山と見えて、山に非ず。若し、出雲の石硐の曾宮に坐す葦原色許男大神を以ちいつく祝が大廷か」と言葉を発したのであった。

キヒサツミはヤマトから派遣された御子に大御食を献上しており、当説話は出雲国造が代表する出雲勢力のヤマトに対する服属として解されることが多い(18)。だが、ホムチワケの発した言葉に注目すると、キヒサツミは服属を示したのではなく、御子に憑依した出雲大神に祭具と神饌を献っていたことがみえてくる。アシハラシコヲとは出雲大神（オホクニヌシ）の別名であり、「若し、出雲の石硐の曾宮に坐す葦原色許男大神を以ちいつく祝が大廷か」という言葉が、自らの斎場を確認する大神の言葉であると見受けられる。ホムチワケは自らの意志によって言葉を発したのではなく、出雲の大神に憑依され、その意思に基づいた託宣をする。つまり、大神は斐伊川の川下にたてていた「青葉の山」を自らを「いつく祝」の斎場だと思い、その場に降臨しようとして発した言葉なのである(19)。キヒサツミがたてた「青葉の山」とは神を呼び寄せる祭具であり(20)、キヒサツミは出雲の国造の祖先神として出雲大神を迎え入れ、その意を導き出す役割をしていたのである（本書第Ⅱ部第三章において詳述）。

キヒサツミは、古事記には出雲国造の祖先として記述され、右の分析からは出雲大神の祭祀者としての姿がよみとれる。和田萃は、キヒサツミは出雲国風土記に登場するキヒサカミタカヒコと同人物であるとし、この神は「斐伊川下流域の首長と伝承されていた可能性が大きい」と指摘した上で、「出雲西部の首長がかつて出雲国造（旧国造）であったことを示す伝承である」としている。[21]

「石砢の曾宮」の所在地についてだが、古事記の記述では「名は岐比佐都美、青葉の山を餝りて、その河下に立てて」とあり、新潮日本古典集成本の古事記の頭注に「斐伊川下流の、岩蔭の奥まった所の後方の宮」とみられ、杵築大社（出雲大社）の現在の所在地とは異なっていたと解されている。[22] 和田萃は意宇を拠点とする出雲東部の首長が国造となってから杵築大社でオホナムチを祀るようになったのだが、それ以前に、出雲西部の首長が「石砢の曾宮」においてオホナムチを祀っており、その所在地は杵築大社と異なっていたことを指摘する。[23]

また、『記』『紀』に語られる国譲り神話だが、ホムチワケの伝承と同様に斐伊川下流域を舞台としていることも注目される。オホクニヌシが国を譲った代わりに高天原の神々から建ててもらった神殿「天の御舎」も杵築大社と異なっているのは明らかである。[24] 多芸志の小浜で建てられた「天の御舎」は「斐伊川の北岸で出雲国風土記にみえる出雲郡伊努郷の南岸にあるあたりで（現在の出雲市武志町の一帯）出雲大社から東へ八キロメートルほど離れた地」にあり、垂仁記の条に登場した「石砢の曾宮」に相当する。[25]

オホクニヌシは「八十坰手に隠りて侍らむ」（古事記）とあるところの「八十坰手」も「石砢の曾宮」と共通しており、出雲西部の首長がオホナムチを祭祀していた場所は杵築大社ではないことが明確である。杵築大社とは出雲東部の首長が国造（新国造、律令国造）となってからオホナムチの祭殿とした場所である。[26]

出雲西部の首長に関してだが、和田萃はそれは神門臣や出雲臣であるとし、[27] 瀧音能之はキヒサカミタカヒコ（キヒサツミ）を神門氏の祖先神ととらえ、オホナムチの祭主はがんらい神門氏であったと述べ、その勢力圏は「神門水海の南方から東方への地域」であったとする(28)。

このようにみてくると、杵築大社の成立は新しく、旧来のオホナムチの祭祀者であった出雲西部の首長はこの神を杵築大社ではなく、杵築大社から離れた武志町に比定される(出雲郡伊努郷)場所に斎場をかまえていた。それは古事記国譲りにおける「天の御舎」や垂仁記の「石硐の曾宮」に相当するものであることがうかがえる。また、キヒサカミタカヒコは古事記に出雲国造の祖先として描かれるキヒサツミと同神であり、その姿からはがんらいオホナムチが出雲西部の首長によって祭祀されていたことをみてとることができるのである。

このようにがんらいオホナムチは斐伊川、神門川の流域の出雲平野を中心として信仰圏を有しており、その地域の祭神であった。意宇を拠点とする国造の影響によってオホナムチの祭殿は杵築大社に置かれることとなり、祭祀権は西部から東部へと交替する。次に東部の国造と関わりのある神格を取り上げて、考察をすすめていきたい。

3　出雲西部の祭主から出雲東部の祭主へ

キヒサカミタカヒコと同様「タカヒコ(高日子)」を名に持つ神、アヂスキタカヒコが当風土記に登場する。それはどのような神で、なぜ「タカヒコ」と称されるのだろうか。そしてキヒサカミタカヒコとどのようにかかわるのだろうか。

アヂスキタカヒコは『記』『紀』では大国主神と胸形奥津宮のタギリビメの子とされ、出雲国造神賀詞および出雲国風土記においてはオホナムチの子神とされている。出雲国風土記においてアヂスキタカヒコが登場する説話が全部で三件（意宇郡、神門郡、仁多郡）見られ、その后に関する説話が一件（楯縫郡）、子神に関する記事が一件（神門郡）見られる。以下は記事を確認しながら、出雲国風土記におけるアヂスキタカヒコについて考えていく。

賀茂神戸。郡家東南卅四里。所レ造二天下一大神命之御子、阿遅須枳高日子命、坐二葛城賀茂社一。此神之神戸。故云レ鴨。

（賀茂の神戸。郡家の東南三十四里。天の下所造らしし大神命の御子、阿遅須枳高日子命、葛城の賀茂の社に坐す。此の神の神戸なり。故、鴨と云ふ。）〈出雲国風土記、意宇郡〉

アヂスキタカヒコはオホナムチの子神であり、「葛城の賀茂の社に坐す」神と描かれる。出雲国造神賀詞にはオホナムチは「己れ命の御子阿遅須伎高孫根の命の御魂を葛木の鴨の神奈備に坐せ」とあり、『延喜式』神名帳の葛上郡に「高鴨阿治須岐託彦根命神社四座」とみえ、古事記にも「此之阿遅鉏高日子根神者、今謂迦毛大御神者也」と記されている。このことから、三谷栄一はアヂスキタカヒコは「出雲の神というよりは、ヤマト国の神という意識が強い」と指摘する。[29] 和田萃も同様の見解を示し、アヂスキタカヒコはがんらいヤマトの葛城の神であったととらえている。「畿内を中心としたカモ神の信仰は、斐伊川に沿って出雲西部に広がり、その結果アヂスキタカヒコネ神の信仰が顕著となったのだろう」とし、アヂスキタカヒコはその名に「鉏」を含んでおり、「五百の鉏」を用いて開拓をしたというオホナムチと共通することから、この神をオホナムチの子とする系譜が成立したとする。[30]

出雲国風土記において二神は親子とされており、以下は神門郡の高岸郷の記述を確認してみたい。

高岸郷。郡家東北二里。所レ造二天下一大神御子、阿遅須枳高日子命、甚昼夜哭坐。仍、其処高屋造可レ坐之。即建二高椅一可二登降一養奉。故云二高崖一。

（高岸の郷。郡家の東北二里。天の下所造らしし大神の御子、阿遅須枳高日子命、甚く昼夜哭き坐しき。仍りて、其処に高屋を造りて坐せき。即ち高椅を建てて登り降らせて、養し奉りき。故、高崖と云ふ。）

〈出雲国風土記、神門郡高岸郷〉

本条においてアヂスキタカヒコはオホナムチの子神として登場し、その養育の方法について記載されている。アヂスキタカヒコが昼も夜も声をあげてひどく泣いていた。そのためにその所に床の高い建物を作り、そこにアヂスキタカヒコを据え、高い梯子を立て、登り降りさせて養育したと記されている。

三谷栄一はこうしたアヂスキタカヒコを成長できていない子供としてとらえている。[31] しかし、通常の言語能力を有しないことは超常的な言語能力を有することを意味し、神々の世界へと通じる力・御子の神性を意味するのではないだろうか。[32] この御子を「高屋」にいさせて養育したこともそれと関連していよう。

高床式の建造物は高座などと共通するものであり、神が示現する空間を意味する。[33] 天皇が夢見る「神床」も高床式のものだった。[34] 松本直樹はここにおける高屋とは神への祀りを行う祭殿であるととらえている。[35]昼夜ひどく泣いている御子が「高屋」にいさせられたのは神へと接近させることを意図してのことだったのである。

御子の養育に高梯が用いられたことも注目される。荻原千鶴はハシ（橋、梯）は「通常の人間の移動行動では到達することのできない、離れた二つの別空間を、つなぐ機能をもつ」と述べ、ハシを神が神界から「この世に示現するための装置」であるとする。高屋にいさせられた御子が梯子で登り降りする姿には、神がこの世界に示現する姿がイメージされているというのである。[36]こうしたアヂスキタカヒコには神と一体化し、それを顕現させる祭祀者としての姿をみてとることができる。

高梯を昇降することは杵築大社とも関連していよう。天日隅宮の造営を語る日本書紀第九段一書第二には、オホナムチの「海に遊ぶ具の為には、高橋・浮橋」が建てられたことが記述され、大社の壮大な規模を思わせる。杵築大社は当初、広大な建造物で現在の大社より二倍ほどの高さがあった。[37]梯子を昇降するアヂスキタカヒコがまねき迎えていた神は杵築大社の祭神であり、その父神として記述されるオホナムチだったのだろう。そうしたアヂスキタカヒコにはオホナムチに奉斎している国造自信の姿が投影されているとみることができる。

前節において神名備山の嶺に社を置くというキヒサカミタカヒコについて検討し、この神は斐伊川下流域に斎場を有する西部の首長の姿を示していることをみてきた。山そのものに神の霊魂が宿るという信仰は古い形態を示し、山の嶺に鎮座するというキヒサカミタカヒコの姿からは旧国造の在り方がみえてきた。キヒサカミタカヒコに祭祀されるオホナムチは杵築大社に祭殿をかまえる以前の姿、「原像」に近いものであった。[38]

東部の首長が出雲全域に勢力を伸ばすにいたり、オホナムチの祭主は西部の旧国造から東部の新国造へと交替する。オホナムチは新国造によって杵築大社で祭祀されることとなる[39]。高屋に据えられるアヂスキタカヒコは、杵築大社にオホナムチの祭殿を構えた意宇を拠点としていた国造の姿を映し出しているとみることができる。

このように、当風土記においてキヒサカミタカヒコは旧来の出雲西部の首長で、オホナムチの旧来の祭祀者の姿を現し、アヂスキタカヒコは東部を拠点とする新しい国造の姿を示していることがみえてくる。タカヒコを名に含む神は、この二神以外に出雲国風土記に確認されず、両神はオホナムチへの祭祀をになう存在である上に、「タカヒコ（高日子）」を冠する点においても共通性を有していることがうかがえる。古事記では出雲国造の祖先神はキヒサツミと記載され、タカヒコを名に含んでいない。この神にタカヒコを冠するのは出雲国風土記の編者の独自な認識であったことがうかがえる。

荻原千鶴は「杵築大社は当時、天にそびえ立つ高桜だった」ことを指摘し、高屋に養育されたアヂスキタカヒコが「高日子」を名に含み、神名備山（仏経山）の嶺に社があるキヒサカミタカヒコも「高日子」を名にもつことから、「出雲の大神の信仰は、高所＝天への信仰を伴っていたように思われる」とする[40]。

このことから、国造はこれらの神格に「高日子」と名に冠することで、オホナムチの祭祀をになう者としての性質を与えていたことがうかがえる。西部の首長の姿をとどめつつ、新たな祭り手の姿も書きあらわし、それに自らを重ねていたことがみえてくる。オホナムチの祭祀権を西部から収奪した東部の国造はこうして自らを正当化する必要があったことが考えられよう。

では、国造はアヂスキタカヒコをどのように描いていたのだろうか、次節において考察をすすめていきたい。

4　アヂスキタカヒコにみる国造

アヂスキタカヒコに関する伝承は仁田郡三沢郷にもみることができる。(41)

三沢郷。郡家西南廿五里。大神大穴持命御子、阿遅須伎高日子命、御須髪八握于レ生、昼夜哭坐之、辞不レ通。尓時、御祖命、御子乗レ船而、率二巡八十嶋一、宇良加志給鞆、猶不レ止レ哭之。大神夢願給、告二御子之哭由一、夢尓願坐、則夜夢見二坐之御子辞通一。則寤問給、尓時、御沢、申。尓時、何処然云、問給、即御祖御前立去出坐而、石川度、坂上至留、申二是処一也。尓時其沢水活出而、御身沐浴坐。故、国造、神吉事奏、参二向朝廷一時、其水活出而、用初也。依レ此、今産婦、彼村稲不レ食。若有レ食者、所レ生子已不云也。故云二三沢一。

（三沢の郷。郡家の西南二十五里。大神大穴持命の御子、阿遅須伎高日子命、御須髪八握に生ふるまで、昼夜哭き坐して、辞通はざりき。尓の時、御祖の命、御子を船に乗せて、八十島を率巡りて、宇良加志給へども、猶哭くこと止まずありき。大神、夢に願ぎ給ひしく、「御子の哭く由を告らせ」と夢に願ぎ坐ししかば、則夜の夢に御子辞通ふと見坐しき。則ち寤めて問ひ給へば、尓の時、「御沢」と申したまひき。尓の時、「何処を然云ふ」と問ひ給へば、即ち御祖の御前を立ち去り出で坐して、石川を度り、坂の上に至り留まり、「是処ぞ」と申したまひき。尓の時、其の沢の水活れ出でて、御身沐浴み坐しき。故、国造、神吉事奏しに、朝廷に参向ふ時に、其の水活れ出でて、用ゐ初むる也。此に依りて、今も産む婦は、彼の村の稲を食はず。若し食ふ者有らば、所生るる子已に云ふ也。故、三沢と云ふ。)

〈出雲国風土記、仁田郡三沢郷〉

アヂスキタカヒコは成長しても、昼も夜も泣くばかりで、物をいうことができなかった。オホナムチは御子を船に乗せて、八十島をつれて巡ったが、それでも泣くことをやまなかった。大神は夢でのお告げを祈願したところ、その夜の夢で御子が言葉が通じるようになったことをみた。そこで目覚めて御子に問いかけてみると、御子が「御沢」と言うのであった。それはどこなのかと大神が問うと、御子は御親の前を立ち去り、石川を渡り、坂の上に至りとどまり、「是処ぞ」と言った。その時に、その沢の水が湧き出て、御子はその水を浴びて身体を清めた。そのため、国造は神賀詞奏上するために朝廷に参向するに際し、その湧き出た水をまず最初に用い清めるのである。これによって当郷は三沢という名を負っているとする伝承である。

ここにおいてアヂスキタカヒコは泣くばかりで、物をいうことができないとされ、その神性さが暗示されている。オホナムチは「御子の哭く由を告らせ」と夢で祈願するのだが、どの神に対して祈願しているのかは定かではない。高岸郷の条では、アヂスキタカヒコは杵築大社の祭神、オホナムチを体現するものとして語られていることを考えると、三沢郷の条においても御子はその父神であるオホナムチの意を背負う存在として描かれていると捉えることができる。そうみてくると、父神の告げの祈願は説話上の工夫として理解され、子神はオホナムチ自信の託宣によって「三沢」と発し、父神の導きによって水が湧き出る地までたどり着いたと理解することができる。

三谷栄一はアヂスキタカヒコの唖の状態を死と再生の儀礼を経るための物忌としてとらえ、禊をすることによって新しい霊力を得ることを意味すると述べる。[42] そして、それに国造の姿を重ね、前任の国造が死に、新任の者が国造としての資格を得るための、死と再生の儀礼を経過することが三沢郷の記事が意味するところであるとする。「国造の資格を具えるまで胎児、嬰児としての儀礼をとり、禊をし終えてからはじめて一人前の国造となって上京し得たのである」と述べる。小村宏史もこうした見解を受け継ぎ、次世代の国造へとつながる儀礼と解しているのである。[43]

従来、国造による神賀詞奏上儀礼は出雲のヤマト朝廷への服属として捉えられ、「前任国造」が亡くなり、「新任国造」が新たに就任した時に朝廷へ向かい、天皇に対して服従を誓うと解されていた。[44] 三谷栄一と小村宏史の説はこうした研究を踏まえた上で成り立っていることが理解される。

しかし、近年は従来の見解を批判する新説が提示されている。大浦元彦は国造が上京する記録を分析した結果、そのほとんどが天皇が即位する時期に近いものとして記載されていることを論じた。それによって「神賀詞奏上は国造職継承に伴う服属儀礼というよりは天皇即位儀礼と不可分の関係にあって天皇即位儀礼の一翼を荷わされていた」と指摘している。[45]

この議論をふまえると、三沢の水での禊は国造が経過する通過儀礼とその新国造へと再誕としてとらえることは困難であることがみえてくる。瀧音能之は国造が禊に蘇りの聖水をまず最初に用いることによって「生命感あふれる存在」になり、「その状態を保持しつづけて神賀詞を奏上する」と指摘する。[46] 朝廷へ向かう国造はなぜ、三沢の水の霊威を身につけたまま参上しなくてはならないのだろうか。このことについて考える手掛かりは国造の神賀詞奏上儀礼における役割からみていきたい。

神賀詞奏上儀礼において国造は神賀詞を奏するとともに、献物を献上していたことが知られている。菊池照夫は国造が献物を差し上げることによって「天皇の国土支配を保証する霊威を付与」していたとし、神賀詞奏上儀礼自体は「タマフリ的な儀礼であった」とする。(47) 水林彪はこれに近い見解を示し、神賀詞奏上儀礼は天皇の即位に際して、その御世を祝福し、オホナムチの霊威を付与することによって、天皇の支配を保証する儀礼であったととらえている。(48)

すなわち、当儀礼は国造新任に際し、天皇に服属を誓うことを目的としていたのではなく、天皇の即位にかかわる儀礼として霊威・呪能を付与することを意図した儀礼であったことがうかがえよう。

では、国造が献上する宝物にどのようなものがあったのか、以下は『延喜式』（九二七年完成）に収録されている出雲国造神賀詞の一段を取り上げてみたい。神賀詞は九二七年完成の『延喜式』に収載されているものであり、広島が神賀詞を奏上していたとされる八世紀前半のものとは異なる性質を持つと捉えるべきである。(49) しかし、その内容から三沢郷の水の理解に関する重要な手がかりが得られるので、分析の対象として取り上げる。

国造は出雲の神々を祀り、その神の「返り言」を天皇に申し上げる。さらに、天皇の代を寿ぎ、天皇に諸々の献物を奉献する。以下は神賀詞の該当する部分を取り上げる。

白玉（A）の大御白髪坐し、赤玉（B）の御あからび坐し、青玉（C）の水江の玉の行き相ひに、明つ御神と大八嶋国知ろし食す天皇命の手長の大御世を、御横刀（D）広らに誅ち堅め、白御馬（E）の前の足爪・後の足爪踏み立つる事は、大宮の内外の御門の柱を、上つ石根に踏み堅め、下つ石根に踏み凝らし、振り立つる耳の弥高に、天の下を知ろし食さむ事の志のため、白鵠

（F）の生御調の玩び物と、倭文（G）の大御心もたしに、彼方の石川の度り・此方の石川の度りに生ひ立てる若水沼間の、弥若えに御若え坐し、すすき振るをとみの水の、弥をちに御をち坐し、まそびの大御鏡（H）の面をおしはるかして見そなはす事のごとく、明つ御神の大八嶋国を、天地日月と共に、安らけく平らけく知ろしめさむ事の志のためと、御祷の神宝を擎げ持ちて、神の礼白・臣の礼白と、恐み恐みも天つ次の神賀の吉詞白し賜はくと奏す。

〈出雲国造神賀詞〉

国造が天皇に奉献する献物は玉（A〜C）、横刀（D）、馬（E）、白鵠（F）、倭文（G）、鏡（H）、である。「延喜臨時祭式、国造神寿詞条」においても出雲国造の神賀詞奏上儀礼に関する記載がみられ、それには国造が献上する物として以下が挙げられている。「玉六八枚（a〜c）、横刀（d）、鏡（h）、倭文（g）、馬（e）、白鵠（f）、御贄五十舁（i）」である。[50] 右に紹介した神賀詞において『延喜式』の神寿詞条のa〜hにあたる物が確認されるのだが、御贄五十舁（i）に相当するものが見られない。[51]

本居宣長は仁多郡の三沢の水は「国造の此斎にも用ひ初ることとなれば、御贄五十舁の内にもまじへて、此水を献るなるべし」とする。[52] 和田萃はそれを受け、三沢の郷は斐伊川の旧河道に位置し、国造が朝廷へ参向する際に通っていたとし、国造はそこに湧く水で禊をし、さらにその水を「変若水」として汲んで、御贄の一つとして天皇に献上するととらえている。[53]

右の分析から、国造が三沢の水で禊をする必要性の要因がみえてこよう。すでに、オホナムチの子神、アヂスキタカヒコはその神の意を体現する存在として描かれ、国造はそれに祭祀者としての自らを投影していたことを確認している。当説話は、オホナムチの託宣に導かれたアヂスキタカヒコが三沢で水を発見することを伝える。それは他にだれでもないオホナムチの意によって湧き出た水であり、オホナムチの霊威に満ちあふれていると理解されよう。

国造はその水で禊をすることによって祭神の霊威を身につけ、朝廷へと参上する。御贄の献上には「彼方の石川の度り・此方の石川の度りに生ひ立てる若水沼間の、弥若えに御若え坐し」という天皇の若返りを祈念する寿言が添えられるが、天皇の世を寿ぐためには国造がオホナムチの霊威と一体化する必要があるとみることができよう。さらに、三沢の水を汲み、それを御贄の一つとして奉献することによって、天皇にオホナムチの霊威を付与していたことがよみとれよう。天皇への霊威付与はオホナムチと一体化することで初めて可能であり、国造はオホナムチの霊威がこもる水が湧き出たことの起源および、自らがその水でもって禊をし、祭神の威力を身につけることの起源を本説話を通して創出していることがいえるのである。

右の分析から、風土記の三沢郷の条の記事はオホナムチの霊威を身に受け、それを天皇へと届けるという国造の儀式の一旦を神話的に起源づけたものとして理解され、祭祀者としての国造自身の立場を保証するものとしてとらえられるのである。

この伝承からみえてきたオホナムチの像は『記』『紀』神話の影響のもと成り立っている[54]とは言い難い。出雲国造の神賀詞奏上にあたって禊をし、オホナムチの霊威を身に受けるという過程を神的に起源付けているこの説話は国造の独自な視座による構想されているものとしてとらえるべきである。さらに、国造は天皇に献上する水の聖性をオホナムチの霊威の発動に求めることで、自らの祭神を天皇を加護し呪能を付与する存在として位置付ける志向がよみとれよう。このことからも、当風土記のオホナムチ像は国造独自な立場から展開されていることがうかがえる。

前述の分析から、神賀詞奏上儀礼とそれにかかわる当風土記の記述からは、当儀礼を中核とする出雲とヤマトによって共有されていた祭儀的・神話的空間が垣間見れた[55]。国造は一方的に『記』『紀』神話を享受して、当風土記の記述を構成していたのではなく、ヤマトと共有していた宗教的空間において独自な視座からオホナムチにかかわる説話を編んでいたことが確認できたのである。

次節において東部の国造がオホナムチの祭祀権を掌握してから建設したとされる杵築大社の由来を語る記事を取り上げてみたい。

5 杵築大社の成立

杵築大社自体の造営にかかわる記事を出雲郡杵築郷にみることができる。

杵築郷。郡家西北廿八里六十歩。八束水臣津野命之国引給之後、所レ造二天下一大神之宮将レ奉而、諸皇神等、参二集宮処一杵築。故云二寸付一。

（杵築の郷。郡家の西北二十八里六十歩。八束水臣津野命の国引き給ひし後に、天の下所造らしし大神の宮奉らむとして、諸の皇神等、宮処に参集ひて杵築きき。故、寸付と云ふ。）〈出雲郡、杵築郷〉

杵築の郷の由来をとく説話だが、オミヅヌの神による国引きが終了した後に、オホナムチの宮を造り奉ろうとして、諸々の「皇神」が宮殿の場所に集まり、地面を突き固め（きづき）なさった。

それによって「寸付（きづき）」の郷名が生じたという。

「皇神」とは出雲国造神賀詞に「諸々の皇神」とあり、出雲の神社に祭られている諸々の神々を意味する。(56)このことから、出雲国風土記における皇神も出雲の神々を示しているととらえる可能性が導かれる。皇神を天つ神、または天皇にかかわりのある神々ではなく、荻原千鶴が解しているように「尊い神々」ととらえたい。(57)

出雲の神々が宮所に集まり、地面を突き固めた。それによって、郷はキヅキと称された。出雲郡杵築郷は斐伊川の河口にあり、杵築大社の所在地となっている。前節でみてきたように、オホナムチの本来の斎場は斐伊川下流域にあり、その祭主は出雲西部の首長であった。出雲の東部の氏族が出雲全域を支配し、出雲西部の祭神であったオホナムチの祭祀権を掌握したことによって、西部の国造から東部の国造へと祭主が交替し、東部の国造はオホナムチの新しい斎場として杵築大社を造営した。(58)右記の杵築郷の神話はオホナムチの新しい斎場、杵築大社の起源を語っているに違いないのである。すなわち、天つ神による神殿の造営を語っているのではなく、出雲内部の歴史的展開を反映させたものとしてとらえるべきであることがみえてくるのである。

当該条では、杵築大社の造営は国土創造の直後のこととして位置づけられていることも注目されよう。神話はつねに起源をもとめるものである。第二章でみてきたように、オミヅヌの命による国土創造は当風土記において出雲国そのものの起源神話としての位置を与えられている。国土が生成した、その直後の事業としてオホナムチの宮の造営を語るのには、国造の自らの主祭神の斎場の由来を神話的に起源付け、その価値を高める意図があったのではないだろうか。

前記の分析から、国造は当風土記において、オホナムチの新たな祭主としてその祭祀を実行する宮の建設を記載し、さらには、その建設を国土生成に関連させることで、その起源を神話的に保証したといえる。西部の国造から東部の国造へと展開する過程が背後にあるなか、東部の国造（新国造）にとってはオホナムチの新祭祀者である自らの権威の強化が求められたとみてとれよう。そこで、新国造は新祭神の斎場の建設を伝承として構成し、自らの立場を根拠づけたのである。

出雲国風土記は楯縫郡の条にも杵築大社の建設にかかわる記事をみることができる。

6　楯縫郡――カムムスヒと「天」

楯縫郡の条に以下のような話が掲載されている。

所㆔以号㆓楯縫㆒者。神魂命詔、五十足天日栖宮之縦横御量、千尋栲紲持而、百八十結々下而、此天御量持而、所㆑造㆓天下㆒大神之宮、造奉詔而、御子天御鳥命、楯部為而、天下給之。尓時、退下来坐而、大神宮御装楯、造始給所、是也。仍至㆑今、楯桙造而、奉㆓出皇神等㆒。故云㆓楯縫㆒。

（楯縫と号くる所以は、神魂命詔りたまひしく、「吾が十足る天の日栖の宮の縦横の御量は、千尋の栲紲持ちて、百八十結び結び下げて、此の天の御量持ちて、天の下所造らしし大神の宮、造り奉れ」と詔りたまひて、御子天御鳥命を、楯部と為て、天下し給ひき。尓の時、退り下り来坐して、大神の宮の御装の楯、造り始め給ひし所、是也。仍りて今に至るまで、楯桙造りて、皇神等に奉り出づ。故、楯縫と云ふ。）

〈出雲国風土記、楯縫郡〉

当記事はカムムスヒの指令のもとオホナムチの鎮座する宮殿が建設されたことを伝えている。カムムスヒは、自らの足り整った「天の日栖の宮」の縦横の規模が、千尋もの長い栲の縄で、梁桁をしっかりと念入りに結び下げて作ってあるのと同じように、この天の尺度をもって、オホナムチの御殿を造るようにと指令し、御子神のアメノミトリの命を楯部とし、天から下した。それが地上へ下り、大神の御殿の神器として楯を作り始めたところが当郡である。それゆえ今に至るまで楯と矛を作って尊い神々に奉るのである。これが楯縫の地名が生じた由来であることが記されている。

この神話はカムムスヒを指令神として登場させること、「天の日栖の宮」にオホナムチの神殿の造営を倣わせることなどから、『記』『紀』神話の影響を受けて成立しているととらえる見解が主流であるといえよう。(59)

『記』『紀』の記述を確認すると、古事記では、オホナムチが国を譲る代わりに天つ神の側から「天の御舎」(60)を建てられることが描かれ、日本書紀第九段一書第二では、オホナムチの宮殿はタカミムスヒの指令のもと建設されてことが語られている。

松本直樹は『記』『紀』、とりわけ日本書紀一書における記述との類似性を指摘し、出雲国造は当風土記の杵築郷の条の編纂にあたって、中央神話の内容を踏まえた上で、タカミムスヒを出雲の祖先神カムムスヒに切り替え、大社の造営を記したとする。(61)

しかし、前節で見てきたとおり、杵築大社の造営は西部から東部への国造の交替および新たな斎場として杵築大社の造営を背景にしており、そうした歴史的過程を反映し、新国造自身の必要性に応じて作られた伝承であるとみるべきである。

それにもう一つ日本書紀第九段一書第二の問題点を指摘しておきたい。日本書紀当一書は国造の祖先神のアメノホヒを登場させている。すなわち、タカミムスヒはオホナムチの宮殿の造営を指令し、アメノホヒをその祭祀に預からせるのである。[62] それに対して、出雲国風土記の当該条では、アメノホヒの姿がみられない。アメノホヒは国造の祖先神で、出雲国造神賀詞において主役を担わされる神である。国造にとって、それを杵築大社の建設を語る条に登場させても、不都合なことはない。出雲国風土記の当該条は日本書紀の当該一書を享受して成立したとしたら、なぜアメノホヒが登場しないのだろうか。

和田萃は第九段一書第二に関して、東部の勢力が国造としてオホナムチを杵築大社で祭るようになって以降に成立した新しい伝承であるとする。[63] アメノホヒを国造の祖先神とする出雲国造神賀詞はこの一書の影響を受けたと考えて間違いないだろう。それに対して出雲国風土記にはアメノホヒと思われる神名（アメノフヒ）が一件登場するのみであり、それを主役とする伝承やこの神を祭神とする神社の記載がみられない。国造のアメノホヒとの系譜関係は『記』『紀』神話に初めて確認され、その成立は後発的なことであるとされる。[64] このようにみてくると、アメノホヒの活躍を中心とする神賀詞は「中央神話」の享受を経て成り立ったものであるのに対し、当神にまったく興味を示さない出雲国風土記の当該条は『記』『紀』を享受したものとして捉えがたいといえるのではないだろうか。

カムムスヒとタカミムスヒはそれぞれ出雲と高天原にかかわる神として古事記に登場するのに対して、日本書紀はカムムスヒをほとんど登場させず、タカミムスヒが主役となっている。古事記においてオホクニヌシの国作りを手伝うスクナビコナの神はカムムスヒの子神とされるのに対して、日本書紀一書では同神はタカミムスヒの子となっていることもそれを物語っている。日本書紀は出雲の世界や出雲の神々を語らないという立場をとっていることを考えると、オホナムチの神殿の造営の指令神がタカミムスヒとなっていることが日本書紀の論理に合わせてととのえられているためであるといえる。だが、このことはがんらいの伝承ではタカミムスヒがオホナムチの神殿造営の指令神であったという証拠にはならない。杵築大社の成立が先にあり、後に日本書紀第九段の一書第二が成立したという和田萃の論を踏まえれば、タカミムスヒをオホナムチの神殿建設の指令神とする伝承が事後的に成立したことが十分に推測されよう。

楯縫郡の説話を『記』『紀』神話の世界と結びつける有力な論拠として前述したカムムスヒの存在も挙げられるだろう。神野志隆光はタカミムスヒとカムムスヒを「ムスヒ」、つまり物事の生成力を意味する語を名に含む神として、古事記における高天原の主役神ととらえている[65]。

それに対して三浦佑之は、両神は本来異なる系統の神であり、タカミムスヒは天皇の祖神に直結する神として高天原を中心に活躍するのに対して、カムムスヒは出雲の祖先神でその活躍はほとんどの用例において出雲を舞台とすると述べる。カムムスヒは女神の母神を意味する「御祖命」と記され、出雲国風土記においてもその子神を女神とする記事が多く、この神は出雲の母神としての性格をもった神であったと指摘する[66]。カムムスヒは出雲の土地に根ざした神として当風土記に登場させられているとみるべきであろう。

もう一つ重要な論点として出雲国風土記にみられる「天」の概念について考察してみたい。楯縫郡の条では、カムムスヒは自らの神殿である「天の日栖の宮」に倣わせ、オホナムチの宮殿の造営を指令しており、さらに御子のアメノミトリの命を「天」から下すことが語られる。ここにおける「天」とは何を意味するのだろうか。

古事記および日本書紀において、高天原（天）は天皇の系譜に直結する神々が主宰する神話的世界として捉えられ、天孫による地上世界、「天下」の支配の根拠としての意味を持つと解されてきている。[67]それを受けて、諸風土記にみられる「天」を高天原ととらえ、「天つ神」と記される神々に関して、『記』『紀』神話の影響のもと成り立つ高天原の神々、または天皇に直結する神々としてとらえる見解が示されることが多い。[68]

だが、古事記の物語をみると、例えば「天地初発之時、於二高天原一成神名（天地初めて発れし時に、高天原に成りし神の名は）」という文脈において、高天原と並び「天」という言葉が登場する。西郷信綱は物理的世界としての「天」と神々が活躍の舞台となる神話的世界としての高天原は別のものとして理解するべきであるという。[69]「天地初発」の時の「天」とは物理的なものであり、地とは分離していくという天上世界という意味しか有せず、それには天孫の支配の根源がもとめられる世界としての機能を見出すのは困難である。

このように捉えると、高天原とは古事記の内部でのみ一つの神話的世界として意味を有することがみてとれ、それを風土記の理解に用いるのは妥当であろうか、という疑問が生じてくる。風土記における「天」は『記』『紀』の論理とは異なるものとしてみるべきではないだろうか。それに加えて、古事記の「天地初発」の文脈における「天」の用法からも諸風土記における「天」は必ずしも、天孫の支配を根拠付けるものとして機能していたのではなく、天上世界、天空の意に理解される可能性が導かれる。

この問題については、橋本雅之による諸風土記における天に関する論稿が示唆を与えてくれる。橋本雅之は従来天孫の意に解されてきた「天人」の語に関して、それを漢籍との関わりから理解するべきであるとし、風土記にみられる神女が天下るという伝承に関しても、中国の説話の影響とみるべきであるとする。風土記では、天上界と地上界の往来は自由であり、「複数の神が降臨しており、天降りに関しても、それを天孫降臨神話と解釈するのは困難」であると述べる。「天」は単なる天上界以上の意味を持たず、それには「地上世界を支配し根拠付ける存在として認識されているとは言いがたい」と結論付ける。(70)

以上のことから、出雲国風土記の当該条における天とは地上世界の支配を根拠付けるという意味を持った世界ではなく、天上世界、高所というように観念されていたといえる。

さらに、『記』『紀』と出雲国風土記における「天」を異なる論理でとらえる視座が妥当であることがみえてくる。では、当風土記における「天」は何を背景したものとして構成されているのだろうか、次に考えてみたい。

荻原千鶴は出雲における「天」を杵築大社と関連づけて論じている。杵築大社は現在のおよそ二倍の高さ(約四八メートル)を有し、「破格に高大な建造物」であった。古事記にオホクニヌシの宮は「高天原に永木たかしりて」とあり、それは「空疎な修辞ではなく、天にも至るかと思われる高桜式の社の偉観が、ふり仰ぐ者にいだかせた天上神界への幻想を核として表現」であるとする。(71)前節でみてきたように、オホナムチの祭祀者の姿と考えられるキヒサカミタカヒコ、アヂスキタカヒコが「高日子」を名に持つことからも「出雲の大神の信仰は、高所=天への信仰を伴っていた」ことがうかがえるとする。

「天」とは天上界と認識され、さらに出雲の側ではオホナムチ、杵築大社と結びつく形で語られている。出雲国風土記の当該説話にあるカムムスヒとその「天の日栖の宮」とは天つ神の宮殿を現しているのではなく、杵築大社を中心とする出雲側の独自な天＝高所に対する観念・信仰を示しているとみることができる。高くそびえ立つ杵築大社はカムムスヒの「天」の宮をたどって造られることもこうした信仰を背景にしているのではないだろうか。

前述の考察をまとめると、天とは出雲独自な観念に基づいた概念として当風土記では機能していることがみえてくる。さらに、天から子神を下すというカムムスヒは『記』『紀』神話の「天つ神」ではなく、出雲の祖先神として信仰されていたことがみてとれよう。このことから、当風土記が語る杵築大社の成立は日本書紀一書を享受した結果のものだったのではなく、出雲国造の独自な視座のもと構想されたものであるといえる。本章の分析からみえてきたように、西部の勢力から東部の勢力へと交替していく、出雲国内の歴史過程を反映させたものとして、杵築大社の成立が国造の権威を強化する意図のもと語られているのである。

*

本章ではオホナムチとその祭祀者たちの出雲国風土記における描写についてみてきた。オホナムチは本来山を御神体とする神であり、出雲西部の朝山郷の一連の山々はその衣食住としてなぞえられていた。さらに、出雲の聖山である仏経山にキヒサカミタカヒコという神の社があり、それには旧来オホナムチの奉斎していた出雲西部の首長の姿が投影されていることがみえてきた。

キヒサカミタカヒコと同じく「高日子」を名に持つアヂスキタカヒコは東部を中心とする新国造の姿を彷彿させる。両者が重なっている側面も有するのだが、新国造の大きな特徴は杵築大社をオホナムチの祭殿とすることである。杵築大社は東部の勢力がヤマトへと服属し、そのサポートを得ることによって西部を支配化に入れ、出雲全域を統合した勢力である。杵築大社はこうした東部の国造の拠点となり、オホナムチへの祭祀の新たな段階を意味していた。

杵築大社は広大な建造物であり、例をみないその造りは当地域における独特な信仰を生み出す母胎となったことは想像にかたくない。出雲国風土記に登場する「天」は高天原といったような『記』『紀』神話に語られる世界の影響を受けて成り立ったのではなく、出雲独自な視座によって語られている。

こうした中でみえてくる東部の国造はどのように自らを認識していたのだろうか。国造の本来の祭神は意宇の氏神である熊野大神であった。だが、出雲全域を支配下に入れた国造は西部の祭神であったオホナムチを祀るようになっていった。現在出雲大社において伝えられている国造の儀式においてはオホナムチが主役を与えられており、主祭神となっているのである。国造はオホナムチをどのように出雲国風土記において描いていったのか、次章において考えてみたい。

第三章　出雲国造の宇宙観——「天の下所造らしし大神」

1　天地開闢神としてのオホナムチ

出雲国風土記の出雲郡美談郷にオホナムチの子神にかかわる記事をみることができる。子神は「天の御領田」の長として描かれている。以下、その記事を取り上げて、分析を試みたい。

美談郷。郡家正北九里二百四十歩。所㆑造㆓天下㆒大神御子、和加布都努志命、天地初判之後、天御領田之長、供奉坐之。即彼神坐㆓郷中㆒。故云㆓三太三㆒。

（美談の郷。郡家の正北九里二百四十歩。天の下所造らしし大神の御子、和加布都努志命、天地初めて判れし後、天の御領田の長、供へ奉り坐しき。即ち彼の神、郷の中に坐す。故、三太三と云ふ。）

〈出雲国風土記、出雲郡美談郷〉

天地が初めて分かれた後、「天の下所造らしし大神の御子」、フツヌシの命が「天の御領田の長」として仕え奉っていたという記述である。「天の御領田」とはオホナムチの領地としての田である。(1)その御子のフツヌシがその田の「長」、つまり重要な管理人として仕えていたということが記されている。ここにおいてフツヌシが「長」をつとめていたのは「天地初めて判れし後」であることが注目される。

天地開闢とは『記』『紀』神話にも語られており、日本書紀の冒頭部に「古に天地未だ剖れず、陰陽分れず、渾沌にして鶏子の如く」とあり、混沌から天と地が判れる様子が描かれている。古事記の冒頭部は「天地初めて発れしの時に、高天原に成りし神の名は」と語りだされており、日本書紀のような天地がわかれる過程を描かないのだが、天地が初めて動き出した時に既に高天原という世界が存在していたことを語る。(2)

出雲国風土記の「天地初判」とある条はこうして記紀の天地開闢を受けており、在地性が認め難いとされる。(3)

しかし、「天地初判」という発想は古代中国のものであり、日本書紀の冒頭部は中国の古典籍である『淮南子』や『三五略記』を引用した上で成り立っている。(4) 古事記の「初発」という語句も仏教書の影響を受けているとされる。(5) 出雲国風土記も中国の地理誌を参考にした上で記述されているところが多く、(6) 当風土記の編者が中国の古典籍に通じており、中国における天地開闢の神話を知っていたことが想定される。このことから、出雲国風土記における当該条は『記』『紀』神話を受容したのではなく、『記』『紀』が宇宙生成の発想を古代中国に借りたのと同じように、出雲国風土記の編者もそれを借りたと推定することができる。

改めて出雲郡美談郷の記述を確認してみたい。「天の下所造らしし大神の御子、和加布都努志命、天地初めて判れし後、天の御領田の長、供へ奉り坐しき」と記されているが、「天の御領田」に関してそれは「天つ神」の田を意味すると解する説がある。(7) だが、前章で確認したように出雲国風土記における「天」は『記』『紀』神話のそれとは異なり、天つ神を意味するとは考えにくい。ここではオホナムチの領地としての田とする説に従いたい[8]。

オホナムチの田に関するもう一つの記事を楯縫郡玖潭郷にみることができる。

玖潭郷。郡家正西五里二百歩、所レ造二天下一大神命、天御飯田之御倉、将二造給一処、巡行給。尓時、波夜佐雨、久多美乃山、詔給之。故云二忽美一。

（玖潭の郷。郡家の正西五里二百歩。天の下所造らしし大神命、天の御飯田の御倉、造り給はむ処を、覔め巡行り給ひき。尓の時、「波夜佐雨、久多美の山」と詔り給ひき。故、忽美と云ふ。）

〈出雲国風土記、楯縫郡玖潭郷〉

オホナムチは「天の御飯田の御倉」を作るところを探して、巡りまわった時に「波夜佐雨、久多美の山」と言った。このことから玖潭の郷名が生じた、とする伝承である。「御飯田」とは神饌の米を作る田の意であり[9]、倉とは倉庫のことであり、米をはじめとする五穀を保管するための建造物である。「天の御飯田」というように「天」が付されているが、出雲郡美談郷の条と同様、「天つ神」の田であると考えにくく、オホナムチが管理している田であると捉えたい[10]。

オホナムチは「天の御飯田」の「御倉」を作るための場所を探しているとあり、当該条は田がある場所そのものではなく、大神が米を保管するための「御倉」を作るところを求めて巡った場所を示している。巡行した時、「波夜佐雨、久多美の山」と発したことから「クタミ」の地名が生じたのであり、田そのものがある場所ではない。

本節の初めにあげた「天の御領田」だが、出雲郡美談郷の条に登場している。美談郷は斐伊川流域の地域にあり、オホナムチの信仰圏に近い。当該条の田はオホナムチが所領する田であり、楯縫郡玖潭郷の「天の御飯田」とは大神が倉を作る場所を探して出向いた土地であるととらえられる。どちらもオホナムチの領有・管理している田を意味するであろう。

このようにみると、出雲郡美談郷の条の「天の御領田」はオホナムチの領有する田のことであり、天地が分かれた後にオホナムチの御子、フツヌシの命が父神の田の管理者として仕えていたと解することになる。このことは、オホナムチとその田が天地が開闢する以前に、すでに存在していたものとして描かれているという理解をみちびく。

瀧音能之は「地上の神の典型とされる大穴持命にとって、天地がいまだにカオスの状態のときの神という位置づけはふさわしくない」とし、天地初判の直後に御子のフツヌシが「天の御領田の長になるという点も、やや唐突な印象を受ける」とする。このようなことから瀧音能之は「天地初判」を宇宙の始まりとしてではなく、「地上の国土経営の開始」を意味するものととらえているのである。(11)

しかし、むしろ国造はオホナムチの「御領田」を天地創生以前のものとして描くことを意図したのではないだろうか。出雲国風土記と同時代に作られた書物のなかで天地が開闢する以前の状態に関心を示す記事をみることができる。

たとえば、常陸国風土記の香島の郡に以下のような記事が掲載されている。

清濁得糺、天地草昧已前、諸祖天神〔俗云二賀味留・彌賀味留岐一〕。会二集八百万神於高天之原一時、諸祖神告云、「今我御孫命、光宅豊葦原水穂之国」。

（清めると濁れると糺はり、天地の草昧より已前、諸の祖の天つ神たち、〔俗、賀味留弥・賀味留岐と云ふ〕。八百万の神たちを高天の原に会集へたまひし時に、諸の祖の神たち告云りたまひしく、「今我が御孫の命の、光宅さむ豊葦原の水穂の国」とのりたまふ。）

〈常陸国風土記、香島郡〉

「清めると濁れると糺はり」とは清んだもの（天となる気）と濁ったもの（地となる気）とが絡み合ったの意であり、「天地の草昧より已前」とは天と地がひらけた時よりも以前にという意味である。つまり、天地が分かれる以前に諸々の祖神の天神が高天原に八百万の神を集めたということが語られている。香島の大神の起源譚だが、ここにおいて祖先神としての天つ神が「天地の草昧より已前」つまり、天地が判れるよりも前から活動していることが描かれている。ここで天地以前の時空が創出されており、神々はその時間に既に存在していたと語られることが注目される。

古事記の冒頭部も「天地初発之時、於二高天原一成神名（天地初めて発れし時に、高天原に成りし神の名は）」と語りだされており、高天原は「天地初発」の時にすでにあったものとして描かれている。[12]すなわち、古事記においても天地開闢よりも前の時空が求められており、高天原という世界がそれに据えられていることがうかがえる。

天地開闢という神話が古代中国から導入され、日本書紀に記述されることによって一つの権威を得ているなか、古事記や風土記の記述は開闢以前を描き出し、その時空に高天原という世界、あるいは祖神として天神を据えている。ここからは、中国の神話に語られた宇宙の創生、それにも勝る始原を求め、創出していくという志向がみてとれることになろう。

出雲国風土記の編者もこうした始原を求めたのではないだろうか。国造はオホナムチの御領地としての田を「天地初判」の時にすでにあるものとして描くことによって、天地以前という時空を導き出している。そのことによってオホナムチは天地開闢以前からも存在し、田を領地としていたという根源的な神へと昇進させられているのである。

ここで、オホナムチと同様、その所領の「天の御領田」も起源前に既にあったものとして位置付けられていることが注目される。オホナムチは農耕神であり、当風土記にその田に関する記事を多くみることができる。だが、大神は田植え、田作りをする伝承のみならず、八十神を追い払う伝承、求婚する伝承、越などを平定する伝承も多く載せられている。そうした中でも、国造はなぜ「田」を重要視し、それを天地開闢以前のものとしたのだろうか、考えてみることにする。

国造は代替りに行う火継式において米およびその米から醸された一夜酒を神々とともにいただくという儀式を行う。米を食べることで前任の国造の霊威を受け継ぎ、祖先神のアメノホヒと一体化する。そしてアメノホヒがオホナムチを祀っていたように、新国造もオホナムチと一体化し、オホナムチとして振舞うのである[13]。

火継神事は秘儀とされてきており、その詳細・実態を知る資料は中世以降のものである。平井直房が『出雲国造火継ぎ神事の研究』において万治三年（一六六一）の史料によって復元された儀式の様子を紹介している。国造家の宝器である火切で火を切り出し、大庭の真名井神社の神水を使い、米一合を炊飯する[14]。その時に用いられる米は出雲大社の神田から用いることが古例であるという[15]。

神聖な御飯を神前でいただくことによって、神々の霊魂を身につけ、オホナムチと一体となるのだが、オホナムチの霊威を継承することは国造にもっとも大事であると考えられる。火継神事とよく似た祭儀である新嘗会は毎年の十一月に行われ、国造の魂の復活を目的としている。この儀礼も火継神事と同様、神々との共同食が儀礼の中心となっている。[16]

この儀式において儀礼の中心をなす神々との共同食には「出雲大社の神田」の米が用いられていることが注目される。現代の祭儀の記録や確認が取れる史料から出雲国風土記が編纂された当初の儀礼の在り方を判断することは難しい。また、現代の「出雲大社の神田」は古代にはあったのかなかったのか、もしあったとしたら、具体的にどこを指しており、出雲国風土記のどの郷に比定されるのか、また、それがどのように変遷したのかも不明である。

だが、平井直房は国造による「新嘗」は古代においても何らかの形で存在していたと述べる。その「新嘗」には米を食することが一つの恒例であったことが考えられよう。そうなると、米がとれる田は祭儀に用いられるものとして、国造によって神聖視されることも容易に想定できる。その田を国造は祭神であるオホナムチの霊威のこもった田として信仰していたと考えても無理はない。出雲国造が編纂した出雲国風土記におけるオホナムチが所領する田として登場する田には、それを神聖視する国造の信仰が織りこめられていたのではないだろうか。

すなわち、古来から行ってきただろう「新嘗」において、国造が神へと献上し、自らも食べるという米は、祭神であるオホナムチの霊威が満ちている田でとれた米だと志向しており、その認識を「天の御領田」と「天の御飯田」に反映させたと解することになる。

このように、国造はオホナムチの田を天地開闢よりも以前のものとし、そこでとれる米を「新嘗」に用いるものとして構想することによって、自らが行う祭儀を権威づけたことがみえてくる。天地開闢以前に存在していた「天の御飯田」でとった米を食べることで祭神と一体化する、国造はオホナムチの祭主として自らを根拠付ける〈神話〉を天地創生にも勝る始原を体現するものとして創出したのである。

2　いくつもの始原

出雲国風土記には天地創生とともに国土創造の神話も語られている。第一章でもみたように巨人神が各地から余った土地を縫い付けて、国土を作るという神話である。出雲郡杵築郷の記事ではオホナムチの宮作りはオミヅヌの命による国土創造のすぐ後に行われたものとして語られる。以下では当郷の記述を確認し、オホナムチと国土創造の関連について検討を加えてみたい。

杵築郷。郡家西北廿八里六十歩。八束水臣津野命之国引給之後、所レ造二天下一大神之宮将レ奉而、諸皇神等、参二集宮処一杵築。故云二寸付一。

（杵築の郷。郡家の西北二十八里六十歩。八束水臣津野命の国引き給ひし後に、天の下所造らしし大神の宮奉らむとして、諸の皇神等、宮処に参集ひて杵築きき。故、寸付と云ふ。）〈出雲国風土記、出雲郡杵築郷〉

杵築郷の由来をとく説話だが、オミヅヌの神による国引きが終了した後に、オホナムチの宮を造り奉ろうとして、諸々の「皇神」が宮殿の場所に集まり、地面を突き固め（きづき）なさった。それによって「寸付（きづき）」いう郷名が生じた、とされる。

説話の舞台である出雲郡杵築郷は斐伊川の河口にあり、杵築大社の所在地となっている。前章でみてきたように、西部の国造から東部の国造へと交替し、東部の国造はオホナムチの新しい斎場として杵築大社を造営した。[17]先述の杵築の郷の神話はオホナムチの新しい斎場、杵築大社の起源を語っているのである。

ここで注目されるのは、杵築大社の造営はオミヅヌの神による国土創造の直後のこととして語られている点である。第一章、第二章で見てきたとおり、国造は国引き説話を国土創造の神話として改変し、自らの拠点である意宇と結びつけた。さらに、杵築郷の条ではオホナムチの宮の造営を巨人神による国引きが終えられた、その始原たる時空に直結する大事業として位置付けていることがみえてくる。国造は自らの祭神であるオホナムチの祭殿の成立を国土生成と結びつけ、その価値を高めているといえる。そして、そこに鎮まるというオホナムチはオミヅヌの命による国土生成に先立つ神としての位置を与えられていることがみえてくるのである。

武廣亮平は出雲国風土記にみられる天地初判と国引きは二つの異なる系統の神話であると述べている。前者は天と地が分かれるという縦系列の開闢的神話であり、後者は出雲という地域の国土創生神話で「水平的な広がりを見せる」とする。[18]この指摘は肯定されよう。だが、国引き神話は「いわゆる天地開闢タイプのものではなく、その次に位置付けられる国土開発の神話である」とする見解には考察の余地があると思われる。国造は別系統の創生神話を取り入れていたのは間違いないことだが、それぞれの神話に、天地初判が先か、または国引きが先か、という順位をつけていたのだろうか。

天地開闢は天地の始まりから描くという点で、もっとも宇宙そのものの起源に近いものであるが、国引き神話は出雲に古くから伝わる創生神話であり、国土そのものの創造を語っている。それには天地開闢とは異なる側面からだが、始原性が認められるべきである。

国引き神話は「初国小さく所作れり」の文句から始まっており、「初国」という国の始まりの時間が想定されている。この神話は出雲郡に伝わっていた国土創造の神話であり、出雲特有のものである。国造はこの神話を用いて自らの主祭神の祭殿である杵築大社を起源付けている。さらに、国引き神話を出雲国全域にかかわるものとしてつくりかえ、自らの拠点である意宇の由来を語るものとして採用し、巨人神のオミヅヌの命と結びつけることで、自らの立場を強化している。国造にとって、国引き神話は出雲の有していた国土創造神話として権威のある伝承と認識されていたに違いない。このようにみてくると、国造は天地開闢が先で、国引きがその次の国土開発の神話であるととらえていたのではなく、両方の神話を同じく起源を語るものとし、その重大さを同様なものとして認識していたことがうかがえるのである。

国造にとって重要だったのは、これらの神話が語る宇宙・国土の起源であり、こうした起源の時空に自らの祭神をかかわらせることで、それを神話的に根拠づけ、その権威を高めることだったのではないだろうか。そのため、国造は古来出雲に特有な国土生成の伝承が伝わっていたにもかかわらず、古代中国にルーツをたどる天地開闢の神話も当風土記に取り入れたのだろう。

この世界はどのように生成し、万物はどのように生じたか、世界のあらゆる神話において最たる関心が向けられる主題である。始原に近づけば近づくほど、語られるその物事の価値が高まっていく。宇宙・国土創生より以前の始原をもとめていた出雲国造は、こうした起源を語る神話を一つだけでなく、いくつも作り出していたことがみえてくる。一方が先で、他方が次の展開であるという順位をつけて記述していたのではなく、どちらも始原神話として一つのテクストに同居させていたといえる。

起源を語る神話が一つではなく、いくつもあればあるほど、それを載せるテクストの価値が高まる。多数の始原を創出することから、国造の自らの編纂した出雲国風土記を強化する意図がよみとれるのである。

3　「天の下」の創造神、オホナムチ

斐伊川の下流域を中心に農耕神、開拓神として信仰されていたオホナムチは出雲東部の意宇の国造によって祭祀されるようになってから、天地開闢以前の神として記述されたことをみてきた。出雲国風土記におけるオホナムチは「天の下所造らしし大神」という句を冠せられ、各郡において登場させられるが、その用例数は全二九件にわたる。大神が造ったとされる「天の下」とは何か、母理の郷条を手掛かりとして考えてみたい。

母理郷。郡家東南卅九里一百九十歩。所㆑造㆓天下㆒大神、大穴持命、越八口平賜而、還坐時、来㆓坐長江山㆒而詔、我造坐而命国者、皇御孫命、平世所㆑知依奉。但、八雲立出雲国者、我静坐国、青垣山廻賜而、玉珍置賜而守、詔。故云㆓文理㆒。

（母理の郷。郡家の東南の三十九里一百九十歩。天の下所造らしし大神、大穴持命、越の八口を平げ賜ひて還り

坐す時に、長江山に来坐して詔りたまひしく、「我が造り坐して命らす国は、皇御孫の命、平けく世所知らせと依せ奉る。但、八雲立つ出雲の国は、我が静まり坐す国と、青垣山廻らし賜ひて、玉珍置き賜ひて守りたまふ」と詔りたまひき。故、文理と云ふ。）〈出雲国風土記、意宇郡母理郷〉

母理の地名の起源譚だが、オホナムチは「越の八口」を平定し、「長江山」に来ると次のようなことを言った。私が作って領有している国は「皇御孫の命」が統治する国として委任する。ただ、出雲の国は私が静まる国として青垣山を巡り、魂を置いて守ろう」と言ったのである。「皇御孫の命」とはアマテラスの子孫、即ち天皇を意味し、この記事は『記』『紀』神話の国譲りの神話の影響を受けて成立していると解されることが多い[19]。記紀神話において、高天原の神々がオホクニヌシの国を言向けるために使者を派遣し、オホクニヌシから服従の言葉を向けられる。オホクニヌシは国を譲る代わりに宮殿を造ってもらうことを要求し、自分が出雲で鎮まることを約束する。

神田典城は出雲国風土記の母理の条は記紀の国譲りの神話を享受して成り立っているとする[20]。出雲国造はヤマト朝廷へと参向したことが記録に残っており、そこで国造はヤマトで組まれた神話を見る・知る機会があったと推定する。記紀神話を知った上で、その世界観を享受する形で母理郷の説話を構成したととらえているのである。

だが、母理郷の記事は記紀神話に記された国譲りとは異なるロジックによって構成されている。記紀におけるオホナムチは国土を造った神ととらえられているが、その国土を譲ったのは天つ神から次から次へと使者を派遣され、国譲りを迫られたためである。それに対して、出雲国風土記では天つ神から国を譲るようにと要請される記述がみえず、オホナムチの自らの意志によるものとされる。オホナムチは「平けく世所知らせと依せ奉る」とあるが、「依さす〈依す〉」は委ねる・任じるの意で[21]、オホナムチが自らが造って領有している国を皇御孫命に支配を「依さす」記述は、皇御孫命へと国土の支配を委任すると解するのが妥当である[22]。さらに、「依す」の用例分析からは、上位の存在から下位の存在へと委任するという用法がほとんどで、当風土記の母理郷の条においても、オホナムチは天皇より上位にいる存在として位置付けられているとみるべきである[23]

では、オホナムチが造り、そして皇御孫命へとその支配を任じた国とはどこを指しているのだろうか。ここで「天の下」という言葉が意味するところが重要であろう。門脇禎二は「天の下」とは出雲全域を意味するととらえている。意宇を拠点とする出雲国造が出雲全域を支配下に入れた。がんらい出雲西部の祭神の祭祀権を収奪し、この神を「天の下所造らしし大神オホナムチ」としてその神格をととのえ上げた。出雲国風土記に「天の下」を作った神として記されているのは、この神は出雲全域神へと格上げされた結果であり、「天の下」は出雲全土を意味すると解している[24]。

それに対して神田典城、松本直樹、小村宏史は「天の下」とは出雲の国ではなく、地上世界全体を意味するととらえている。この解釈は出雲国風土記の記事を『記』『紀』の神話の享受によるものとする見方である。神田典城はオホナムチが天孫に渡す領域と、自らが鎮まる場所は異なっていることに注目し、オホナムチは出雲の国にとどまるのであれば、出雲の国をゆずると考えると辻褄が合わず、そうなるとオホナムチは地上世界全体を譲り、とどまったのは出雲の国であるとする。古事記にはオホナムチは国作り・国譲りを行う神であり、その支配していた地上世界は葦原中国と称されていたことから、出雲国風土記においてもオホナムチが天孫に譲った世界は葦原中国である

と述べる。(25)

神野志隆光は古事記上巻における葦原中国を中巻・下巻（日本書紀の人代以降）に天皇が治めるという「天の下」に直結するものであるとする。こうした「天」とは天皇が地上世界を支配する根拠として機能していると述べる。(26) 松本直樹はそれを受け、出雲国風土記の天下はこうして天皇の支配領域を意味し、天にその存在根拠を持つとする。(27)

しかし、前章で見てきたように風土記における「天」とは『記』『紀』神話の世界観とは異なる論理で構成されており、天皇による支配の根拠の意を有していない。このことから、「天の下」という言葉も「天のもと支配される領域、あるいは「天」とかかわりあう世界という意味で」用いられないことが考えられる。(28) 以下は諸風土記に確認できる「天の下」の用例を取り上げ、分析をここ ろみたい。風土記における「天の下」は全四例を数える。

1. 所三以称二行方郡一者、倭武天皇、巡二狩天下一、征二平海北一。当レ是、経二過此国一、則、頓二幸槻野之清泉一、臨レ水洗レ手、以レ玉為レ井。〔今存二行方里之中一〕。謂二玉清井一。
（行方の郡と称ふ所以は、倭武の天皇、天の下を巡り狩はして、海の北を征平けたまふ。当是、この国を経過ぎたまひ、すなはち、槻野の清泉に頓幸し、水に臨みて手を洗ひたまひしに、玉もて井を為りき。〔今も行方の里の中に存り〕。玉の清井と謂す。）〈常陸国風土記、行方の郡〉

2. 多祢郷。属二郡家一。所レ造二天下一大神、大穴持命与二須久奈比古命一、巡二行天下一時、稲種墮二此処一。故云レ種。
（多祢の郷。郡家に属く。天の下所造らしし大神、大穴持命と須久奈比古命と、天の下を巡行る時に、稲種此処

に堕つ。故、種と云ふ。）　〈出雲国風土記、飯石郡多祢郷〉

3.　昔、息長足比売天皇世、住吉大神現出而、巡二行天下一、覓二可レ住国一。
（昔、息長足比売の天皇の世、住吉の大神の現出れまして、天の下を巡行り、住むに可き国を覓ぎたまひけり。）
〈逸文摂津国、住吉〉

4.　々坤廿余里、有二一禿山一、曰二閼宗岳一（中略）。天下霊奇、出二茲華一矣。（中略）奇形杳々、伊天下之無レ双。居二在地心一、故曰二中岳一。所謂閼宗神宮、是也。
（県の坤のかた二十余里に一禿の山あり、閼宗の岳と曰ふ。（中略）天の下の霊奇、この華を出せり。（中略）奇き形は杳々え、これ天の下に双びなし。地の心に居在り、故、中岳と曰ふ。謂ゆる閼宗の神宮、これなり。）
〈逸文筑紫国、閼宗の岳〉

用例1では、ヤマトタケルは天下を「巡狩」して、海の北を平定したことが語られる。橋本雅之はもし「天下を天皇統治下とするならば、倭武天皇は自らの支配領域を征平したという矛盾につきあたる」とし、「天下は必ずしも天皇統治下といった概念を含んでいない」と述べる[29]。

用例2はオホナムチとスクナビコナは天下を巡行したときに、稲種を落としたことから、種＝多禰の地名が生じたとする。巡行することはその国土を支配することを意味し、ここにおける天下はオホナムチの支配領域となっていることがうかがえる。用例3は住吉の大神は「天下」を巡り、住むべき国を探し求めたとあり、「天の下」は住吉の神の巡る、つまり、支配している対象として語られる。用例4では天下における奇異なものに関して語られ、この世に類ないと訳することができ、天下は世界全体を意味するととらえられる。

これらの分析から諸風土記にみられる「天の下」とは必ずしも天皇の支配領域を意味しないことがうかがえる。そうなると、天下は何を意味しているのだろうか。橋本雅之は天下は「国」、「国土」であるとする。(30) すなわち、先の用例において、ヤマトタケル天皇、オホナムチ、吉野神が巡行した天下は天に根拠を有する天皇の支配領域を意味するのではなく、国、国土の意にとれる領域を意味すると理解している。

「国」とは諸風土記において様々な用法を有しており、橋本雅之が指摘した通り「天の下」と同様の「国土」の意に解することもでき、橋本雅之の指摘は肯定される。しかし、出雲国風土記の場合は、前章でみてきたように、天とは『記』『紀』と異なり、出雲の独自な信仰によって構成されていた概念であることが見えてきた。「天の下」に対しても、出雲国造の独自な視座によって意味付けられている要素があるように考えられる。この点に留意しながら、あらためて母理郷の記事を確認してみたい。オホナムチは「我が造り坐して命らす国は、皇御孫の命、平けく世所知らせと依せ奉る。但、八雲立つ出雲の国は、我が静まり坐す国と、青垣山廻らし賜ひて、玉珍置き賜ひて守りたまふ」といい、オホナムチが皇御孫命へと自らが造り、「命」らす国の統治を任じる。

ここで、皇御孫命に委任される国とオホナムチが鎮まる国は異なる領域を指すことは明確だが、どちらも「国」と表現されている点が注目されよう。すなわち、オホナムチは「国」の統治を委任するのであり、「天の下」の統治を委任しないのである。

「我が造り坐して命らす国」とはオホナムチが造った「天の下」と同じ領域であるととらえる向きもあろうが、ここではオホナムチの発語から、天孫が「知ら」す国と自らが鎮まる国はどちらも「国」の次元で語られており、そのどちらもがオホナムチの造った天下に含まれるものとして認識されていることがみてとれる。すなはち、天つ神の子孫に統治を委任する領域はオホナムチの造った領域の一部にすぎない。そうなると、天下とは一つの「国」として認識される領域に限定されず、これらの国々を総括した上で成り立っているより広い領域のものを指しているととらえられることになる。

当風土記における「天の下」の語は全部で三一例確認され、そのうち二九例が「天の下所造らし大神」というようにオホナムチの名に冠される語句にみられる。以下では前に挙げた用例と重なる箇所もあるが、出雲国風土記における「天の下」の用例に注目してみたい。

1. 出雲神戸。郡家南西二里廿歩。伊弉奈枳乃麻奈古坐熊野加武呂乃命、与下五百津鉏々猶所二取々一而、所レ造二天下一大穴持命上、二所大神等依奉。故云二神戸一。
（出雲の神戸。郡家の南西二里二十歩。伊弉奈枳の麻奈古に坐す熊野加武呂乃命と、五百つ鉏々猶所取り取らして天の下所造らしし大穴持命と、二所の大神等に依せ奉る。故、神戸と云ふ。）〈出雲国風土記、意宇郡〉

2. 多祢郷。属二郡家一。所レ造二天下一大神、大穴持命与二須久奈比古命一、巡二行天下一時、稲種堕二此処一。故云レ種。
（多祢の郷。郡家に属く。天の下所造らしし大神、大穴持命と須久奈比古命と、天の下を巡行る時に、稲種此処に堕つ。故、種と云ふ。）〈出雲国風土記、飯石郡多祢郷〉

用例1ではオホナムチは「五百つ鉏々猶所取り取らして天の下所造らしし大穴持命」とあり、数多くの鉏を手に取り、天下を造ったと記述される。オホナムチはがんらい出雲西部に農耕神として信仰され、鉏を手にとるとの描写は、その農耕神・開墾神としての性質を物語っている。

用例2では、オホナムチは天下を巡行した時に稲種を落としたとあり、田植えをする農耕神として描かれる点は、前例と共通する。巡行はその土地の支配者によるものであり、オホナムチは天下を治めている存在であることを語る記事とみてとれる。

これらの用例からはオホナムチは天下を造る存在であり、さらにそれを治める存在として語られていることがみえる。その他の二九例はオホナムチの名に冠される「天の下所作らしし大神」という語句の一部として「天の下」という言葉が登場する。オホナムチの神は出雲国風土記においてもっとも登場数の多い神であり、出雲の各地に関わりのある神である。この神が登場するたびに「天の下所造らしし」という語句が付され、「天の下」を造った神であることが重要視されていることをみることができる。

出雲国造がこの神が天下を造ったという点を強調したのには、この神を創造神として位置付ける意図があったのではないだろうか。そう考えると、具体的な相を与えられない天下とは一人の神による支配領域、あるいは統治権を渡される領域・国土という認識を超えた位相として位置付けられていることがうかがえる。

天地が開闢する以前にこの神を据えていた国造はオホナムチの造った天下に天地の創生も含むこの宇宙・世界すべてという意味をたくしていたのではないだろうか。国造はオホナムチを宇宙および国土生成に先立つ超越神として描き出し、この神に出雲におけるもう一つの創造神としての位相を与え、農耕神から始原神へと変貌させたのである。

オホナムチの名に「天の下所造らしし」と冠し、オホナムチの登場するほとんどすべての用例にこの語句を用いて記述するのには、始原神としてたたえ、根付かせ、そして大神の祭主である自らの権威を高める意図がみてとれるのである。これは出雲国造の天下という語に込めた独自な宇宙観だったのではないだろうか。

4　母理郷の条の解釈

オホナムチは国土の支配を天皇に委任するという起源を語っていることをみてきた。天下に関して諸論はあるが、風土記における天下および国の用法に注目すると、出雲国風土記における天下には「国」と区別される要素があることがみえてきた。国造は自らの祭神であるオホナムチを創造神として捉え、オホナムチが造った天下とは国造の独自な神話観・宇宙観が反映される概念として捉えていたことがうかがえた。母理郷の条では、こうしたオホナムチが皇御孫の命に委任したのは天下の統治ではなく、天下の一部である国の統治であったことが語られているとみるべきであろう。

前節でみたとおり、出雲国風土記の母理郷の記事を『記』『紀』神話の影響を受けて成り立っているとする見方が成立している。神田典城をはじめ、松本直樹、小村宏史の研究は、国造は『記』『紀』神話の物語から好都合のものを出雲国風土記に取り込み、不都合なものを記さなかったという見解を示している(31)。

しかし、『記』『紀』神話に示される天皇の支配する国土は本来出雲の神であるオホナムチによって作られたものとして両書は語っている。その根底には出雲の神にかかわる信仰があったことを否定できない。和田萃は農耕神・開拓神であったオホナムチの信仰は畿内へ伝わっていき、『記』

『紀』神話が編まれた時期においてオホナムチは国土を作る神として採用されたととらえている。[32]

出雲国風土記はオホナムチへの信仰が中心であった地域、出雲を舞台としている。出雲国造はがんらい出雲に伝わっていた信仰、神の姿をそのままとどめていたとは言いがたく、自らの意図に基づき、神々の姿を変えていることがみてとれる。本来出雲の祭神であり、出雲で誕生した神、オホナムチに関しても、国造は自らの権威を高めるためにその姿を変えていったことは本章において見てきたとおりである。

母理郷の条は皇御孫命、つまり天皇を登場させており、オホナムチはそれに国の支配を任じることを伝えていることは何らかの出雲とヤマトとの交流を示していることには間違いない。だが、それはヤマトの神話、つまりは「中央神話」を一方的に受容しているとする見解は当を得ているとは考え難い。出雲とヤマトの間には度重なる交流があったことを念頭にいれると、それぞれのテクストが記す神話は、複層的な成り立ちを経て成立したものとして捉えるべきではないだろうか。

その交流の一過程として以前も注目したが、ここでも出雲国造による神賀詞奏上儀礼を取り上げることができる。出雲国造による神賀詞奏上儀礼は出雲国造が就任に際し、ヤマトへと参向し、天皇に対して服属を誓う儀礼ととらえられてきた。しかし、近年はこうした神賀詞奏上儀礼は、成立した当初から『延喜式』に集録されるまでに変化しており[33]、八世紀前半の段階には、まだ服属の意を持っていなかったという見解が出されている。

大浦元彦は国造の神賀詞奏上に関する記録を分析した結果、それが天皇の即位時期に近いときに行われていたことを明らかにし、天皇即位儀礼と不可分の関係にあって天皇即位儀礼の一翼を荷わされていたことを述べる。[34]菊池照夫は、当儀礼において国造は多くの献物を天皇に奏上していることに注目し、献物は呪具であり、その献上を通して、国造は天皇の霊威を付与していたとする。[35]出雲国風土記を編纂した広島自身が朝廷へ赴き、神賀詞を奏上しており[36]、当儀礼にかかわる物事を何等かの形で当風土記の説話に反映させたと捉えても論理的に矛盾はない。

出雲国風土記にも国造の神賀詞奏上に関する記事が二件確認される。一件目は意宇郡忌部神戸の記事で、国造が朝廷に参向するにあたり、禊をするというものである。もう一つは御沢郷の記事で、第I部第二章でみてきたように、国造はオホナムチの霊威に満ちた水を汲み、それを天皇に奏上するという内容のものである。

こうした神賀詞奏上儀礼を中核として、ヤマトと出雲で共有されていた祭儀的・宗教的な空間が、オホナムチによる国譲り神話と深くかかわっていたと見るほかない[37]。オホナムチによる国土の創造・天孫による国土の領有は神賀詞のモチーフであると同時に、『記』『紀』のテーマでもある。『記』『紀』、出雲国風土記のどれもが、国土のもとの支配者はオホナムチであり、天つ神の子孫はその後から国を支配するようになったことを語っている。

このように捉えると、出雲国風土記は『記』『紀』の神話の影響を受けて成立したのではなく、ヤマトと出雲で共有していた宗教的・祭儀的な空間において、国造は自らの立場からオホクニヌシによる天下造りおよび天下の一部の天つ神の子孫への委任を母理郷の条にまとめ上げたと解することになる。

本神話において国土の起源ということが重要なキーワードとなっていることがうかがえる。それが出雲国造によってどのように観念され、出雲とヤマトの共有していた神話的・宗教的空間においてどのように機能していたのか、考えてみたい。その一つの手がかりとして出雲国風土記の意宇郡飯梨郷の条を取りあげよう。

5　出雲の国魂である国造

意宇郡飯梨郷の説話で、大国魂命という神が出現する。それについてどのように語られているのか、以下は確認していきたい。

飯梨郷。郡家東南卅二里。大国魂命、天降坐時、当二此処一而、御膳食給。故云二飯成一。

（飯梨の郷。郡家の東南三十二里。大国魂命、天降り坐しし時に、此処に当りて御膳食し給ひき。故、飯成と云ふ。）

〈出雲国風土記、意宇郡飯梨郷〉

大国魂命が天から降ったときに、食事をした。それによって飯成の郷名が生じたというのである。大国魂命とはどのような神であり、その神が食事をするとは何を意味しているのだろうか。

加藤義成はこの神は「天」から下ったと記されていることから、国つ神ではなく、天つ神に属するととらえている(38)。しかし、前章でみてきたとおり、出雲国風土記における「天」とは『記』『紀』神話の高天原のことを示しておらず、それを享受して成り立ったのではない。「天」とは出雲の国造による独自な観念として展開され、この神は『記』『紀』神話の世界観に通じる天つ神だったのではなく、出雲の信仰を背景にしている神として捉えるべきである。

日本書紀の一書にはオホクニヌシの別名として大国魂神の名がみえ、古事記には同じくオホクニヌシの別名として「宇都志国玉神」の名がみえることから、大国魂命とは偉大なる国土の霊魂を神格化した名であることがうかがえる。(39) 当風土記における大国魂命は記・紀のオホクニヌシとは異なる神であろうが、国の魂を象徴した名として当風土記に用いられたとみて間違いないだろう。

国土の霊異を体現したこの神が「御膳《みけ》」を食べることが注目される。「御」は敬意を表す接頭語で、「膳《け》」とは食事を盛る食器のことである。加藤義成はその意が転じて食物を意味するようになったと解し、「食す」は食べる意であることから、(40)「御膳食す」とは食事をなさるの意であるとする。古事記では「大御食《おほみけ》」、「御食《みけ》」の用例が確認され、神あるいは天皇へと捧げる神饌のことを意味する。大国魂神が食べる「御膳《みけ》」も同様に神へと捧げられる神聖な食事のことであるととらえることができる。これを受けて、新編日本古典文学全集本の風土記は「御膳」とは「その地の神にささげる食事」であると解し、大国魂神が「御膳」を食したことに関して、聖なる神饌を土地の神に献上し、自らも食べたと解している。(41)

その土地の食事を食べることはその土地の霊威を身につけることを意味する。(42) 国引き神話の構想の分析からみえてきたように、国造の認識ではその本拠地である意宇の郡は出雲国全域の中心地として捉えられている。大国魂命を主人公とする飯梨郷の説話は意宇郡の地名の起源譚であることから、大国魂命は意宇の地で神に食事を捧げ、それを食べることでその霊威を身につけるととらえることができる。このことはこの神は出雲国の霊威そのものを身につけているという解釈を導くことになろう。国魂とは、その国土の霊威を神格化した名であり、国造は大国魂命に出雲全域の霊威を支配しているという自らを投影していたのではないだろうか。

神々との共同食というモチーフは出雲国造家においで代々と伝わる祭儀においてもきわめて重要である。先にも見たように、国造の代替りに行われる火継神事では、国造家の宝器である火切臼と火切杵で神聖な火が切り出され、その火で米が炊かれる。国造は米を神へと献上し、それを神の前でいただく。この儀式によく似た新嘗会という祭儀は毎年十一月に行われ、国造は同じく神々と共同食をする。[43]

千家尊統によると国造は食をともにすることによって、主祭神であるオホナムチと一体となり、その御杖として振舞っていたのである。[44]

こうした儀礼は秘儀とされてきており、そのもっとも古い記録は近世初期のもので平井直房によって紹介されている。[45] そこから出雲国風土記が編纂された当初の儀礼の様子をうかがい知ることはきわめて困難である。だが、平井直房は国造による「新嘗」は何らかの形で古来から続いていると指摘している。この指摘をふまえると、飯梨郷の条において国魂命が神と共同食をするという描写は、国造自身の神への祭祀を描いているととらえても論理的に矛盾はしない。国魂命がその土地(出雲)の神に御膳を献じ、自らもそれを食べるという描写は、国造の自らの主祭神であるオホナムチとの饗宴であるととらえることができる。このことから、国造はオホナムチと一体化し、その霊威を身につけるという出雲の国魂を体現した存在として自らを描き出していることがうかがえるのである。

この説話は神々と共食することによってオホナムチの霊威を身につけ、その国魂としての資格を身につけることを神話的に起源付けている。国造が国の魂であり、出雲国の全土を政治的のみならず、宗教的にも支配していることを示している。国造はこうした出雲内の祭祀の権威者として自らを位置付けていたことがうかがえる。

このことは何故必要だったのだろうか。『記』『紀』神話および当風土記が語るように、神話上オホナムチはもともと国土の支配者であったが、その国土の所有権を天皇に贈与した。だが、「贈与交換の原理（対称性原理）」を踏まえると、国土にはその元の所有者、オホナムチの霊威が残っていると考えられる。そのためオホナムチは天皇に祭られなければならない存在であり続ける(46)。そして天皇が即位するたびに、その国土の創造神かつがんらいの所有者というオホナムチが、新たに国土の統治者となる新天皇の国土支配の資格・所有権を証明しなくてはならない。

そのため、その国魂を支配している国造が朝廷に参上し、オホナムチの霊威を天皇に付与するとともに、国土の霊威も付与すると考えられる。そうして初めて天皇による国土統治が宗教的に保証されるものとなる。そのため、国造は出雲の国土の霊威の支配者、すなわち国魂ではなくてはならないのである。こうした構図が背後に働いたため、国造は出雲国風土記の意宇郡飯梨郷の条に自らを投影するものとして「大国魂命」を登場させたのではないだろうか。

右の分析から、母理郷の条の神話は、なぜ天皇が国土を支配しているかを国造の立場から説いたものであり、神賀詞奏上儀礼も視野にいれた複層的な視座のもと成立していることがみえてくる。つまりヤマトと出雲が共有している宗教的、祭儀的空間において、出雲国造の自らの立場から国土の起源を語ったものとして位置付けられるのである。

＊

本章において国造はオホナムチをどのように観念していたのかがみえてきた。出雲国風土記には国造独自な神話観・宇宙観に基づいた説話がある一方、ヤマト朝廷と共有している宗教的・神話的空間の中で自らの主張を入れこめた説話もあったことがみえてきた。では、ヤマトを代表する天皇は出雲国風土記においてどのように語られているのか、さらに、天皇と在地の出雲の神々とのかかわりがどのように描き出されているのか、次章において考えてみたい。

第四章　天皇と出雲の神々——「詔」・「勅」の分析から

1　出雲国風土記における天皇

前章における分析から、出雲とヤマト朝廷は宗教的・祭儀的空間を共有しているなか、それぞれの立場からテクストの記述を編んでいたことがみえてきた。次の課題としてヤマト朝廷の頂点に立つという天皇は出雲国風土記においてどのように描かれているのか、ということについて考えてみたい。

出雲国風土記と他の風土記との相違点は天皇の話をほとんど載せていない点であろう。他の風土記においては天皇を主題とする巡行説話が多く掲載され、その土地の由来も天皇の発話に起因するものとして描かれる。それに対して、出雲国風土記における天皇に関する記事はわずか四例しか確認できない。その一例では天皇の「勅」をみることができ、残りの三例においては、天皇の名は「御世」として示され、説話における時代設定を明確化する役割を担うものとして登場する。以下は天皇の「勅」が記載されている記事を取り上げ、その用例を確認してみたい。

健部郷。郡家正東一十二里二百廿四歩。先所㆔以号㆓宇夜里㆒者、宇夜都弁命、其山峯天降坐之。

即彼神之社、至レ今猶坐二此処一。故云二宇夜里一。而後、改所三以号二健部一者、纏向檜代宮御宇天皇、勅、不レ忘二朕御子、倭健命之御名一、健部定給。尓時、神門臣古祢、健部定給。即健部臣等、自レ古至レ今、猶居二此処一。故云二健部一。

（健部の郷。郡家の正東一十二里二百二十四歩。先に宇夜の里と号けし所以は、宇夜都弁命、其の山の峯に天降り坐しき。即ち彼の神の社、今に至るまで猶此処に坐す。故、宇夜の里と云ひき。而して後、改めて健部と号けし所以は、纏向の檜代の宮に御宇しめしし天皇、勅りたまひしく、「朕が御子、倭健命の御名を忘れじ」とのりたまひて、健部を定め給ふ。尓の時、神門臣古祢を、健部と定め給ふ。即ち健部臣等、古より今に至るまで、猶此処に居り。故、健部と云ふ。）

〈出雲国風土記、出雲郡健部郷〉

纏向の桧代の宮で天下をお治めになっていた天皇（景行）は我が御子であるヤマトタケルの名を忘れまいと仰せられて、その名を永く伝えるため、神門の臣、古禰に名乗らせ、氏と定めた。健部の臣らが大昔から今にいたるまで、ずっとここに住んでいることから、この郷名は「健部」と命名されたことが語られる。

ここで一つ注目されるのは天皇の発話が「勅」という言葉で表されていることである。「勅」は「詔」と並び天皇の命令を意味する言葉である。出雲国風土記では「勅」・「詔」はどちらも用いられ、「勅」は右の用例に一件のみ景行天皇が主体の言葉としてみられるのに対し、「詔」は五五例みられ、その主体はすべて天皇ではなく出雲の神々である。これは他の風土記とも異なる特異な点として注目されよう。「勅」と「詔」は何を意味するのか、そして同時代の文献においてどのような形で登場するのか、次節において確認していきたい。

2 「詔」と「勅」について

『角川大字源』は「詔」について「みことのり。みことのりをする。古くは上から下への命令および文書をいったが、秦の始皇帝の時から天子に限って用いることに定めた」と記し、「勅」について「みことのり。天子の命令。天子の仰せ。天子のことば。漢代には、役人が身分の下の者に、年長者が目下の者に対して告げるのをいったが、六朝以後はもっぱら天子の詔命をさす」とする。(1)

ここから、両語は従来上下関係を示す語だったのだが、「詔」は秦の時代に天子に限って用いられるようになり、「勅」は六朝以後に天子の詔命を示すようになったことがうかがえる。秦の始皇帝の時代は古代中国における一つのまとまった国家が成立する時代であり、(2)「詔」という言葉が皇帝の権威を示す語として用いられるようになったことが理解されよう。

「詔」・「勅」の相違についてだが、『角川大字源』には「唐代、即位や改元などの大事には詔、臣下の任命などには勅といった。日本でもほぼこれに拠った(3)」とある。日本における「詔」・「勅」の意義については『令義解』から知ることができる。養老令の「公式令義解」の条には「詔書勅旨、同是綸言。但臨時大事為レ詔。尋常小事為レ勅也」とあり、「詔」は臨時の大事の場合に用いられ、「勅」とは尋常の小事の場合に用いられると記されている。(4)「詔」は公的な性格が強いのに対し、「勅」は天皇の方から個人的に命令する場合にも用いられる語であったことがうかがえる。

だが、横田健一は『令義解』に説かれるような厳密な相違が生じたのは律令制度が複雑化していった九世紀以降であるとし、『記』『紀』が編纂された時代はその用法にほとんど相違がなく、一つの字を他の字で置き換えて記してもおかしくない用法が多いと述べる。(5)

古事記では「勅」の用例は序文に二件、下巻に一件あるのに対して、「詔」の用例は全一〇五件で、本文は「詔」で統一されている。日本書紀は、神代は「勅」の字で統一されているのに対して、三巻以降は両字が混在して用いられている。横田健一は日本書紀における用法に関して、語義の相違を踏まえた上での用例と、語義からすれば「勅」が用いられるはずなのに「詔」が用いられている用例があることを指摘し、「詔と勅とは必ずしも、公式令のように、厳密な区別をとって使用さ

日本書紀

	巻	詔	勅
神代	1～2巻	42	0
天皇代	3～33巻	375	157

古事記

	詔	勅
序文	2	2
上巻	92	0
中巻	38	0
下巻	22	1

風土記

	詔	勅
出雲国風土記	55	1
播磨国風土記	0	30
常陸国風土記	1	3
肥前国風土記	4	17
備後国風土記	2	8

れたのではない」とする。また、『続日本紀』の記事も「詔」で統一されているものと「勅」で統一されているものがあり、用字の選択は「特定の筆者ないし筆者群の用事癖を物語」っていると述べる(6)。

古事記、日本書紀および諸国風土記の「詔」と「勅」の用例を分析するとおおむね横田健一の結論が肯定される。古事記はほとんどの用例は「詔」で統一しているのに対して、日本書紀の両字を混用している。風土記の場合は、播磨国風土記の三〇件は「勅」で統一され、出雲国風土記の五五例は「詔」、一例のみが「勅」が用いられている。肥前、常陸、豊後風土記は「勅」と「詔」が混用して用いられている。次に「詔」と「勅」の字の用例をまとめた表を掲載する。

必ずしも「詔」は大事、「勅」は小事というように厳密にその用途が使い分けられていないことを確認してきた。では、その主体についてどうだろうか。古代中国において「詔」・「勅」は上から下の者への命令、告げを意味する言葉から天子が主体の命令を意味するようになったのだが、日本の古代文献においてその主体に関してどのように用いられているのか、みていきたい。

日本書紀神代において「詔」「勅」の主体はイザナキ、イザナミ、スサノヲ、アマテラス、タカミムスヒ、ホノニニギであり、第三巻以降は天皇に限定されている。古事記においても「詔」・「勅」とはほとんど皇祖神および天皇の側に働きかける存在が中心だが、出雲の神々が主体の用例が三件（上巻一件、中巻二件）、住吉三神が主体の用例が四件と気比の大神が主体の用例が一件（中巻）確認できる（表2「古事記における「詔」」を参照）。

風土記はどうだろうか。肥前国風土記、豊後国風土記、常陸国風土記は「詔」・「勅」の主体は全件天皇である（表3、4、5を参照）。それに対して、播磨国風土記には、全三〇件の中のわずか四例だが、伊和の大神、アシハラシコヲ、アメノヒボコが主体となっている用例がみられる。（表6を参照）。出雲国風土記は天皇が主体の「勅」が一件のみで、残りの五五件の「詔」は在地の出雲の神々が主体となっている（表7を参照）。

播磨国風土記は五つの風土記の中でその成立はもっとも早い段階のものであることは指摘されている。風土記編纂の命令が出されたのは七一三年であるが、播磨国風土記が成立したのは七一三―七一七年であると推定されている。[7] 当風土記の中でヤマトタケルを天皇とする記述もみられ、日本書紀の天皇の歴代がまだ決まっていない時代にできたものととらえられている。[8] そうなると播磨国風土記における「詔」・「勅」の主語は天皇以外のものとされることは、『紀』の成立によりまだ確定していないときのものとして説明される。

だが、出雲国風土記は残存する五つの風土記の中でその成立は最も遅い七三三年である。その頃には『記』『紀』は既に成立しており、出雲国風土記の責任編者だった出雲国造の広島はヤマト朝廷に参向しており、『記』『紀』の内容も知っていたことが想定されている。[9] 出雲国造による「詔」・「勅」の使用は『記』『紀』表現世界を知った上でのことだったと理解される。そして、「解文」として出雲国風土記を受け止めたヤマト朝廷もその内容を認めたということになろう。

「詔」・「勅」はほとんど天皇や皇祖神が主体だが、古事記、日本書紀および出雲国風土記以外の風土記はそれを意識して記述しているのに対して、出雲国風土記においてのみ「詔」の字は出雲の神々が主体である記事が多く載せられていることが極めて特異であることがみえてくる。

国造は「詔」が『記』『紀』において天皇の発話・命令を示す語として用いられていることを知っていたにもかかわらず、何故、出雲国風土記において出雲の神々の発話語として用いたのだろう

14	詔	ホムチワケ、出雲大神	垂仁天皇の代
15	詔	ホムチワケ、出雲大神	垂仁天皇の代
16	詔	景行天皇	景行天皇の代
17	詔	景行天皇	景行天皇の代
18	詔	景行天皇	景行天皇の代
19	詔	景行天皇	景行天皇の代
20	詔	小碓命	西征
21	詔	景行天皇	西征
22	詔	ヤマトタケル	西征
23	詔	景行天皇	東征
24	詔	ヤマトヒメ	東征
25	詔	ヤマトタケル	東征
26	詔	ヤマトタケル	コトアゲ
27	詔	ヤマトタケル	コトアゲ
28	詔	ヤマトタケル	ヤマトタケルの死
29	詔	ヤマトタケル	ヤマトタケルの死
30	詔	アマテラス、住吉三神、神功皇后	仲哀天皇の代、託宣
31	詔	アマテラス、住吉三神、神功皇后	仲哀天皇の代、託宣
32	詔	アマテラス、住吉三神、神功皇后	仲哀天皇の代、託宣
33	詔	アマテラス、住吉三神、神功皇后	仲哀天皇の代、託宣
34	詔	気比の大神	応神天皇の代
35	詔	応神天皇	応神天皇の代
36	詔	応神天皇	応神天皇の代
37	詔	応神天皇	応神天皇の代
38	詔	応神天皇	応神天皇の代

下巻			
1	詔	仁徳天皇	仁徳天皇の代
2	詔	仁徳天皇	仁徳天皇の代
3	詔	皇后	仁徳天皇の代
4	詔	履中天皇	履中天皇の代
5	詔	履中天皇	履中天皇の代
6	詔	履中天皇	履中天皇の代
7	詔	ミズハワケ	履中天皇の代
8	詔	ミズハワケ反正天王	履中天皇の代
9	詔	允恭天皇	允恭天皇の代
10	詔	安康天皇	安康天皇の代
11	詔	安康天皇	安康天皇の代
12	詔	大長谷王	安康天皇の代
13	詔	大長谷王	安康天皇の代
14	詔	目弱王	安康天皇の代
15	詔	大長谷王	安康天皇の代
16	詔	雄略天皇	雄略天皇の代
17	詔	雄略天皇	雄略天皇の代
18	詔	雄略天皇	雄略天皇の代
19	詔	顕宗天皇	顕宗天皇の代
20	詔	顕宗天皇	顕宗天皇の代
21	詔	顕宗天皇	顕宗天皇の代
22	詔	顕宗天皇	顕宗天皇の代

表2　古事記における「詔」

上巻			
番号	語	主体	場面
1	詔	天神	国生み
2	詔	イザナキ	聖婚
3	詔	イザナキ	聖婚
4	詔	イザナキ	聖婚
5	詔	天神	聖婚
6	詔	イザナキ	イザナミの死
7	詔	イザナキ	黄泉の国
8	詔	イザナキ	コトド渡し
9	詔	イザナキ	禊
10	詔	イザナキ	禊
11	詔	イザナキ	三貴子の分治
12	詔	イザナキ	三貴子の分治
13	詔	イザナキ	三貴子の分治
14	詔	イザナキ	三貴子の分治
15	詔	イザナキ	スサノヲの号泣
16	詔	イザナキ	スサノヲの号泣
17	詔	アマテラス	スサノヲの昇天
18	詔	イザナキ(スサノヲの発話)	スサノヲの昇天
19	詔	アマテラス	スサノヲの昇天
20	詔別	アマテラス	スサノヲの乱暴
21	詔直	アマテラス	スサノヲの乱暴
22	詔戸言	天児屋命	アマテラスの岩屋籠り
23	詔	スサノヲ	出雲
24	詔	スサノヲ	出雲
25	詔	スサノヲ	出雲
26	詔	オホヤビコ	オホアナムヂの受難
27	詔	オシホミミ、アマテラス	葦原中国の言向け
28	詔	タカミムスヒ、アマテラス	葦原中国の言向け
29	詔	タカミムスヒ、アマテラス	葦原中国の言向け
30	詔命	天神(鳴女が意志を伝える)	葦原中国の言向け
31	詔	高木の神	葦原中国の言向け
32	詔	アマテラス	葦原中国の言向け
33	詔	アマテラス、高木の神	天孫降臨
34	詔	アマテラス、高木の神	天孫降臨
35	詔	アマテラス、高木の神	天孫降臨
36	詔	アマテラス、高木の神	天孫降臨
37	詔	アマテラス、高木の神	天孫降臨
38	詔	ホノニニギ	天孫降臨
39	詔	ホノニニギ	天孫降臨
40	詔	ホノニニギ	天孫降臨
41	詔	ホノニニギ	サクヤビメとの結婚
42	詔	ホノニニギ	サクヤビメとの結婚

中巻			
番号	語	意思表示する側	場面
1	詔	イツセ	神武天皇の代
2	詔	イツセ	神武天皇の代
3	詔	神武天皇	神武天皇の代
4	詔	アマテラス、高木の神	神武天皇の代
5	詔	オホクメ	神武天皇の代
6	詔	崇神天皇	崇神天皇の代
7	詔	崇神天皇	崇神天皇の代
8	詔	垂仁天皇	垂仁天皇の代
9	詔	垂仁天皇	垂仁天皇の代
10	詔	垂仁天皇	垂仁天皇の代
11	詔	垂仁天皇	垂仁天皇の代
12	詔	垂仁天皇、曙立王	垂仁天皇の代
13	詔	垂仁天皇、曙立王	垂仁天皇の代

表3

肥前国風土記			
番号	郡名	発話者	詔・勅
1	総記	朝廷	勅
2		朝廷	勅
3		朝廷	勅
4		景行天皇	勅
5		景行天皇	勅
6		景行天皇	詔
7		景行天皇	詔
8	基肄郡	景行天皇	勅
9	三根郡	推古天皇	勅
10		米目の皇子	勅
11		景行天皇	勅
12	神埼郡	景行天皇	勅
13		景行天皇	勅
14		景行天皇	勅
15	佐嘉郡	日本武尊	勅
16	松浦郡	景行天皇	勅
17		景行天皇	勅
18		景行天皇	勅
19	杵嶋郡	景行天皇	詔
20	藤津郡	景行天皇	勅
21	彼杵郡	景行天皇	勅
22		景行天皇	勅
23		景行天皇	詔
24		景行天皇	勅
25	高来郡	景行天皇	勅

表4

豊後国風土記			
番号	郡名	発話者	詔・勅
1	総記	景行天皇	勅
2		景行天皇	詔
3	日田郡	景行天皇	勅
4	直入郡	景行天皇	勅
5		景行天皇	勅
6	大野郡	景行天皇	勅
7		景行天皇	詔
8	海部郡	景行天皇	勅
9	国崎郡	景行天皇	勅
10		景行天皇	勅

表6

播磨国風土記			
番号	郡名	発話者	詔・勅
1	賀古郡	応神天皇	勅
2		応神天皇	勅
3		応神天皇	勅
4		応神天皇	勅
5		応神天皇	勅
6		応神天皇	勅
7		景行天皇	勅
8		仲哀天皇	勅
9	餝磨郡	応神天皇	勅
10		応神天皇	勅
11		応神天皇	勅
12		仁徳天皇	勅
13		応神天皇	勅
14		応神天皇	勅
15		応神天皇	勅
16		孝徳天皇	勅
17	讃容郡	大神	勅
18		神宮皇后	勅
19	宍禾郡	伊和の大神	勅
20		アシハラシコヲ	勅
21		アメノヒボコ	勅
22		応神天皇	勅
23		応神天皇	勅
24		応神天皇	勅
25	賀毛郡	応神天皇	勅
26		オケ、ヲケ皇子	勅
27		応神天皇	勅
28		応神天皇	勅
29		履中天皇	勅
30		履中天皇	勅

表5

常陸国風土記			
番号	郡名	発話者	詔・勅
1	茨城郡	倭武天皇	勅
2	行方郡	景行天皇	勅
3	香島郡	天神	詔
4	多珂郡	倭武天皇	勅

36	詔	秋鹿郡	大野郷	和加布都努志能命	郷名の由来
37	詔		大野郷	和加布都努志能命	郷名の由来
38	詔		伊農郷	赤衾伊農意保須美比古佐和気能命の后、天瓺津日女命	郷名の由来
39	詔		伊農郷	赤衾伊農意保須美比古佐和気能命の后、天瓺津日女命	郷名の由来
40	詔	楯縫郡	郡総記	神魂命	郡名の由来
41	詔		郡総記	神魂命	郡名の由来
42	詔		玖潭の郷	天の下所造らしし大神の命	郷名の由来
43	詔		沼田の郷	宇乃治比古命	郷名の由来
44	詔		神名樋山	阿遅須枳高日子命の后、天御梶日女命	
45	勅	出雲郡	健部郷	纏向桧代宮御宇天皇（景行）	郷名の由来
46	詔	神門郡	神門郡	天の下所造らしし大神の命	郡名の由来
47	詔		滑狭郷	天の下所造らしし大神の命	郷名の由来
48	詔	飯石郡	熊谷郷	久志伊奈太美　等與麻奴良比賣命	郷名の由来
49	詔		須佐郷	神須佐能袁命	郷名の由来
50	詔		須佐郷	神須佐能袁命	郷名の由来
51	詔	仁多郡	郡総記	天の下所造らしし大神、大穴持命	郡名の由来
52	詔		郡総記	天の下所造らしし大神、大穴持命	郡名の由来
53	詔		三処郷	大穴持命	郷名の由来
54	詔		三処郷	大穴持命	郷名の由来
55	詔	大原郡	来次郷	天の下所造らしし大神の命	郷名の由来
56	詔		来次郷	天の下所造らしし大神の命	郷名の由来

表7

出雲国風土記					
番号	語	郡名	郷名	主体	内容
1	詔	総記	総記	八束水臣津野命	国名の由来
2	詔		総記	八束水臣津野命	国名の由来
3	詔	意宇郡	郡総記	八束水臣津野命	国引き条
4	詔		郡総記	八束水臣津野命	国引き条
5	詔		郡総記	八束水臣津野命	国引き条
6	詔		郡総記	八束水臣津野命	国引き条
7	詔		郡総記	八束水臣津野命	国引き条
8	詔		郡総記	八束水臣津野命	国引き条
9	詔		郡総記	八束水臣津野命	郡名の由来
10	詔		郡総記	八束水臣津野命	郡名の由来
11	詔		母理郷	天の下所造らしし大神	郷名の由来
12	詔		母理郷	天の下所造らしし大神	郷名の由来
13	詔		屋代郷	天津子命	郷名の由来
14	詔		屋代郷	天津子命	郷名の由来
15	詔		安来郷	神須佐乃袁命	郷名の由来
16	詔		安来郷	神須佐乃袁命	郷名の由来
17	詔		山国郷	布都努志命	郷名の由来
18	詔		山国郷	布都努志命	郷名の由来
19	詔		拝志郷	天の下所造らしし大神	郷名の由来
20	詔		拝志郷	天の下所造らしし大神	郷名の由来
21	詔	島根の郡	郡総記	八束水臣津野命	郡名の由来
22	詔		朝酌郷	熊野大神命	郷名の由来
23	詔		山口郷	須佐能袁命の御子、都留支日子命	郷名の由来
24	詔		山口郷	須佐能袁命の御子、都留支日子命	郷名の由来
25	詔		手染郷	天の下所造らしし大神	郷名の由来
26	詔		手染郷	天の下所造らしし大神	郷名の由来
27	詔		方結郷	須佐能袁命の御子、国忍別命	郷名の由来
28	詔		生馬郷	神魂命の御子、八尋鉾長依日子命	郷名の由来
29	詔		生馬郷	神魂命の御子、八尋鉾長依日子命	郷名の由来
30	詔		加賀神埼	御祖神魂命の御子、枳佐加比売命	埼名の由来
31	詔		加賀神埼	御祖神魂命の御子、枳佐加比売命	埼名の由来
32	詔		加賀神埼	御祖神魂命の御子、枳佐加比売命	埼名の由来
33	詔	秋鹿郡	恵曇郷	須佐能乎命の御子、磐坂日子命	郷名の由来
34	詔		多太郷	須佐能乎命の御子、衝桙等乎与留比古命	郷名の由来
35	詔		多太郷	須佐能乎命の御子、衝桙等乎与留比古命	郷名の由来

か。

この問題の検討に入るまえに、まずは「詔」・「勅」の訓読の問題について触れておくことにする。

3　和語の「のり・のる」について

出雲国風土記における「詔」・「勅」は「のる」というように訓読されている。[10]このことは「詔」とは神がおっしゃるという意味で捉えられていることを意味するだろう。古事記において「詔」・「勅」は「のる」と訓読される用例がほとんどであるのに対して、[11]日本書紀は「みことのり＋す」と訓読する。[12]ここにおいて「詔」・「勅」の訓読語としての和語の「のり・のる」、「みことのり」が意味するところが問題となろう。

「のる」とは「法」を和語で表現した「のり」の動詞型である。古橋信孝は『万葉集』に「心にのる」、「占にのる」などの用例を取り上げ、それには「真意があらわれでる」、「異世界のものがあらわれでる」の意味があり、「のる」とは「向こうから依りついてきてしまう状態」を指すと述べる。したがって、「のり」とは神の意が現れ出て蔓延している状態を意味し、「神意がこの世界を秩序化している」ことをいうとする。[13]

「みことのる」についてだが、その原義は「みこと」を「のる」である。「みこと（御言）」とは神の言葉の意であり、「のる」とは神意が乗り移ってくることを意味する。「みことのる」とは本来天皇に限る用法を持たず、神が仲介者を介して、自らの意を伝える場合に用いられていたと理解される。しかし、古事記、日本書紀において神が天皇にスライドしていくに応じて、「のる」が「みことのり」の義で用いられるようになり、上から下へ下す命令の意に限定化されたのである。[14]「のる」の和語に関してだが、「詔」・「勅」のみならず、例えば「告」の訓読語として用いられることも注目される。しかし、それらは漢字として表されている「詔」・「勅」と異なっていることを指摘しなければならない。

「告」に関してだが、古事記におけるこの語は全二六件数えられ、その主体にはオホナムチを迫害していた兄弟の八十神や海神が確認される。「告」は「詔」・「勅」と同様、上から下へ言葉を下す文脈で用いられているのだが、「詔」・「勅」は皇祖神と天皇が主体であるのに対し、「告」にはこうした限定された用法がみられない。

また、日本書紀における「告」の用法をみると、アシナヅチがスサノヲに言葉を向ける場面や、スサノヲがウケヒに際して、アマテラスに言葉を向ける場において用いられ、すなわち下位者から上位者へ告げる場合に用いられている。このことから、「告」とは「詔」・「勅」と同じく「のる」と訓読されるが、漢字としてのその用法はまったく異なることが伺えよう。

このようにみてくると、本書においては「詔」・「勅」の考察は両語が訓読された「のる」、「みことのり」という和語を基準にして進めるのではなく、漢字に基づいて進めるのが妥当であると考えられる。本書では「詔」・「勅」の訓読に関して考察を深めず、概要的な理解にとどめた。両語の訓読がテクストによって異なる点、および同じ和語「のる」として訓読される「告」という字は「詔」・「勅」とは異なった用法を示している点が確認できた。このことから、「詔」・「勅」に関する考察を漢字の問題として行い、その用途に基づいて考えていくことにする。

4　出雲国風土記における「詔」

ここで改めて問題を設定したい。「詔」・「勅」の主体は記紀や出雲国風土記以外の諸国風土記においてほとんど皇祖神と天皇であるのに対して、出雲国風土記において五五例もみられる「詔」の主体は出雲の神々である。それはなぜなのか、ということについて考察を試みたい。以下は「詔」の語がみられる出雲国風土記のいくつかの記事を取り上げる。

1. 所㆔以号㆓出雲㆒者、八束水臣津野命、詔、八雲立、詔之。故云㆓八雲立出雲㆒。
（出雲と号くる所以は、八束水臣津野命、詔りたまひしく、「八雲立つ」と詔りたまひき。故、八雲立つ出雲と云ふ。）〈出雲国風土記、総記〉

2. 所㆔以号㆓意宇㆒者、（中略）今者、国者引訖、詔而、意宇社尓、御杖衝立而、意恵、登詔。故云㆓意宇㆒。
（意宇と号くる所以は、（中略）（オミヅヌの命が）「今は、国は引き訖へつ」と詔りたまひて、意宇の社に、御杖衝き立てて、「おゑ」と詔りたまひき。故、意宇と云ふ。）〈意宇郡総記〉

3. 所㆔以号㆓嶋根郡㆒、国引坐八束水臣津野命之詔而、負給名。故云㆓嶋根㆒。
（島根郡と号くる所以は、国引き坐しし八束水臣津野命の詔りたまひて、負せ給ふ名なり。故、島根と云ふ。）〈島根郡総記〉

4. 手染郷。郡家正東一十里二百六十歩。所㆑造㆓天下㆒大神命、詔、此国者、丁寧所㆑造国在、詔而、故丁寧負給。

（手染の郷。郡家の正東一十里二百六十歩。天の下所造らしし大神命、詔りたまひしく、「此の国は、丁寧に所造れる国在り」と詔りたまひて、故、丁寧と負せ給ひき。）〈島根郡手染郷〉

5．生馬郷。郡家の西北一十六里二百九歩。神魂命御子、八尋鉾長依日子命、詔、吾御心、平明不レ憤、詔。故云二生馬一。

（生馬の郷。郡家の西北のかた一十六里二百九歩なり。神魂命の御子、八尋鉾長依日子命、詔りたまひしく、「吾が御心、平明かにして憤まず」と詔りたまひき。故、生馬と云ふ。）〈島根郡生馬郷〉

これらは地名の起源譚が述べられる場面であり、神の発話は「詔」で示されていることがうかがえる。ここでは五五例のなかの五件しか取り上げていないのだが、表7を確認すると、当風土記における「詔」の多数の用例は地名由来と結びついていることが明確である。

「詔」で示される神々の発話は出雲の国名の由来、郡名の由来（意宇の郡、島根の郡、楯縫の郡、仁多の郡）、郷名の由来、その郡・郷所在の窟（加賀の神崎の記事）、石神（神名備山の記事）に関する記事で確認される。「詔」の主体となっているのはヤツカミヅオミヅノ命、「天の下所造らしし大神大穴持命」、熊野大神、カムムスヒ、スサノヲの御子神、カムムスヒの御子神で、出雲の神々である。先の神の発話が「詔」という語で示され、その発話がその郡、郷などの名の由来となっていく。

前節でみてきたとおり、「詔（のり・のる）」は神が言葉を発することによって、その意が現れ出て、それがこの世界を秩序化する機能を果たすものとして理解される。それに加えて、名指すとはその土地の魂、霊威を支配することも意味する。(15) 出雲の神々は土地の命名者となっていることは、それらがその土地を支配していることを意味していると理解されよう。

他の風土記においては土地の命名者はほとんど天皇である。天皇がその土地を巡り、国誉めをし、その発話が地名が生じる要因となる。すなわち、土地を命名する天皇はその土地の支配者として位置付けられていることがうかがえる。出雲国風土記以外の諸風土記の編者は中央から派遣された国司であり、それらが天皇を説話の主人公とすることによって、その説話を権威づけていたと理解される[16]。

それに対して、出雲国風土記において天皇の発話は土地の命名に直接つながるものとして語られない。土地の命名者は出雲の神々であり、それらが出雲国における唯一の命名者・支配者として登場させられているのである。何故、国造は当風土記に天皇を登場させず、出雲の神々を出雲の各地の命名者・支配者としているのだろうか、という疑問が起きてこよう。

それに加えて、本章の分析対象である「詔」・「勅」の用法も上記の論点と関連するものとして考察を要することがみえてこよう。何故、出雲国造は『記』『紀』や他の諸国風土記において皇祖神や天皇のみが主体である「詔」・「勅」を出雲の神々の発話語として用いているのだろうか、という疑問である。

この問題について検討を加えるためには、再度古事記における「詔」・「勅」の用法を振り返ってみたい。

本章第二節でみたとおり、古事記において「勅」は三例しか確認できず、ほとんど「詔」の字で統一されている。その主体は皇祖神と天皇がほとんどだが、天皇に直結しない神々が主体である用例がいくつかみえる。御親の神が一件（上巻）、出雲大神が二件（垂仁記）、住吉三神（アマテラスの心とともに神功皇后に憑依する、仲哀記）が四件、気比の大神（仲哀記）一件である[17]（表2「古事記における

「詔」を参照)。

ここでは、まず古事記中巻の出雲大神が「詔」の主体である場面に注目したい。垂仁天皇の代に登場する出雲大神だが、この神の祟りによって御子の言語能力が奪われ、御子が出雲大神を祭祀するために出雲へ派遣される。そこで出雲大神に憑依された時の発話が「詔」で示されている。この場面はヤマトにとっての出雲の重要性を示しており、出雲大神の祭祀は天皇が国土の支配を維持するのに不可欠のものとして認識されていることを示す条である(本書第II部第三章に詳述)。ここにおいて、出雲大神の発話が「詔」で示されることは、ヤマトの側がこの神を国家を運営していく上で重要な存在として位置付けていることを示しているのではないだろうか。

住吉三神や気比の大神に関しても同様なことがみてとれよう。住吉三神はアマテラスとともに神功皇后に憑依した神である。これらの神は皇后を西国へと誘導し、新羅の支配の確立を手助けする役割を果たすという、国家の運営に直接影響を与える重要な神であることがうかがえよう(本書第II部第四章でくわしく述べる)。気比の大神も、ホムダワケが即位する前に通過しなくてはならないという角鹿の祭神であり、ホムダワケに名前を授ける存在である。新しい王朝が誕生する際のキーパーソンとしての気比の大神がヤマトの拡大に一躍をかった重要な存在として理解されよう(本書第II部第五章でくわしく述べる)。このことから、古事記における「詔」の用法は皇祖神、天皇および国家の運営をしていく上で重要なポジションにある神々に限定されて用いられていることがみえてくる。

出雲国風土記における「詔」の用法はそれと共通の認識のもと構成された用法ではないだろうか。出雲国造は朝廷へ向かい、そこで神賀詞を奏上するのだが、当儀礼は出雲国造の服属を意味するのではなく、天皇の即位に一役をかう儀礼であり[18]、国造が出雲の神々を体現し、天皇にそれらの加護を示していたととらえられている[19]。

この儀礼において国造は熊野の大神、オホナムチおよび出雲全国の神々を祭り、それらの「返り言」を天皇に報告し、宝物を奉献する。これによって、天皇の国土支配を宗教的に保証するのである。このようにみてくると、出雲の神々は天皇が国土を支配し、国家を運営していく上で重要な役割をになうものとしての位置を占めている存在であることがみえてくる。

右の分析から、国造には出雲の神々はヤマト国家を守護し、かつその運営に不可欠な存在であるという認識があったことが考えられるのではないか。その認識が背後に働いたため、国造は出雲国風土記において、出雲の神々の発話語として「詔」・「勅」を用い、それによって、出雲の神々に皇祖神と同等な位置を与えたのである。

本章の考察をまとめると、次のことがみえてくる。土地の由来を天皇の発話に求める他の風土記とは異なり、出雲国風土記は出雲内の地名の由来は出雲の神々の発話によるものとして語っている。名指すことは所有すること、さらには生成することを意味する。国造には出雲国は出雲の神々の言葉によって発せられる「法（のり）」によって成り立つ国であるということを示す意図があったことがうかがえる。

それに加えて、出雲の神々は「詔」・「勅」を発話語としてあてられていることから、出雲の神々は出雲の土地の支配者であると同時に、ヤマトの国の運営に必要な神として位置づけられている認識も読み取れる。オホナムチは自らが造った「天の下」の一部である「国」を守り続け、天皇の支配を宗教的に保証する。出雲神賀詞儀礼の分析からもオホナムチを中心とする出雲の神々はヤマト国家の運営にかかわる重要な存在であることがみてとれる。国造はこうした出雲像および出雲のヤマトとの関係性を描くことを意図したのである。

＊

前章でふれたように、出雲とヤマト朝廷は宗教的・神話的・祭儀的な空間を共有しており、それぞれの立場から国土の起源を語っている。第Ⅰ部の第一章〜第四章においてオホナムチを中心とする出雲の神々の側から考察を行ってきた。次章において、ヤマトの側からオホナムチを中心とする出雲世界はどのように認識され、語られたのかをみていきたい。古事記および日本書紀におけるオホナムチに関する神話を取り上げ、その分析を試みてみよう。

第五章

古事記と日本書紀——ヤマトからみたオホナムチと出雲

ここまで出雲国風土記に語られる出雲の神々についてみてきた。当風土記の責任編者であった出雲国造はオホナムチに「天の下」の創造神としての位置を与え、中心的な神へとその神格をととのえ上げた。その背景にはいくつかの要因があったことがみえてきた。出雲国造は意宇を拠点とする東部の勢力を担う存在であり、それが出雲西部をも支配下に入れ、出雲全域を統合した支配者として自らの権威を確証する必要があった。そのためがんらい西部の祭神だったオホナムチの祭祀権を掌握し、自らの祭神としてのその位置を高めていった。

もう一つの要因として、意宇郡母理郷の条の分析からみえてきたように、出雲とヤマトによって共有されていた宗教的・祭儀的な空間があげられよう。国造は天皇の即位に際し、オホナムチをはじめとする出雲の神々を代表して、朝廷へと参向し、天皇に神賀詞を奏上し、呪物を献上する。それによって出雲の神々の加護を示し、かつ霊威を付与し、天皇へとその支配の正当性を保証する儀式を行う。

出雲国風土記においてこうした儀礼からみえてくるヤマトと共有する宗教的・神話的な空間は、出雲国造の側からとらえられている。オホナムチが天下の一部の領地を天皇へとその統治を委任したことを語る母理郷の神話は、天皇が国土の統治者になったことを出雲の独自な視座から起源付けている。そして、出雲の神々の発話語として「詔」が用いられていることからも、天皇が国家の支配を維持するのに出雲の神々が重要であるという認識を示されていることがわかる。

天皇が国土の支配者になった経緯を語る話は古事記と日本書紀にも語られている。ヤマト朝廷で成立したこの書物においてオホナムチはどのように描かれているのだろうか。がんらい出雲西部の農耕神、開拓伸だったオホナムチだが、斉明朝にその信仰はヤマトに伝わり、大きな影響を及ぼした。同じく国造りの神であった三輪山の祭神、大物主と結びつき、国作りの神としてのその性格がまとめられた(1)。だが、古事記と日本書紀におけるその描写が異なっているのである。本章では古事記のオホナムチの神話の分析からスタートし、日本書紀との比較を試みる。なお、古事記においてこの神は偉大なる国の主、オホクニヌシとして描かれていることから、古事記を中心とする分析においてはこの神をオホクニヌシととらえ、表記する。

第一節　古事記にみるオホクニヌシ

1　国造り神としてのオホクニヌシ

古事記におけるオホナムチはスサノヲの第六代の子孫として生まれ、五つの名を持つ神として登場している。その名とはオホナムチの他にオホクニヌシ神、アシハラシコヲ神、ヤチホコ神、クニノウツシタマ神である。ゆくゆくは国作りを行う偉大なる存在になっていくこの神を主人公とする物語は、それを兄弟の八十神の従者として描くことからはじまる。

　オホナムチの八十神の兄弟がヤカミヒメに求婚しに稲羽まででかけていく。オホナムチは兄弟の荷物を背負い、その後を追っていくのである。八十神の兄弟は稲羽にいたるとワニに毛皮を剥ぎ取られた素兎に遭遇する。八十兄弟は兎に対して間違った治療法を教えたため、その傷が重傷化し、苦しみが増していった。荷物を追い後から歩いてきたオホナムチが素兎に対して正しい治療法を教える。それによって素兎は復活する。オホナムチは知恵や技術を持っている神として描かれ、それには巫医としての性格が読み取れ、古代の大王として語られていることをうかがわせる。(2)

　素兎の予言通りにヤカミヒメがオホナムチの兄弟の求婚を拒み、オホナムチと結婚することを告げる。それが兄弟の八十神の反感をかい、オホナムチは迫害されるようになる。スサノヲのいる根堅州国へ逃れ、オホナムチはスサノヲの娘であるスセリビメと結婚する。そして地上世界へと戻ると国作りをするのである。

　この神は、その誕生から根堅州国からの逃亡までオホナムチと呼ばれていたのに対して、国作りの場面からオホクニヌシと呼ばれるようになっていく。オホクニヌシとは大なる国の主という意味であり、古事記においてこの神は国を統治した偉大なる主として位置付けられていることがみえてくる。オホクニヌシという名は出雲国風土記に見えず、古事記および日本書紀一書以外の書物に登場することのない、観念的な名である。(3) 古事記では、オホナムチの別名としてオホクニヌシの名があてられていることからは、この神を偉大なる国の主として描き出す古事記の意図がよみとれるのである。(4)

　国作りを終えたオホクニヌシの元へ高天原からの使者が降り立つ。高天原を主宰するタカミムスヒとアマテラスはオホクニヌシが国造りをした世界は自らの子孫が統治する国だと宣言し、次から次へと使者を下す。アメノホヒとアメノワカヒコが失敗するも、タケミカヅチが天つ神のミコト（命令）の実行に成功し、オホナムチと国譲りの交渉を始める。次にその場面に注目し、検討を加えてみたい。

2 「さやぐ」世界と荒ぶる神

オホクニヌシの国作りが語られる、そのすぐ後に物語が展開する舞台は「高天原」の方に変わっていく。アマテラスは「豊葦原千秋長五百秋水穂国」は自分の子、オシホミミが統治する国だと委任し、天降す。

天照大御神之命以、豊葦原之千秋長五百秋之水穂国者、我御子、正勝吾勝々速日天忍穂耳命之所レ知国、言因賜而、天降也。於是、天忍穂耳命、於二天浮橋一多多志〔此三字以レ音〕。而、詔之、豊葦原之千秋長五百秋之水穂国者、伊多久佐夜芸弖〔此七字以レ音〕。有那理、〔此二字以レ音、下效レ此〕。告而、更還上、請二于天照大神一。

（天照大御神の命以て、「豊葦原千秋長五百秋水穂国は、我が御子、正勝吾勝々速日天忍穂耳命の知らさむ国ぞ」と、言因し賜ひて、天降しき。是に、天忍穂耳命、天の浮橋にたたして、詔はく、「豊葦原千秋長五百秋水穂国は、いたくさやぎて有りなり」と、告らして、更に還り上りて、天照大神に請しき。）

〈古事記上巻〉

アマテラスは自らの子神であるオシホミミを天下すが、オシホミミは「天の浮橋」に立ち、「豊葦原之千秋長五百秋之水穂国者、伊多久佐夜芸弖有那理（豊葦原千秋長五百秋水穂国は、いたくさやぎて有りなり）」、すなわち、地上世界は騒がしい状態だと告げ、高天原に戻り、アマテラスに処置を請う。

そこで、タカミムスヒとアマテラスの主導のもと、高天原の八百万の神々が集まり、会議をし、策略を練り始める。

爾、高御産巣日神・天照大御神之命以、於二天安河之河原一神二集八百万神一集而、思金神令レ思而、詔、此葦原中国者、我御子之所レ知国、言依所レ賜之国也。故、以下為於二此国一道速振荒振国神等之多在上。是、使二何神一而将二言趣一。

（爾くして、高御産巣日神・天照大御神の命以て、天の安の河の河原に八百万の神を神集へ集へて、思金神に思はしめて、詔ひしく、「此の葦原中国は、我が御子の知らさむ国と、言依して賜へる国ぞ。故、此の国に道速振る荒振る国つ神等の多に在るを以為ふに、是、何れの神を使はしてか言趣けむ」とのりたまひき。）〈古事記上巻〉

アマテラスとタカミムスヒは地上世界は自らの子神が統治する国だと宣言する。だが、この国に「道速振る荒振る国つ神等」が多くいることから、それを言向ける必要があり、そのためにどの神を派遣すれば良いのだろうか、ということについて相談しながら決める。

右の用例から見えてきたように、高天原の神々からみるとオホクニヌシの世界は荒ぶる神々のいる不穏な世界として描かれている。(3) 西郷信綱は高天原と葦原中国を対立させ、高天原は聖なる中心・文明・秩序を意味するのに対し、葦原中国は俗なる周辺・混沌・無秩序の意義を担う世界であるとする。葦原中国の「荒ぶる神々」とは混沌とした中での無秩序の神々をいうととらえている。[6]さらに、神野志隆光は「荒ぶる神々」を王権の秩序の外に置かれている存在としてとらえ、それらがコトムケされることによって、王権の秩序におさまるとの見解を示している。[7]

それに対して、水林彪は、神が「荒ぶる」とは「勢いの激しい」、「エネルギーに満ちあふれた」という意味を持つと述べる。[8]すなわち、それらには王化に反しているという意味付けがなく、単に勢いを発することが「荒ぶる」と表現されていると理解されよう。さらに、荒ぶる神に対する伝承は諸風土記においてみることができる。播磨国風土記の基肄郡姫社郷および佐嘉郡では〈荒ぶる神〉は鎮座地付近を通過する者の半分を殺し、半分を通させるという交通を妨害する神として登場する。こうした荒ぶる神の威力を鎮める祀る者が現れ、その祭祀を開始し、地域守護霊へと転化させるという、土地神の祭祀の起源譚というモチーフのもと構成されている。[9]こうした伝承を考え合わせると、古事記における〈荒ぶる神〉とは激しい勢いを有する神に関して、それが土地神としてやがて祭祀される存在となっていく神として認識されていたととらえる可能性が生じてくる。後述していくが、オホクニヌシもゆくゆくは天つ神からの祭祀を受けるようになる。

それにつづけて、「さやぐ」という言葉について考えてみたい。「さやぐ」には「平穏でない」意味の他に、「さやか・さやけし」という意に通じる意味もある(第Ⅱ部第一章第二節において詳述する)。土橋寛は「さやぐ」には神の霊魂の働きを意味する側面があると指摘し、[10]野田浩子は「さやぐ」という言葉を否定的にとらえれば、それは制御不能な神の力をあらわし、肯定的に捉えれば神の「にぎわい・勢い・威力」を意味する言葉であると解する。[11]葦原中国の神々が「さやぎて有」ると表現されているのは、まさに、オホクニヌシを中心とする地上の神々のにぎわい、勢いのことだったのではないだろうか。

このようにみてくると、オシホミミが地上世界は「いたくさやぎて有りなり」と表現したのは、この世界に住まう神々の霊威を知らされたことを意味するととらえることができる。そして、これらの神々は高天原から平定される、あるいは排除される存在だったのではなく、「言向け和はす」対象であったことも注目されよう。では、「言向け（言趣け）」とは何を意味するのだろうか。

3　葦原中国の言向け

古事記におけるコトムケは全部十一例数える。以下はそれを取り上げてみたい。(12)

① 此葦原中国者、我御子之所レ知国、言依所レ賜之国也。故、以下為於二此国一道速振荒振国神等之多在上、是、使二何神一而将二言趣一。

（比の葦原中国は、我が御子の知らさむ国と、言依して賜へる国ぞ。故、此の国に道速振る荒振る国つ神等が多た在るを以為ふに、是、何れの神を使はしてか言趣けむ。）

〈葦原中国の言向け〉

② 汝所三以使二葦原中国一者、言二趣和其国之荒振神等一之者也。

（汝を葦原中国に使はせる所以は、其の国の荒振る神等を言趣け和せとぞ。）

〈同段〉

③ 故、建御雷神、返参上、復下奏言二向和平葦原中国一之状上。

（故、建御雷神、返り参ゐ上り、葦原中国を言向け和平しつる状を復奏しき。）〈同段〉

④ 其葦原中国者、専汝所㆓言向㆒之国。故、汝建御雷神、可㆑降。

（其の葦原中国は、専ら汝が言向けたる国ぞ。故、汝建御雷神、降るべし。）〈神武記〉

⑤ 故、如此言㆓向平和荒夫琉神等㆒〔夫琉二字以㆑音〕。退㆓撥不㆑伏人等㆒而、坐㆓畝火之白檮原宮㆒、治㆓天下㆒也。

（故、如此荒ぶる神等を言向け平和し、伏はぬ人等を退け撥ひて、畝火の白梼原宮に坐して、天の下を治めき。）〈同段〉

⑥ 大吉備津日子命與若建吉備津日子命二柱、（中略）言㆓向和吉備国㆒也。

（大吉備津日子命と若建吉備津日子命の二柱は、（中略）吉備国を言向け和しき。）〈孝霊記〉

⑦ 然而、還上之時、山神・河神及穴戸神皆言向和而、参上。

（然くして、還り上る時に、山の神・河の神と穴戸神とを皆言向け和して、参ゐ上りき。）〈景行記・西征〉

⑧ 言㆓向和平東方十二道之荒夫琉神及摩都樓波奴人等㆒

（東の方の十二の道の荒ぶる神とまつろはぬ人等とを言向け和平せ。）〈景行記・東征〉

⑨ 期定而、幸㆓于東国㆒、悉言㆓向和平山河荒神及不㆑伏人等㆒。

（期り定めて、東の国に幸して、悉く山河の荒ぶる神と伏はぬ人等とを言向け和平しき。）〈同段〉

⑩ 自㆑其入幸、悉言㆓向荒夫琉蝦夷㆒等、亦、平㆓和山河荒神等㆒而、還上幸時、

（其れより入り幸し、悉く荒ぶる蝦夷等を言向け、亦、山河の荒ぶる神等を平和して、還り上り幸しし時に。）〈同段〉

⑪ 自㆓其国㆒越㆓科野国㆒、乃言㆓向科野之坂神㆒而、還㆓来尾張国㆒、入㆓坐先日所㆑期美夜受比売之

許一。

（其の国より科野国に越えて、乃ち科野之坂神を言向けて、尾張国に還り来て、先の日に期れる美夜受比売の許に入り坐しき。）〈同段〉

右の用例のうち、①～③の用例は葦原中国の言向け、④～⑤の用例は神武によるヤマトへの進出、⑥用例は吉備国平定、⑦～⑪の用例はヤマトタケルによる西征と東征の段となっている。このことから、「言向け」という用語が天孫が国土を領有・統治することの由来や、その国土の拡大を語る文脈において用いられていることがうかがえる。

「言向け（言趣け）」とは「言」を向けることを意味するのだが、「言」を向ける主体は誰なのかによって、この語に対する解釈が異なっている。解釈は大きく二つに分けられる。まず「言」を向けるのは支配する側であるとする解釈である。[13] すなわち、葦原中国の言向けを例としてあげてみると、高天原の神々がオホクニヌシに対して「言」を向けるとする立場である。この説を代表する倉野憲司は「言向け」とは「本来荒振る神を対象とするもので、宗教的意義に於いて用いられていた言葉の威力によって荒振る神を説伏してその荒振る心を和める」意であったと述べ、天つ神が言葉を向けオホクニヌシを和らげ鎮めると理解するべきだととらえている。[14] それに対して、「言」を向けるのは服従する側であるという解釈がある。[15] この立場を代表する神野志隆光は服従する側のオホクニヌシが天つ神に対して服属の言葉を述べるとし、天つ神が服属の「言」を向けさせると理解しなければならないとの見解を示している。[16]

前記の問題に加え、「言向け（言趣け）」の問題を考察する際に、向けられる「言」が担う意義の検討が必要となろう。森昌文は「言向け（言趣け）」の「言」とは古事記における特有な「命以（ミコトモチ）」の議論と関連するものとしてとらえなければならないと述べる。[17]

古事記における「命以」の用例を調べると、それは「言向け（言趣け）」の語と登場場面が多くの場合に重なっていることがみてとれる。以下はその用例を取り上げてみたい。

① 於是、天神諸命以、詔二伊邪那岐命・伊邪那美命二柱神一、修二理固三成是多陀用幣流之国一、
（是に、天つ神諸の命以て、伊邪那岐命・伊邪那美命の二柱の神に詔はく、「是のただよへる国を修理ひ固め成せ」とのりたまひ（後略））〈国生み〉

② 爾、天神之命以、布斗麻邇爾〔上此五字以レ音〕。卜相而詔之、因二女先言一而、不レ良。亦還降改言。
（爾くして、天つ神の命以て、ふとまにに卜相ひて、詔ひしく、「女の先づ言ひしに因りて、良くあらず。亦、還り降りて改め言へ」とのりたまひき。）〈国生み〉

③ 僕者、無二邪心一。唯、大御神之命以、問二賜僕之哭伊佐知流之事一故。
（僕は、邪しき心無し。唯し、大御神の命以て、僕が哭きいさちる事を問ひ賜ふが故に。）〈アマテラスとスサノヲのウケヒ〉

④ 因レ此泣患者、先行八十神之命以、誨告、浴二海塩一、当レ風伏。
（此に因りて泣き患へしかば、先づ行きし八十神の命以て、誨へて告らししく、「海塩を浴み、風に当りて伏せれ」とのらしき。）〈稲羽の素兎〉

⑤ 天照大御神之命以、豊葦原之千秋長五百秋之水穂国者、我御子正勝吾勝勝速日天忍穂耳命之所レ

知国、言因賜而、天降也。

（天照大御神の命以て、「豊葦原之千秋長五百秋之水穂国は、我が御子、正勝吾勝々速日天忍穂耳命の知らさむ国ぞ」と、言因し賜ひて、天降しき。） 〈葦原中国の言向け〉

⑥ 爾、高御産巣日神・天照大御神之命以、於二天安河之河原一神二集八百万神集一而、思金神令レ思而詔、
（爾くして、高御産巣日神・天照大御神の命以て、天の安の河の河原に八百万の神を神集へ集へて、思金神に思はしめて、詔ひしく） 〈葦原中国の言向け〉

⑦ 天照大御神・高木神之命以、問使之。
（天照大御神・高木神の命以て、問ひに使はせり。） 〈葦原中国の言向け〉

⑧ 爾、天照大御神・高木神之命以、詔二太子正勝吾勝々速日天忍穂耳命一、
（爾くして、天照大御神・高木神の命以て、太子正勝吾勝々速日天忍穂耳命に詔ひしく） 〈天孫降臨〉

⑨ 故爾、天照大御神・高木神之命以、詔二天宇受売神一
（故爾くして、天照大御神・高木神の命以て、天宇受売神に詔ひしく） 〈天孫降臨〉

⑩ 己夢之、天照大神・高木神二柱神之命以、召二建御雷神一而詔
（己が夢みつらく、「天照大神・高木神の二柱の神の命以て、建御雷神を召して詔はく） 〈神武記〉

⑪ 於是、亦、高木大神之命以、覚白之、天神御子、自レ此於二奥方一莫二便入幸一。
（是に、亦、高木大神の命以て、覚して白ししく、「天つ神御子、此より奥つ方に便ち入り幸すこと莫れ。（後略）」） 〈神武記〉

⑫ 故爾、天神御子之命以、饗二賜八十建一。

（故爾くして、天つ神御子の命以て、饗を八十建に賜ひき。）〈神武記〉

⑬ 爾、大久米命、以二天皇之命一、詔二其伊須気余理比売一之時
（爾くして、大久米命、天皇の命を以て、其の伊須気余理比売に詔ひし時に）〈神武記〉

「命以」は古事記において全一三例みられ、その一二例において発信者が皇祖神・天孫である。全一三例の中の、二例は国生み、一例はイザナキとイザナミのウケヒ、一例は素兎、二例は葦原中国の言向け、二例は天孫降臨、四例は神武天皇の段にみられる。すなわち、イザナキとイザナミの国生みは高天原の神々の「命」を以って実行されるものとして語られ、葦原中国の平定および神武の東征もアマテラスとタカミムスヒ（高木の神）の「命」を以って実現するものであることがうかがえる。このことから、天つ神のミコト（御言）の実行される用例は「言向け」の用例と同様に、国の由来や天孫による国土の領有および拡大という文脈において用いられていることがみてとれる。

ミコト（命・御言）を受け持つ存在が「ミコトモチ」となり、それを伝達することによって、天つ神の意志を実現する。(18) こうした「ミコトモチ」の論理が古事記において重要な意義を担っており、例えばミコトを受けたのにそれを実行しなかったというアメノワカヒコが「返し矢」の呪力で殺害され、アマテラスの託宣を疑ったという仲哀天皇も非業な死を遂げることとなる。古事記における天皇は神々の「ミコト」を受け持ち、言葉（命令）通りに実行する能力が求められる。(19)「ミコト」の発信と実行は皇祖神の国土の所有や神武とヤマトタケルによる天皇の支配領域の拡大において機能していることは明白である。以上のことから、「言向け」を「ミコトモチ」の問題とかかわらせて理解すべきという指摘は的確であると思われる。

こうした「ミコトモチ」の実例を高天原から派遣されたタケミカヅチの姿からもみてとることができる。以下はタケミカヅチのオホクニヌシとの問答の場面に注目し、考察を加えてみる。

是以、此二神（中略）問㆓其大国主神㆒言、天照大御神・高木神之命以、問使之。汝之宇志波祁流〔此五字以㆑音〕。葦原中国者、我御子之所㆑知国言依賜。故、汝心、奈何。
（是を以て、此の二はしらの神、（中略）其の大国主神を問ひて言ひしく、「天照大御神・高木神の命以て、問ひに使はせり。汝がうしはける葦原中国は、我が御子の知らさむ国と言依し賜ひき。故、汝が心は、奈何に」といひき。）
〈古事記上巻〉

タケミカヅチは「葦原中国」に降り、オホクニヌシに対して「高天原」の神々の意思を伝えている。タケミカヅチの言葉の中で、主語がアマテラスと高木の神が「問使（問ひに使はせり）」という三人称から「我御子之所㆑知国言依賜（我が御子の知らさむ国と言依し賜ひき）」というように一人称へと転換している[20]。また、「言依賜（言依し賜ひき）」というように自らの行為に対して敬語が用いられているのである。つまり、アマテラスと高木の神は、この国は「我が御子」が統治する国だと（私たちが）ご委任なさった国だと告げているのである。自称敬語は神の自伝を意味し[21]、ここでは、オホクニヌシに向かう問いかけの中で、アマテラス・高木の神がタケミカヅチに乗り移り、発語しているととらえることができるのではないだろうか。「汝之宇志波祁流葦原中国者、我御子之所㆑知国言依賜。故、汝心、奈何（汝がうしはける葦原中国は、我が御子の知らさむ国と言依し賜ひき。故、汝が心は、奈何に）」というように、アマテラスがタケミカヅチを通してオホクニヌシに問うているのである[22]。

アマテラスとタカミムスヒのミコト（御言）にある「言依賜（言依し賜ひき）」という表現も注目されよう。「よさす」とは「よす」の尊敬語で、任せる、委任する意であり、神田徹は「ヨサシを受けた客体は、ヨサシをとおして主体と一体化し、主体と同等の立場にたつものとしてヨサシを実現」すると述べる。(23)前記の分析から、ここにおけるタケミカヅチはアマテラスと高木の神のミコト（御言）を受け持ち伝達する存在、すなわち「ミコトモチ」として登場していることがうかがえる。

「コトムケ」の語が初めて登場するのは、古事記の当該条においてであり、タケミカヅチがミコトを伝達することで、コトムケが実行されることになる。(24)本節の冒頭において、「言向け」に関する議論では、「言」を発信する主体の位置づけが「言向け」の理解に一役をかっていることをみてきたのだが、当該条の分析の中から、タケミカヅチが天つ神から受け持った「御言（ミコト）」をオホクニヌシに「向ける」ことが確認できたのである。森昌文が指摘しているように「言向け」を正確に把握するためにはこうした古事記における「ミコト」の問題を考慮しなければならず、両者を関連するものとして捉えなければならないことがうかがえる。(25)

ミコトの実行とは武力制圧を意味しないことも注目される。水林彪は古事記における「言向け」は「言向け」＋「和す」という形で用いられ、その意味は武力ではなく、平和的に言葉を向けることで、相手の気持ちを和す（やはす）ことであるととらえるべきであるとする。

それに続けて、水林彪は「言向け」とは日本書紀には見えない古事記の独特な表現であることに注目し、日本書紀において天つ神は武力による威嚇で地上世界の神々を誅伐するのに対し、古事記では言葉による説得を通して地上世界の神々を鎮めることを指摘している。(26)こうして古事記の独自な表現として「言向け」をとらえたときに、それは古事記の論理に従って理解するべきであり、したがって「言向け」とは言を向けて和らげ鎮める意に解するべきであるとする指摘は妥当だと思われる。[27]

タケミカヅチがオホクニヌシの息子であるタケミナカタと力比べをする場面ではタケミナカタが「我先欲レ取ニ其御手一（我、先づ其の御手を取らむと欲ふ）」といい、高天原の使者であるタケミカヅチを攻撃する。タケミカヅチはその手を氷柱に変え、また剣の刃に変え、タケミナカタの手を取ると、若い葦をとるように取りつぶして投げ飛ばしてしまう。このことから、この場面は高天原の使者による武力制圧としてとらえる向きもあるが、ここではタケミカヅチはタケミナカタに手を握らせるという受動的な役を担っていることに注目しておきたい。相手に先に手を取らせるという一見して有利な立場に相手を置き、実際のところタケミカヅチがそれを誘導するという、「水面下の外交交渉」を彷彿させる構図を読み取ることができる。[28] それには武力制圧による平定ではなく、相手に手を捕まらせる知略による勝利が描写されていることがいえる。

まとめてみると、「言向け」の「言」とは「ミコト（御言）」と関連するものとして捉えるべきであり、そうとらえた時に、天つ神の側から言が向けられるという理解が妥当なものとして成り立つ。さらに、古事記における「言向け」は武力制圧を意味するのではなく、言葉を向けて和らげ鎮める意に解することが的確であることがみえてきたのである。

「言向け和す」は相手を鎮め祭る意に解されることについては、オホクニヌシの国譲りの条からもうかがい知ることができる。以下はその場面に注目したみたい。

4　オホクニヌシの国譲り

オホクニヌシは国を譲る条件として「天つ神」の御子のような立派な宮殿を建ててもらうことを要求する。古事記は以下のように記す[29]。

故、更且還来、問二其大国主神一、汝子等、事代主神・建御名方神二神者、随二天神御子之命一勿レ違白訖。故、汝心、奈何。爾、答白之、僕子等二神随レ白、僕之、不レ違。此葦原中国者、随レ命既献也。唯僕住所者、如二天神御子之天津日継所レ知之登阿流〔此三字以レ音、下效レ此〕。天之御巣一而、於二底津石根一宮柱布斗斯理〔此四字以レ音〕。於二高天原一氷木多迦斯理〔多迦斯理四字以レ音〕。而、治賜者、僕者、於二百不レ足八十坰手一隠而侍。亦、僕之子等百八十神者、既八重事代主神、為二神之御尾前一而仕奉者、違神者非也、如此之 a.白而、於二出雲国之多芸志之小浜一、b.造二天之御舎一〔多芸志三字以レ音〕。而、水戸神之孫櫛八玉神 c.為二膳夫一、d.献二天御饗一之時、e.禱白而、櫛八玉神、f.化レ鵜、g.入二海底一、h.咋二出底之波邇一〔此二字以レ音〕。i.作二天八十毘良迦一〔此三字以レ音〕。而、j.鎌二海布之柄一、k.作二燧臼一、以二海蓴之柄一l.作二燧杵一而、m.櫕二出火一 n.云、

是、我所レ燧火者、於二高天原一者、神産巣日御祖命之、登陀流天之新巣之凝烟〔訓二凝姻一云二州須一〕。之、八拳垂麻弖焼挙〔麻弖二字以レ音〕。地下者、於二底石根一焼凝而、栲縄之千尋縄打莚、為レ釣海人之、口大之尾翼鱸、〔訓レ鱸云二須受岐一〕。佐和佐和邇〔此五字以レ音〕。控依騰而、打竹之登遠々登遠々邇、〔此七字以レ音〕。o.献二天之真魚咋一也。

故、建御雷神、返参上が、復下奏言二向和三平葦原中国一之状上。

（故、更に且還り来て、其の大国主神を問ひしく、「汝が子等、事代主神・建御名方神の二はしらの神は、天つ神御子の命の随に違ふこと勿けむと白し訖りぬ。故、汝が心は、奈何に」ととひき。爾くして、答へて白ししく、「僕が子等二はしらの神の白す随に、僕は、違はじ。此の葦原中国は、命の随に既に献らむ。唯に僕が住所のみは、天つ神御子の天津日継知らすとだる天の御巣の如くして、底津石根に宮柱ふとしり、高天原に氷木たかしりて、治め賜はば、僕は、百足らず八十坰手に隠りて侍らむ。亦、僕が子等百八十の神は、即ち八重事代主神、神の御尾前と為て仕へ奉らば、違ふ神は非じ」と、如此 a.白して、出雲国の多芸志の小浜に、天の御舎を b.造りて、水戸神の孫孫櫛八玉の神、膳夫に c.なり、天の御饗を d.献りし時に、e.禱き白して、櫛八玉神、鵜と f.化り、海の底に g.入り、底のはにを h.咋ひ出だし、天の八十びらかを i.作りて、海布の柄を j.鎌りて、燧臼に k.作り、海蓴の柄を以て燧杵を l.作りて、火を m.欑り出だして n.云はく、

是の、我が燧れる火は、高天原には、神産巣日御祖命の、とだる天の新巣の凝烟の、八拳垂るまで焼き挙げ、地の下は、底津石根に焼き凝らして、栲縄の千尋縄打ち莚へ、釣為る海人が、口大の尾翼鱸、さわさわに控き依せ騰げて、打竹のとををとををに、天の真魚咋を o.献る。

故、建御雷神、返り参る上り、葦原中国を言向け和し平げつる状を復奏しき。）　〈古事記上巻〉

タケミカヅチはオホクニヌシに対して、国を譲ってもらえるかと問うのだが、オホクニヌシはコトシロヌシとタケミナカタの申すままに国を献上すると返答する。だが、その代わりに宮殿を造営してもらうことを要求する。その要求が述べられる言葉の後に、出雲の国の多芸志の小浜に「天の御舎」の造営が語られ、水戸の神の孫、クシヤタマの神による「天の御饗」の献上と寿詞の奏上が

述べられる。

オホクニヌシの「如比之a.白而（如此白して）」とあるところから「o.献二天之真魚咋一也（天の真魚咋を献る）」とあるところまでは文が一続きになっており、そのなかにオホクニヌシとクシヤタマという二つの主体が登場している。「天の御舎」を造る主体および献上する主体を断定することの困難さが、この条に関する対称的ともいえる様々な解釈を生み出していると考えられる[30]。

「如比之a.白而（如此白して）」の主体だが、ひとまずタケミカヅチ対して返答をしているオホクニヌシととらえてとらえておく。その次は「天の御舎」の造営が語られ、それにつづけて、水戸の神の孫、クシヤタマの神というもう一つの主体が登場し、それが「c.為二膳夫一、d.献二天御饗一（膳夫になり、天の御饗を献）」る様子が語られる。a.とc.の主体について、それぞれオホクニヌシとクシヤタマであることに間違いないが、その間におかれている「b.造二天之御舎一（天の御舎を造りて）」の主体について、それはオホクニヌシであるのか、それともクシヤタマ（またはクシヤタマを主導する天つ神）であるのかという点に関して、二通りの見方があることが指摘できる。

本居宣長はオホクニヌシの「如此之a.白而（如此白して）」の後に「乃隠也。故随白而」の七字を挿入し、古事記の当該条を補っている。宣長によると、オホクニヌシは返事をしてから隠れ、それ「乃隠也。」というように本文の終了するところとしてとらえている。その次に、「故随白而」という新たな文がはじまり、オホクニヌシの「白」すまにまに、天つ神が多芸志の小浜に「天の御舎」を作った内容を示すと解する。すなわち、ほんらい古事記では一つの文となっていたものに関して、本居宣長はそれを前文と後文にわけ、その間に句点を入れ、文意が通じるように七字を補ったのである。本居宣長は「天の御舎」をオホクニヌシが隠れる杵築大社として捉え、天つ神がオホクニヌシの要求通りの宮殿を立てたと解している。(31) こうした宣長の立場を、倉野憲司の日本古典文学大系本の『古事記』および西郷信綱の『古事記注釈』が継承している。両者は「天の御舎」を杵築大社としてとらえ、天つ神がオホクニヌシの要求通りの宮をたて、〈御饗献上〉によってそれを鎮め祭ったととらえているのである。(32)

しかし、宣長の挿入した文はその恣意によって古事記の原文を補うものであり、当該条を正確にとらえたものであるとは言い難い。宣長の挿入文を念頭に入れずに考えると、「如此之 a.白而（如此白して）」の主語がオホクニヌシであれば、新たな主語が登場しない限り、そのすぐ後に続く文言「b.造二天之御舎一而（天の御舎を造りて）」の主体もオホクニヌシでなければならない。神野志隆光は「b.造（造りて）」の主語をオホクニヌシととらえ、「天の御舎」は杵築大社を意味するのではなく、オホクニヌシが高天原の使者を迎え入れるために造った殿舎であり、「天の御饗」は天つ神に対する服属のしるしとして献上されたものであるとといている。(33) すなはち、「天の御舎」とは天つ神がオホクニヌシを鎮めるために建てたのではなく、オホクニヌシが高天原の神々に服属儀礼を行うために建てたものであると解しているのである。

このように、「天の御舎」の実態およびそれを作った主体の捉え方は、この場面への理解の根幹にあることがみえてくる。「如此之白而」を「かく白して」とよむと、文法上その次の「b.造（造りて）」の主体もそれと同様でなければならないのだが、管浩然は「如此之白而」の「白」の字に関して、それを動詞としてではなく、名詞としてとらえる可能性を古事記の用例分析から導いている。そうとらえると、「如此之白而」とは「如此白して（このように申し上げて）」ではなく、「此の白《まをし》の如《ごと》くして（この（オホクニヌシ）の申し上げたことのとおりに）」と訓読することが妥当であると解する。

すなはち、「如此之白而」の主語はオホクニヌシではなく、オホクニヌシの言葉通りに「天の御舎」を造営した高天原の神々ととらえても、文法上の問題が生じない[34]。

管浩然の「天の御舎」を作る主体に関する解釈は大いに肯定されるが、主体を巡る問題が解決しても、この文そのものを特徴づける要素、すなわち文体の問題が残されている。次に指摘してみよう。

オホクニヌシとタケミカヅチの問答とそれに続く〈御饗献上〉の文章はそのまま寿詞に続いており、オホクニヌシの返答を含む文言から寿詞が終了する文言まで一続きになっている。オホクニヌシとクシヤタマという異なる主体による会話文（オホクニヌシの返答を述べる文と寿詞）が同在しており、特異な構成で成り立っている。文体もリズミカルで、西郷信綱の「呪言には飛躍と転調がつきものである。魔術的な韻律も要求される」という指摘が想起される[35]。

寿詞を述べるクシヤタマの神名についてだが、「櫛」は「奇し」の意であり、「八」は多数の意で「玉」は霊魂の意であることから、「この神は一身に多くの霊魂を持ち、さまざまな行為をなす神」と解される[36]。さらに、クシヤタマが「膳夫となり」についてだが、西郷信綱は「記紀時代、カシハを飲食器に用いる風が一般であったわけではなく、それを祭式的なものであったと考えられる。カシハデのテはその事に当る者の意」と説いており[37]、クシヤタマは祭祀者としての役割を担っていることがうかがえる。こうしたクシヤタマはオホクニヌシの鎮まる殿を建て、御饗を献上することは、神の祭祀を行うことを意味していたのである。シャーマニックな視点で構成されている当該条の文体は祭る神と一体化するというクシヤタマによる祭式を言語化したものとしてとらえる余地が残る[38]。

これに続けて「天の御舎」の実態について考察を加えてみたい。本居宣長は「天の御舎」を杵築大社ととらえているが、西宮一民は多芸志の小浜は「出雲大社の現在地より北方の簸川郡武志（今の出雲市武志町）」にあたるとしている。[39] 和田萃は杵築大社とは東部の国造が出雲全域を統合し、オホナムチの祭祀権を収奪してから建てた宮殿であるとする。東部の国造によって杵築大社でオホナムチが祭祀されるようになるまでには、この神は西部の国造（出雲氏・神門氏）によって祭祀され、その鎮座地（斎場）が杵築郷とは異なっていたと述べる。[40]

杵築大社が位置する場所は出雲国風土記の出雲郡杵築郷は斐伊川の河口にあり、古事記当該条の「天の御舎」は「斐伊川の北岸で出雲国風土記にみえる出雲郡伊努郷の南岸にあるあたりで（現在の出雲市武志町の一帯）出雲大社から東へ八キロメートルほど離れた地」にあると解されている。[41]「天の御舎」は現在の出雲市武志町に比定される説をとっている瀧音は「天の御舎」を出雲西部の首長に祀られていたときのオホクニヌシの斎場ととらえている。[42]

右記の指摘から、古事記の当該条の「天の御舎」とは杵築大社のことではなく、出雲西部の首長によって祭られていたときのオホクニヌシの鎮座地において建てられた殿舎を意味することがうかがえる。クシヤタマ（またはクシヤタマを主導する天つ神）がオホクニヌシの祭祀を行うために作った建物であることに相違はないのだが、古事記はあえて出雲西部におけるオホナムチの鎮座地を描いているのは何故なのだろうか、という疑問が浮上する。

出雲東部はヤマト朝廷の庇護を得て出雲西部を支配していった。後に出雲全域を統合し、出雲国の国造（律令制下の国造）として朝廷に認められ、出雲臣としての官職を授けられた。出雲東部の勢力はヤマトに従順であり、杵築大社で祭祀されるオホナムチは出雲東部の国造によって祭られている存在である。次節において見ていくが、日本書紀の第九段一書第二には、タカミムスヒは東部の祖先神であるアメノホヒにオホナムチの祭祀を任じ、天日隅宮（杵築大社）の造営を命じる。このことは杵築大社に鎮まるオホナムチはヤマト朝廷に従順な出雲東部の国造に祭られており、その祭祀はヤマトの祭祀システムに取り込まれていることを意味する。

それに対して、出雲西部は大量の青銅器遺物が発見されたという荒神谷遺跡が物語るようにかつて盛大な勢力が拠点をおいていたところである。この勢力はヤマトを脅かすほどの強大な対立者であった。(43) 古事記は杵築大社に鎮まる神としてのオホナムチを描いているのではなく、ヤマトと敵対していた出雲西部の集団に祭祀されていたオホナムチを描いていることがみえてくるのである。

このように、オホクニヌシは偉大な神として描かれ、天つ神はそれを平定するのではなく、言葉を向けることで鎮め祭る。ヤマトにとって祭祀をすることはその支配を維持する上で不可欠なことであることが、垂仁天皇の代の記述からもうかがえる。(44) 垂仁記では出雲大神は祟りを起こし、ヤマトに脅威を与える神として登場する。垂仁の御子であるホムチワケは出雲を訪問するのである。このことについては第Ⅱ部第三章で詳述することにし、次節において日本書紀におけるオホナムチについて考えてみることにする。

第二節　日本書紀にみるオホナムチ

日本書紀における出雲の神々の描写は古事記と大きく異なっている。以下で日本書紀の本文におけるオホナムチに関する記述をまとめてみたい。オホナムチはスサノヲの子供として語られるが、その稲羽の素兎を助けた話や根堅州国において試練を受けた話がみられない。すなわち、オホナムチは大なる国の主へと成長し、オホクニヌシとして国作りを行った記述がないのである。それに対して、古事記ではオホナムチはオホクニヌシとして描かれ、偉大なる国の主として位置付けられている。

国譲りに関する描写も両書によって異なる。古事記では地上世界の神々を鎮め祭るのモチーフが主題だったのに対し、日本書紀では天つ神が地上世界の神々を平定するものとして描かれる。以下は、タカミムスヒが愛でて養育したホノニニギを「葦原中国の主」としようと思い、地上世界に使者を派遣するくだりから日本書紀の記述を確認してみたい。

遂欲下立皇孫天津彦彦火瓊瓊杵尊一、以為中葦原中国之主上。然彼地多有二螢火光神及蠅声邪神一。復有二草木咸能言語一。故高皇産霊尊召二集八十諸神一、而問之曰、吾欲レ令レ撥二平葦原中国之邪鬼一。当二遣レ誰者宜一也。惟爾諸神勿二隠所レ知。

（遂に皇孫天津彦彦火瓊瓊杵尊を立てて、葦原中国の主とせむと欲す。然れども彼の地に、多に螢火なす光る神と蠅聲なす邪神と有り。復、草木咸能く言語有り。故、高皇産霊尊、八十諸神を召し集へて、問ひて曰はく、「吾、葦原中国の邪鬼を撥ひ平けしめむと欲ふ。誰を遣さば宜けむ。惟、爾諸神、知られむをな隠しそ」とのたまふ。）

〈日本書紀巻第二神代下、第九段正文〉

ここにおいて地上世界は「有二螢火光神及蠅声邪神一。復有二草木咸能言語一（多に螢火なす光る神と蠅聲なす邪神と有り。復、草木咸能く言語有り）」というように描かれている。つまり、葦原中国はさばえなす「邪神」が多く、草木が「言語」ふという世界としてとらえられている。そこで、タカミムスヒは神々を集めて、この「欲レ令レ撥二平葦原中国之邪鬼一（葦原中国の邪鬼を撥ひ平けしめむと欲ふ）」というように表現する。草木が「言語」ふ世界は「邪神」、「邪鬼」がいる世界であり、天つ神はそれを「撥二平（撥ひ平け）」る、つまり、神々を撥い、平定するという点が注目される。[45]
最初に派遣されたアメノホヒは復命せず、アメノワカヒも命令を実行しなかった。三番目に派遣されたタケミカヅチはタカミムスヒの意志を実現させ、オホナムチに天つ神の言葉を伝えた。その場面に注目してみたい。

二神於レ是降二到出雲国五十田狭之小汀一、則抜二十握剣一、倒植二於地一、踞二其鋒端一、而問二大己貴神一曰、高皇産霊尊欲下降二皇孫一、君中臨此地上。故先遣二我二神一、駆除平定。汝意何如。当二須避一不。

（二神、是に出雲国の五十田狭の小汀に降到り、則ち十握剣を抜き、倒に地に植ゑ、其の鋒端に踞みて、大己貴神に問ひて曰はく、「高皇産霊尊、皇孫を降し、此の地に君臨はむと欲す。故、先づ我二神を遣して、駆除ひ平定めしむ。汝が意何如に。避りまつるべきや不や」とのたまふ。）〈日本書紀巻第二神代下、第九段正文〉

タケミカヅチはオホナムチに対してタカミムスヒは皇孫を降らせて、この地の君主としようとしているとの意思を伝え、自らを地上世界を「駈除平定」するために派遣したと述べる。そこで、タケミカヅチはオホナムチに対してそれが地上世界から「避」るか否かを問う。
「駈除平定」とは前記の「撥平」と共通しており、この地の邪神どもを駆除し、地を平定することを意味する。さらに、オホナムチに対して「避」るようにと指示していることが注目される。

古事記においては、葦原中国とは「さやぐ」世界、つまり、神々のにぎわいに満ちた世界として描かれ、そこにいる多くの「荒ぶる神」、つまり、いきおいの激しい神々に言葉を向けて、それを鎮め祭ることを通して、天つ神の子孫が地上世界の君主として君臨する権利を獲得できたのである。それに対して、日本書紀では地上の神々は「邪神」、「邪鬼」としてとらえられ、それらが「撥平」、「駈除平定」される対象となっている。葦原中国の神々は鎮め祭られるのではなく、武力でもって制圧・平定されていくのである。(46)

古事記ではオホクニヌシは国を譲るのに対して、日本書紀ではオホナムチは、その子神のコトシロヌシが服属を宣言したのち、「吾亦当レ避(吾も避りまつらむ)」といい、この国を平らげたときの「広矛」をタケミカヅチに授けるのである。以下はオホナムチが「避」っていく記述を確認する。

乃以二平レ国時所レ杖之広矛一、授二二神一曰、吾以二此矛一卒有二治功一。天孫若用二此矛一治レ国者、必当二平安一。今我当下於二百不レ足之八十隈一将中隠去上矣。

(乃ち国平けし時に杖けりし広矛を以ちて、二神に授けまつりて曰はく、「吾、此の矛を以ちて卒に功治有り。天孫、若し此の矛を用ちて国を治めたまはば、必ず平安くましまさむ。今し我は百足らず八十隈に隠去りなむ」とのたまふ。)

〈日本書紀巻第二神代下、第九段正文〉

国を譲る代わりに条件を差し出すことがなく、天神の側から宮殿を造営し、オホナムチに対する祭祀が実施されることが語られない。この点はオホナムチ神話に関する古事記と日本書紀正文の大きな違いであるといえよう。

古事記は出雲の神であるオホナムチへの高天原の神々の祭祀を語っているのに対して、日本書紀はそれを語っていない。日本書紀におけるオホナムチは国の統治権を献上するのみの存在である。地上世界の神々は「邪神」、「鬼神」として描かれ、天つ神はそれを「祓」い「駆除」するのである。オホナムチはこの国から去っていき、祭祀されることはない。すなわち、日本書紀はヤマト朝廷が支配を維持するのに、出雲の祭神であるオホナムチの祭祀を必要とすることを語らないのである。天孫による地上世界の支配はその皇祖神にのみ頼っているため、土地神を鎮め祭るのではなく、それを駆除するのである。それに対して、古事記では、天孫の支配は土地の神、出雲大神の祭祀なくしてはなりたたないものとして描いている（第Ⅱ部第三章を参照）。

日本書紀の正文は日本書紀第九段一書第二は杵築大社の造営を語っている。以下はその記述を確認してみたい。

時高皇産霊尊乃還二遣二神一、勅二大己貴神一曰、今者聞二汝所言一、深有二其理一。故更条条而勅之。夫汝所レ治顕露之事、宜二是吾孫治一之。汝則可三以治二神事一。又汝応レ住天日隅宮者、今当二供造一。即以二千尋栲縄一、結為二百八十紐一、其造宮之制者、柱則高大。板則広厚。又将二田供佃一。又為二汝往来遊レ海之具一、高橋・浮橋及天鳥船亦将二供造一。又於二天安河一亦造二打橋一。又供二造百八十縫之白楯一。又当主二汝祭祀一者、天穂日命是也。於レ是、大己貴神報曰、天神勅教、慇二懃如此一。敢不レ従レ命乎。吾所レ治顕露事者、皇孫当レ治。吾将三退治二幽事一。

（時に高皇産霊尊、乃ち二の神を還遣し、大己貴神に勅して曰はく、「今者し汝が所言を聞くに、深く其の理有り。

故、更に条々にして勅したまふ。夫れ汝が治らす顕露之事、是吾が孫治らすべし。汝は以ちて神事を治らすべし。又汝が住むべき天日隅宮は、今し供造らむ。即ち千尋の栲縄を以ちて、結びて百八十紐とし、其の造宮の制は、柱は高く大く、板は広く厚くせむ。又田供佃らむ。又汝が往来ひて海に遊ぶ具の為に、高橋・浮橋と天鳥船も供造らむ。又天安河にも打橋を造らむ。又百八十縫の白楯を供造らむ。又汝が祭祀を主らむ者は、天穂日命是なり」とのたまふ。是に、大己貴神報へて曰さく、「天神の勅教、如此慇懃なり。敢へて命に従はざらむや。吾が治らす顕露事は、皇孫治らしたまふべし。吾は退りて幽事を治らさむ」とまをす。

〈日本書紀巻第二神代下、第九段一書第二〉

タカミムスヒは天日隅宮（杵築大社）の造営を命じ、アメノホヒをオホナムチの祭主に任命する。アメノホヒは出雲東部の国造の祖先神であり、出雲東部はヤマト朝廷の庇護を得て、出雲西部を支配下にいれ、出雲全域を統合した。律令制下において出雲東部の国造は出雲臣として律令制下の官人となり、国家の行政単位の一つである出雲国の国造として任命されていた。アメノホヒが祭祀するオホナムチは杵築大社に鎮まる神であり、律令国家によって祭祀され、その祭祀システムに取り込まれている神であるといえる。日本書紀の当該条はこうしたオホナムチの神と、ヤマトに従順な出雲東部の国造による大神の祭祀を描いている。

それに対して、古事記では杵築大社の造営ではなく、ヤマトと対立関係にあった出雲西部の首長によって祭祀されていたときのオホナムチの鎮座地が登場させられている。それには律令国家のシステムにおさめられていない、かつての出雲聖地で祭祀されている神としてオホナムチを描写する意図が見うけられる。両書における出雲の西部と東部の捉え方について、天皇代に語られるホムチワケの物語からもうかがい知ることができる。それが意味するところについては本書第II部第三章において考えることとする。

第Ⅱ部　古事記を読み直す

オホナムチはがんらい出雲西部の農耕神、開拓伸であった。出雲がヤマトに服属してから、オホナムチをめぐる信仰は畿内へと伝わり、オホナムチは国作りの神として三輪の大物主と習合していき、古事記や日本書紀には国作りをする神としてその神格をととのえあげられた。

第Ⅰ部において出雲国風土記におけるオホナムチに関する記述を分析してきた。この神はがんらい出雲西部の祭神であったことは当風土記の出雲郡、神門郡の記事から確認することができ、その原像は山を神体とするものだったことがみえてきた。さらに、西部の首長に祭祀されていたときの様子はキヒサカミタカヒコに関する記事からうかがい知ることができ、その斎場は杵築大社と異なっていたことも確認できた。

東部の勢力によって西部が支配下に入れられ、出雲全域が統合されることになり、オホナムチの祭祀権は東部の国造に収奪されることとなる。意宇を拠点とする国造は出雲国風土記の編纂に預かっており、祭神のオホナムチを当風土記の宇宙観の中心に据え、出雲全域の創造神へと格上げしていった。新国造はアヂスキタカヒコや国魂神にオホナムチを祭祀する自らの姿を投影し、それにかかわる記述を当風土記から確認できた。

オホナムチは出雲の固有な神でありながら、ヤマトと深い接点を有している神でもある。ヤマト朝廷の意志を実現した古事記、日本書紀においてオホナムチは国作りの神として描かれている。天つ神の子孫が国土を領有するにいたるのはオホナムチが国を譲ることによってであり、この神が重要な位置を与えられていることがみえてきたのである。

天孫による国土領有の由来をとく神話は出雲の側で成立した出雲国風土記においても語られており、それには出雲国造の独自な視座による捉え方がみてとれた。出雲国造は朝廷に参向し、出雲国造神賀詞を奏上する儀礼があるが、それは出雲国風土記が成立した当初は天皇の即位にかかわる儀礼として機能しており、それを執行する国造はオホナムチの国土創造にかかわる業績を自らの視点で説いていた。その背後には出雲とヤマトが共有する祭儀的・神話的・宗教的空間があることもみえてきたのである。

オホナムチは古事記と日本書紀において重要な位置を占めているのは相違ないのだが、両書におけるこの神の描写は異なっている。古事記はこの神を偉大な国土の創造神・主として描いており、天つ神がこの神を平定したのではなく、言葉を向けてこの神を鎮め和らいだと語る。それに対して日本書紀はオホナムチに主導される地上世界の神々を「邪神」、「邪鬼」ととらえ、それを「祓」い、「駆除」することで、天孫の地上世界の支配が確立したと説いている。

古事記、日本書紀上巻におけるオホナムチに対する描写の違いは、古事記中巻・下巻、日本書紀の第三巻以降に登場する出雲大神の描写の相違へと展開する。崇神天皇（紀）、垂仁天皇（紀・記）に登場する出雲大神に関する記述がみられるが、その捉え方は両書において異なっている。オホナムチ（出雲大神）のみならず、天皇が向かう土地で、その在来の神々との接し方が両書において異なった形で描かれる。その神々とは三輪山の祭神であるオホモノヌシ（神武記、崇神記、崇神紀）や気比の大神（応神記、応神紀）などである。さらに、神武が経由する熊野、ヤマトタケルが出向いていく熊襲や出雲、東国のヤマトとの関わり方の描写も古事記と日本書紀では異なっていることもみえてくるのである。

こうした相違はなぜ生じ、何を意味するのだろうか。このことについて第Ⅱ部において考察してみたい。第Ⅱ部では、古事記を中心に考えていく。叙述の方法として、「天の下」を治めた天皇代の順にしたがって記事を取り上げ、分析を行う。日本書紀に関しては、古事記で問題となっているところとかかわる課題に論点をしぼり、論述していくことにする。

古事記の中巻は神武の東征の物語からスタートする。日向にいた神武は国を治めるための良い地を求め、東へと向い、ヤマトに拠点を築く。その後の天皇はヤマトを拠点とし、その拡大をはかる。このように古事記におけるヤマトの意味するところは大きい。

西郷信綱は、古事記における個々の地名はそれぞれの意義を担う記号として機能しているとし、東には明、善、中心、秩序、文明などの属性が配され、西には暗、悪、周辺、混沌、未開などが配されているとする。神武が向かう東・ヤマトとは聖なる地、中心、秩序、文明として位置付け、神武が王権を築くべき地としてもっとも適していると解する。(1) それに対して、西、すなわち出雲や熊襲、熊野と言った世界は暗、悪、周辺、混沌、未開の範疇に属するものとして、王権による秩序・文明がもたらされる混沌とした未開なる周辺地としてとらえている。

古事記内部における中心―周辺の二項対立は神野志隆光の議論においても受け継がれている。神野志隆光はヤマトを、秩序を担う中心たる地としてとらえ、出雲や熊襲といった周辺地帯に王化を届けることによって、王権の秩序に取り込んでいるとする。古事記のヤマト観をささえるのは古代中国の中華思想であり、古事記の天皇は絶対的な位置にあるととらえている。[2]

しかし、古事記の物語をよんでみると、前記の議論と異なることがみえてくる。神武が向かうヤマトは荒ぶる神オホモノヌシの住処として描かれ、熊野は神武が霊剣を得る聖地として描写される。本来中心・周辺であるはずの関係が、熊野が高天原の神々が顕現する世界、ヤマトが荒ぶる異界として意味づけることが可能で、中心─周辺の構造が成り立たなくなる。[3]

垂仁記に登場する出雲の描写からも、それはヤマトの秩序におさまる世界として機能していたのではなく、天皇の御子を大王へと成長させるためのイニシエーションの場としての意味を有していたことがみえてくる。出雲大神はヤマト朝廷に祭祀されなければ、天皇の国土の支配が成り立たない存在として描かれ、出雲は単にヤマトに服属されていく周辺地帯としての意味をもった世界ではないことが明白である。

それに続けて、景行記のヤマトタケルの物語からも、ヤマトタケルが一概に暴力性・外部性を象徴するものとして排除されるとはいえず、タケルと天皇、周辺と中心、外部と聖性の構図には収まらない世界を古事記の物語が呈している。

本部における分析から、ヤマトは荒ぶる力を発動しつづけるものとして描かれていることを読み取り、日本書紀との比較を通して、なぜ古事記は〈ゆれうごくヤマト〉に自らのアイデンティティを求めたのかを考察する。

第一章　荒ぶる異界と対面する——神武天皇にみる熊野とヤマト

第一節　熊野の村

1　イハレビコ、東へと向かう

日向の高千穂の宮にいたカムヤマトイハレビコ（以下イハレビコと略す）は「天の下」を治めるのにふさわしい場所を求め、東へと向かう。日向を出発し、豊国の宇沙に到り、そこから筑紫の岡田の宮に一年過ごし、阿岐の国の多祁理の宮で七年、吉備の高嶋の宮で八年過ごす。吉備の高嶋の宮を出てから、イハレビコはとある人物と出会う。

故、従㆓其国㆒上幸之時、乗㆓亀甲㆒為㆑釣乍打羽挙来人、遇㆓于速吸門㆒。
（故、其の国より上り幸しし時に、亀の甲に乗りて釣を為つつ打ち羽挙り来る人、速吸門に遇ひき。）
〈古事記中巻、神武天皇〉

「速吸門」にイハレビコは「乗㆓亀甲㆒為㆑釣乍打羽挙来人（亀の甲に乗りて釣を為つつ打ち羽挙り来る

人〕」と遭遇する。この存在の描写に注目したい。亀は海神の使いを意味し、「打ち羽挙り来る」とは鳥のように羽ばたくの意である。(1) 亀の背に乗り、人間界と霊界を往来するという鳥(2)のように羽ばたくこの存在には異界からの使者としての意味付けがよめてくる。イハレビコはこの神と以下の問答をする。

爾、喚帰問之、汝者、誰也、答曰、僕者、国神。又、問、汝者、知㆓海道㆒乎、答曰、能知。又、問、従而仕奉乎、答曰、仕奉。故爾、指㆓渡槁機㆒、引㆓入其御船㆒、即賜㆑名号㆓槁根津日子㆒〔此者、倭国造等之祖〕。

（爾くして、晩び帰せて問ひしく、「汝は、誰ぞ」といひしに、答へて曰ひしく、「僕は、国つ神ぞ」といひき。又、問ひしく、「汝は、海道を知れりや」ととひしに、答へて曰ひしく、「能く知れり」といひき。又、問ひしく、「従ひて仕へまつらむや」ととひしに、答へて白ししく、「仕へ奉らむ」とまをしき。故爾くして、棹機を指し渡し、其の御船に引き入れて、即ち名を賜ひて棹根津日子と号けき〔こは、倭国造等が祖ぞ〕。）

〈古事記中巻、神武天皇〉

「国つ神」はイワレビコの「汝者、誰也（汝は、誰ぞ）」という問いに対し、「僕者、国神（僕は、国つ神ぞ）」と答え、「汝者、知㆓海道㆒乎（汝は、海道を知れりや）」と聞かれると、「能知（能く知れり）」というように答えている。イハレビコはその神を船に引き入れ、棹を差し渡し、「棹根津日子」という名付けているのである。

「海道」に通暁しているサホネツヒコはヤマトへと案内することになるのだが、その人物は名さえ持たず、得たいの知れない、まるで異世界から近寄ってきた存在として語られている。神武はサホネツヒコというように名を与えることによって、それを認識可能な存在へと変えているととらえられる。

サホネツヒコに対して「此者、倭国造等之祖（こは、倭国造等が祖ぞ）」の注が付され、イハレビコをヤマトへと案内することから、ヤマトの国造の祖先神になっていくことが暗示されている。こうしたヤマトは王権の中心たる地として古事記の物語に登場するのではなく、名もなき姿形がはっきりとしない存在が、そこへ導いていくという未知なる地として描かれている。ホノニニギが降臨し、神武へとつながる系譜を築いた日向からみて、ヤマトは異界として意味づけられていることがみえてくるのである。

イハレビコとその軍勢は「速吸門」を超え、白肩に至るとトミビコと戦う。その戦いにおいて兄のイツセ命は傷を負い、それは「吾者、為二日神之御子一、向レ日而戦、不レ良（吾は、日神の御子と為て、日に向ひて戦ふこと、良くあらず）」というように日に向かって戦ったことに起因するものとして説明されている。

ヤマトは河内から見て東方にあり(3)、イハレビコとイツセはアマテラスの子孫として日の出る方向に向かって攻めることはよくなかったため、手傷を負ったととらえることになるが、こうしたヤマトはイハレビコにとって異質な場所として語られているのではないか。すなわち、ヤマトとの接し方を一歩間違えるとイツセのように傷を負い、死にいたることもある、日の出る東にあるヤマトは絶対的な聖性を帯びた地だったのではなく、危険をもたらす力をひそめた地だったことがうかがえよう。ヤマトの地は人間の側からコントロール不能な神々の霊異が住まう地として描かれている。

直接ヤマトに入らず、南の方から迂回することになったイハレビコは熊野の村に入る。すると熊が現れすぐに姿を消す。それに遭遇したイハレビコは「をえて伏」す、すなわち荒ぶる神の毒気にあたって気を失うのである。[4]

2 タカクラジとその夢

イハレビコのもとにタカクラジが一ふりの「横刀」を献上する。それを授けられたイハレビコは覚めおき、「長寝乎（長く寝ねつるかも）」と言葉を発する。そして、タカクラジが横刀を得た経緯について語ることとなる。古事記には以下のように記述されている。

故、天神御子、問下獲二其横刀一之所由上、高倉下答曰、己夢之、天照大神・高木神二柱神之命以、召二建御雷神一而詔、葦原中国者、伊多玖佐夜芸帝阿理那理。〔此十一字以レ音〕。我御子等、不レ平坐良志。〔此二字以レ音〕。其葦原中国者、専汝所二言向一之国。故、汝建御雷神、可レ降。爾、答曰、僕雖レ不レ降、専有下平二其国一之横刀上、可レ降二是刀一〔此刀名、云二佐士布都神一。亦名、云二甕布都神一。亦名、布都御魂。此刀者、坐二石上神宮一也〕。降二此刀一状者、穿二高倉下之倉頂一、自レ其堕入。故、阿佐米余玖、〔自レ阿下五字以レ音。〕汝、取持献二天神御子一。故、如二夢教一而、旦見二己倉一者、信有二横刀一。故、以二是横刀一而献耳。

（故、天つ神御子、其の横刀を獲し所由を問ひしに、高倉下が答へ曰ひしく、「己が夢みつらく、『天照大神・高木神の二柱の神の命以て、建御雷神を召して詔はく、「葦原中国は、いたくさやぎてありなり。我が御子等、平らかならず坐すらし。其の葦原中国は、専ら汝が言向けたる国ぞ。故、汝建御雷神、降るべし」とのりたまふ。爾くして、答へて曰さく、「僕は降らずとも、専ら其の国を平らげし横刀有り。是の刀を降すべし〔此の刀の名は、佐士布都神と云ふ。亦の名は、甕布都神と云ふ。亦の名は、布都御魂。此の刀は、石上神宮に坐すぞ〕。此の刀を降さむ状は、高倉下が倉の頂を穿ちて、其より堕し入れむ」とまをす。「故、あさめよく、汝、取り持ちて天つ神御子に献れ」といふ』といめみつ。故、夢の教の如く、旦に己が倉を見れば、信に横刀有り。故、是の横刀を以て献りつらくのみ」といひき。〉〈古事記中巻、神武天皇〉

タカクラジの夢の中にアマテラスと高木の神が現れ、タケミカヅチに対して葦原中国へ神降るようにと命じる。それに対して、タケミカヅチが、自分が降らずとも、その国を平らげた横刀があるので、それを降すべきと返答する。神々はタカクラジに対して、倉の頂上に穴をあけて、落とし入れた横刀をイハレビコに献上するようにと指示するのである。

タカクラジは「己夢之（己が夢みつらく）」という形でイハレビコに夢を聞かせるのだが、夢とは「イメ」で、「魂の目」であり、人間界と神々の世界をつなぐ回路を意味する。(5) 神々の世界の言葉を聞き、タケミカヅチが降す横刀を授ける役割を担わされたのはタカクラジであった。それはなぜなのか、タカクラジの名の持つ意義から考察してみたい。

高倉下の「クラジ（倉下）」とは「宮主」を「ミヤジ」、「戸主」を「トジ」と呼ぶように「倉主」のことであり、高い倉の所有者を意味すると解される。(6)「高倉」とは洪水やネズミの災害対策のため床を地面より高く上げて建てられた建造物である（建物の床を高くし、柱で支える構造の倉を意味する）(7)。

倉とは米をはじめ穀物を保管・貯蔵する場所を意味するのだが、こうした意味は二次的なもので、「倉」の原義は神の座す場所であった。

『日本古語大辞典』と『角川古語大辞典』は「倉」に関して、それは人や物を乗せる場所を意味する「座」から派生した言葉であるとしている。「座」とは一段高い所に棚状に設けられた場所、神や貴人の座す場所を意味し、また、物を置く場所という意味である。穀物や財宝を収納して貯蔵・保管する建物・倉庫を意味するクラ（倉・蔵）は「座」の物を置く場所の意から派生したと解されている。[8]

「座」は単独で用いられることがほとんどなく、「天の磐座」、「高御座」、「神座」、「御手座」などの複合語中にのみ認められる。[9]「天の磐座」の語は天孫君臨神話において登場する。ホノニニギが高天原から地上世界に降る様子が「天の磐座」を離れると描写される。古事記は「離二天之石位一、押二分天之八重多那雲一而（天の石位を離れ、天の八重のたな雲を押し分けて）」と記し、日本書紀は「皇孫乃離二天磐座一、且排二分天八重雲一（皇孫乃ち天磐座を離ち、且天八重雲を排分け）」と記している。ここにおける「天の磐座」は天上界の岩の台座、祭壇を意味し、日本書紀の頭注において天磐座はタカミムスヒの「座所」と解されている。[10]古事記の「石位」について、西郷信綱はここでの「位」は大嘗祭の「神座」と関連し、アマテラスそのものであるとする。天皇は「神座」に寝る所作を演じることによって、アマテラスと同体化すると解しているのである。[11]

「神座」の語についてだが、日本書紀の垂仁天皇の三九年の冬十月の条に石上神宮の神宝に関する記述がみえる。神宝は「神庫」に貯蔵されており、それを管理していたイニシキが年老いたため、神宝を司ることができなくなり、妹の大中姫にその管理をたくすという記事である。大中姫は「吾手弱女人也。何能登二天神庫一耶（吾は手弱女人なり。何ぞ能く天神庫に登らむ）」と答えるのだが、イニシキが倉にのぼるための梯を立てようと提案する。「神庫」に対する頭注には「神宝は神そのものであったから、神宝の収納倉庫は神の座（クラ）であり、高い建築物であるのが特徴。後にホクラと発音が変化し、倉ではなく、神の坐す所、神祠の意となる」とみえる。[12] クラは一段高く設けられた神の座の意であり、高い建造物であることがタカクラジが天剣を得た高倉と共通している。

この分析から高倉は高床式の倉を意味するが、倉は「座」に由来し、複合語の中の「座」の字の用法は神が座す場所という意味であることが確認できた。こうみてくると、高倉下という人物の名義はタカクラ、つまり、神が示現する場の所有者ということになろう。

タカクラジの夢に神々が登場し、倉の頂に穴を開け、霊剣を降す展開となっているが、ここにおける倉は神々がタカクラジの夢という回路を通して現れる場所「座」として機能していると理解できる。クラ〈倉＝座〉を登場人物の名前に取り込むこと、そしてその登場人物に神々の夢を語らせることはストーリー展開上の工夫だったのではないだろうか。自由自在に夢を操り、神々の世界に接近しているタカクラの主は神を迎える場所（タカクラ）の人格化として登場しているように思われるのである。

3　タカクラにおける夢

古事記では、「此者人名（此は、人の名ぞ）」というようにタカクラジの名に対して注が付されている。つまり、高倉下とは場所を意味するのではなく、人であることが補われている。なぜ、高倉下の語に対して、それは人名であることをあえて注によって示す必要があったのだろうか。

この問題について考えるための手がかりとして古事記の序文の神武天皇に関する記述を取り上げてみたい。

是以、番仁岐命、初降二于高千嶺一、神倭天皇、経二歴于秋津島一。化レ熊出レ爪、天剣獲二於高倉一、生レ尾遮レ径、大烏導二於吉野一。列レ儛攘レ賊、聞レ歌伏レ仇。

（是を以て、番仁岐命、初めて高千嶺に降りまし、神倭天皇、秋津島に経歴まひき。熊と化れるもの爪を出だして、天の剣高倉に獲たまひき。尾生ひたるひと径を遮へて大き烏吉野に導きまつりき。儛を列ねて賊を攘ひたまひ、歌を聞きて仇を伏せたまひき。）

〈古事記序文〉

古事記の本文の内容をまとめて紹介している文だが、ホノニニギが初めて高千嶺に下り、神武天皇が「秋津島」、つまり、ヤマトで即位したことが記されている。さらに、熊と出会い、高倉で天剣を得、ヤタガラスに導かれながら吉野へ向かったことが記されている。

ここにおいて神武が熊野で天剣を得た記述が注目される。古事記の序文では、タカクラジが剣を神々から授かり、それを神武に献上したのではなく、「天剣獲二於高倉一（天の剣高倉に獲たまひき）」、つまり神武が自ら高倉で天剣を獲たと記述されている。ここにおける高倉とは場所を意味しており、人間を意味しないことが注目される。

古事記の本文は「高倉下」の語に対して、それは人であることを補っているのは、当時の人にとって「高倉下」の語は人を意味すると同時に場所としても理解されていたためだったのではないか。高倉下とは人間であることを補わなければ、それは場所であると受け取っても自然だったことが推測されよう(13)。

物語の設定としてタカクラジは夢を通して授かった霊剣をイワレビコのもとへ持って行き、夢の内容について話すという役割を与えられており、人であることに間違いはない。しかし、神話の言葉、語りの表現の多義性を考えると、ここにおけるタカクラジとは人間であると同時に、場所としても物語の中で機能しているとみることができる。倉とは座のことであり、神が示現する場を示す。イハレビコはタカクラジの夢の中で示現した神々の話を聞かされているという設定になっているのだが、その背後からは〈タカクラ〉という場に自ら踏み入り、そこで神々の言葉を得、それらの示現した意と一体となり、剣によって付与された霊力で復活するというイハレビコ自身の姿が立ち上がる。この場面への理解は語の多義性によって導かれ、夢を語る人物の名を〈高倉(=座)下〉と表現することは当該条の担っている意義を複層化し、深めるための書き手の工夫として理解される。タカクラジという人物名の背後に場所としてのクラ(座)が神々の声を響かせ、神武に神を依りつかせる場として機能しているのである。

4　熊野というトポス

このようにこの場面において熊野のタカクラという言葉が重要なキーワードとして登場している

ことがみえてくる。神武は熊野を経由したのは、直接ヤマトに入れず、迂回する必要が生じていたためであった。イツセの命がトミビコとの戦いで負傷し、それは日の神に向かって戦ったためであるとされる。そこで、「自レ今者、行廻而背負レ日以撃（今よりは、行き廻りて背に日を負ひて撃たむ）」と告げ、南の方から迂回し、熊野に至る。すなわち、トミビコを撃ち、ヤマトに入るためには、日の神を背に負う位置を獲得することが必要であったことがうかがえる。背に負うのはどういう意味なのだろうか、以下に考察を加えてみたい。

　岡田精司は大嘗祭の本来の形は「天皇は最高守護神に扮して（すなわち神の依り代となって）神として捧げられた神供を食べる」儀式であったとする。[14] その神に対して背を向け、背でもって受け持つ行為は神の依り代となるための段どり（行為）であると理解される。[15] 祭祀者が神に扮することは出雲国造の火継神事においてもみることができる。神の依り代となる出雲国造は神に食を捧げ、神に背を向けてそれを食べる。このように、神に背を向ける表現は、その神に扮する、その依り代となることを暗示するととらえることができる。

　イツセの命が「日の神を背に負ひて撃たむ」といったのには、地理的な立ち位置が問題になっていたのみならず、神を背に負うことの宗教的な意味も作用していたとみることができる。

　日の御子であるイツセの命は日に向かって戦ったため負傷したとは、日の神、つまり先祖神の霊威を身につけずに戦闘にでた、または身につけるための段どり、形式をおろそかにしていたことを意味するのではないか。そのため負傷したと理解される。神を背で受け持つための正しい位置につくために迂回する必要が生じ、神武とその軍勢は南の方から熊野を経由することとなった。そこで、タカクラジの誘導のもと、イハレビコはタカクラという場において、先祖神の霊威と一体化し、その加護が得られたのである。

さらに、タカクラにおいて霊剣を授かってから神武天皇の名が変化することが注目される。生まれたときから霊剣を得るまでには「イハレビコ」でその名が一貫していたのに対し、霊剣を得てから、ヤマトに入るまでには「天神御子」と呼ばれている。名の変化はその人物の性格の違いをも意味するのである。

毛利正守は古事記において「天神御子」と「天神之御子」という二つの用法があることを指摘する。「天神之御子」とは天神の子神を意味し、必ずしも皇位を継ぐ存在には直結しない。それに対して、「天神御子」とはホノニニギや神武という天皇へと系譜をつなぐ存在を指すというのである。[16] このことは「天神」である「御子」ということも意味していよう。「天神」と一体化し、その意思に従って行動し、国土の運営に携わる存在を意味するととらえることができる。イハレビコはタカクラにおいて天つ神の霊威を受け継ぎ、その子孫として再誕したととらえられる。イハレビコから天つ神の意を体現する「天神御子」への変身は神の霊威を身に受けることによって実現したとみることができよう。

高木の大神がヤタガラスを派遣し、イハレビコをヤマトへと導く。高天原の神々の庇護と導きによってヤマトへの進出が成功する。こうした記述はイハレビコが高天原の神々の霊威を背に受けたことによってはじめて達成しえたことであるといえる。つまり、熊野は日の神を背に負うトポスとして神武が「天神御子」として再生する場だったことがうかがえるのである。

＊

イハレビコの熊野での体験はそのイニシエーションとして解釈されている。イハレビコは熊野で「をえ」して、正常な意識を失い、霊剣を献上されてからよみがえってくるのは、その疑似的な死と再生を意味しているとされる。イハレビコが直接ヤマトへ入らず、熊野を経由したのはこうしたイニシエーションを経なくてはならない身であり、そうすることでようやくヤマトへと向かい、トミビコを倒して、やがてヤマトで天皇として即位できたのである。西郷信綱はこうした熊野をヤマトに対する辺境地として捉え、辺境地であったからこそ、神武のイニシエーションの場となりえたと位置付けているのである。(17)

しかし、熊野は辺境地としての意味合いを持っているのだろうか。熊野の神である熊は荒ぶる神、つまり、霊威を放っている神として登場し、その威力にふれることによって、イハレビコは正常な意識を失う。言い換えれば、イハレビコが「をえて」伏すことを促すのは熊であると考えられよう。さらに、イハレビコの再生は熊野のタカクラジが霊剣を献上したことによる。熊野は高天原の神々が顕現する場、タカクラという場所を内包している地として描かれている。イハレビコの死と再生は熊野という地の霊威によって導かれているのではないだろうか。こうした熊野は辺境地として確固たる構造の中にその意味を有している場所ではなく、その地を体験する神武によって構造上の位置とは異なる意味づけを帯びていることがうかがえよう。さらに、神武が向かうヤマトの地も聖なる中心として登場するのではなく、未知である上、日の御子を死に至らしめるほどの制御不能な霊威に満ちた地として語られていることがみえてこよう。このようにみてくると、ヤマトと熊野の関係は聖なる中心、秩序、文明と俗なる周辺、混沌の対立とは異なる次元のものとして機能していることがうかがえる。ヤマトは荒ぶる異界であり、熊野は高天原の神々が顕現する地、このような意味合いを有している世界として位置付けられ、このことから中心と周辺の構造が成り立たなくなることがいえる。

次節において、神武が突入するヤマトに目を向け、その描かれ方の分析を試みたい。

第二節　「サヰ河」の音——神武天皇の結婚歌

古事記の原文は漢字で記され、意味を伝える漢字と音を伝える漢字から成り立っている。同じ事柄に対して、両方の表記が用いられている例も確認できる。神武記に登場する「サヰ河」という地名は「狭井河」と「佐韋河」というように二通りの表記を有している。

「サヰ河」は神武天皇がイスケヨリヒメと結婚する場面において登場する。神武天皇は橿原宮で即位してから、三輪の神のオホモノヌシの娘、イスケヨリヒメと結婚をする。

於是、其伊須気余理比売命之家、在㆓狭井河之上㆒。天皇、幸㆓行其伊須気余理比売之許㆒、一宿御寝坐也。〔其河謂㆓佐韋河㆒由者、於㆓其河辺㆒山由理草多在。故、取㆓其山由理草之名㆒号㆓佐韋河㆒也。山由理草之本名、云㆓佐韋㆒也。〕後、其伊須気余理比売、参㆓入宮内㆒之時、天皇御歌曰、

阿斯波良能　志祁志岐袁夜邇　須賀多々美　伊夜佐夜斯岐弖　和賀布多理泥斯

然而、阿礼坐之御子名、日子八井命。次、神八井耳命。次、神沼河耳命。〔三柱〕。

（是に、其の伊須気余理比売の家、狭井河の上に在り。天皇、其の伊須気余理比売の許に幸行して、一宿御寝し坐しき〔其の河を佐韋河と謂ふ由は、其の河の辺に山ゆり草多に在り。故、其の山ゆり草の名を取りて佐韋河と号けき。山ゆり草の本の名は、佐韋と云ふ〕。後に、其の伊須気余理比売、宮の内に参ゐ入りし時に、天皇の御歌に曰はく、

あしはらの　しけしきをやに　すがたたみ　いやさやしきて　わがふたりねし

然くして、あれ坐せる御子の名は、日子八井命。次に、神八井耳命。次に、神沼河耳命〔三柱〕）

〈古事記中巻、神武天皇[18]〉

神武天皇は「サヰ河」の「上」にあるイスケヨリヒメの家まで赴き、そこで「一宿」を過ごす。そのあとに、「阿斯波良能　志祁志岐袁夜邇　須賀多々美　伊夜佐夜斯岐弖　和賀布多理泥斯」（あしはらの　しけしきをやに　すがたたみ　いやさやしきて　わがふたりねし）と歌う。歌の中に登場する「志祁志岐袁夜」（しけしきをや）とは「サヰ河」の「上」にあるイスケヨリヒメの家を指しており、神武が歌う「和賀布多理泥斯」（わがふたりねし）とはイスケヨリヒメと共寝したことを意味する。つまり、神武が「サヰ河」の「上」にあるイスケヨリヒメの家で結ばれたことを伝える。

鉄野昌弘はこの歌謡に対して、「「しけしき」小屋で、「葦原」のさやぐ音に紛れて、ようやく菅畳の音を鳴らして寝ることができた」と解釈し、この歌謡がイスケヨリヒメの家が「サヰ河」の辺にあったことを契機に転用されたとみている。[19]この指摘から歌謡の中で葦原のサヤグ「音」と畳を鳴らすときの「音」が結婚が行われた場所、「サヰ河」という地名と関連して記述されていること

がうかがえる。天皇が歌う「音」と「サヰ河」とはどのように関連しているのか。二通りの表記を有するものとして記述されることによって、神武天皇とイスケヨリヒメの結婚の場はどのように意味づけられるのか、本節において考察を試みたい。

1　「佐韋河」の表記とそれに関する歌の解釈

西宮一民は「サヰ河」の名の由来は「騒」（さゐ）にあると述べる。「騒」（さゐ）とは「さわ・さゐ・さゑ」と母音が交替したもので、「さわ」は「さゐ」と同根であるとする。西宮一民は擬声語の「さわ」は「さわく」の語幹であり、音や声が「騒ぐ・騒がしいさま・ざわめき」を表すと述べ、「サヰ河」の「サヰ」と同意義であるとする。このことから、「サヰ河」は高らかな騒音をたてて噴流する河であったと解釈している。[20]

『角川古語大辞典』は「騒く／ぐ（さわく／ぐ）」に対する解説では「やかましい状態を呈する意。風・波などが、ざわざわと音を立てる」とし、「騒ぐ（さやぐ）」に関しては「①さやさやと音を立てる。植物の葉などが触れ合って音を立てるのにいう。②騒ぐ。やかましくする。平穏でないことにいう」と解している。[21]「騒ぐ（さやぐ）」は植物の葉が触れ合う音、「騒く／ぐ（さわく／ぐ）」は風・波などの音を表すのに用いられることがうかがえる。だが、どちらも「ざわめくさま。ざわざわ。平穏でないこと」を伝える。このことから、「サヰ河」の音と葦原のサヤグ音がざわめき、不穏であるという意味で、「ざわざわと音がする」という点で共通しているといえる。以下では古事記に登場するサヤグの用例に注目し、分析を試みる。

1. 豊葦原之千秋長五百秋之水穂国者、伊多久佐夜芸弖有那理　〈古事記上巻〉

(豊葦原千秋長五百秋水穂国は、いたくさやぎて有りなり)

2. 牟斯夫須麻　爾古夜賀斯多爾　多久夫須麻　佐夜具賀斯多爾　〈古事記上巻〉

(蚕衾　和やが下に　栲衾　騒ぐが下に)

3. 葦原中国者、伊多玖佐夜芸帝阿理那理、我御子等、不レ平坐良志

(葦原中国は、いたくさやぎてありなり。我が御子等、平らかならず坐すらし)

4. (イスケヨリヒメが) 歌曰、佐韋賀波用　久毛多知和多理　宇泥備夜麻　許能波佐夜芸奴　加是布加牟登須　〈古事記中巻・神武天皇の段〉

(歌ひて曰はく、さゐ河よ　雲立ち渡り　畝火山　木の葉さやぎぬ　風吹かむとす)　〈古事記中巻・神武天皇の段〉

5. 又、歌曰、宇泥備夜麻　比流波久毛登韋　由布佐礼婆　加是布加牟登曾　許能波佐夜牙流

(又、歌ひて曰はく、畝火山　昼は雲揺ゐ　夕されば　風吹かむとそ　木の葉さやげる)　〈古事記中巻・神武天皇の段〉

古事記にみられる動詞サヤグの用例は全部で五件確認できる。用例1ではアマテラスと高木の神に地上世界に降るようにと命じられたオシホミミが「天の浮橋」に立ち、地上世界の様子をうかが

う。その世界が騒がしい状態であったので、オシホミミが高天原に戻り、葦原中国が「伊多久佐夜芸弖有那理（いたくさやぎて有りなり）」と報告する。高天原の神々が葦原中国は「道速振荒振国神等之多在（道速振る荒振る国つ神等の多に在る）」とし、その平定手段を検討する。ここにおいて「サヤグ」とは不穏な様子を表しており、荒ぶる神が多くいるという危険をはらんでいる状態を意味している。オシホミミがその世界に降らず、高天原に戻ったこともその意味を伺わせる。

用例2においては、サヤグという言葉はスセリビメの歌の中に登場する。「多久夫須麻　佐夜具（たくふすま　さやぐ）」と記され、「多久」とは楮の意味であり、楮で作られた衾が軽くふれあってさやさやと音を立てると理解できる。

用例3では用例1と同様、サヤグは葦原中国が騒がしい状態であるという意味で用いられている。神武天皇が熊野で熊の毒気に当たり、寝伏していたところ、アマテラスと高木の神がそれを助けるべく霊剣を降す。神武が危機に陥っている状態に対して、「葦原中国者、伊多玖佐夜芸帝阿理那理（葦原中国は、いたくさやぎてありなり）」という表現が用いられている。この場合は、サヤグとは不穏で危険な状態を表現するのに用いられているとみることが妥当である。

用例4と5の用例では神武天皇の死後、タギシシミが謀反を起こし、神武天皇の子孫を殺すことを企んでいることをイスケヨリヒメが察知し、歌を通して危機を知らせる。歌の中で「許能波佐夜芸奴（木の葉さやぎぬ）」と「許能波佐夜牙流（木の葉さやげる）」という表現が確認できる。この例においてサヤグとは不穏な状態を伝えるために用いられていることがうかがえる。

以上の分析を踏まえると、用例2以外の四つの用例ではサヤグという動詞が「不穏で、危険をはらんでいる」様子を表現している言葉として用いられることが圧倒的に多いといえる。このことから、「騒く（さわく）」と同意義である「サヰ河」という地名も不穏で、危険をはらんでいる空間を意味すると推論できる。

「サヰ河」とは大神神社の摂社、狭井神社の北側を流れる川であり、[22] 狭井神社とはオホモノヌシの荒魂を祭っている「狭井坐大神荒魂神社」である。[23] オホモノヌシの神名とはモノどもの首領の意で、[24] デモニッシュな存在を意味する。[25] 荒魂に関しては、その神の荒ぶる側面を表し、祟りを起こし、その性格が強烈すぎるため祭神とは異なる名前を持つこともある。[26] このことから、狭井神社はオホモノヌシの神の荒ぶる側面を祀っている神社であることがみえてくる。

土橋寛は「サヤ」とは音を表現するのみならず、霊魂の働き、霊威の顕現を表すと述べ、[27] 野田浩子は「サヤ」を神の威力の働きととらえ、「耳目」に知覚されるのみでなく、「感じられる」音であるとしている。[28] それを踏まえると、サヤグ音とそれとつながる「サヰ河」のサワク（騒）音は河の激流の騒音だったのみならず、不穏な様子を表すと同時にオホモノヌシの荒ぶる霊威の働きを「感じさせる」音ととらえることができるのである。

神武は「サヰ河」の上でイスケヨリヒメと結ばれることを歌う。その歌は「阿斯波良能　志祁志岐袁夜邇　須賀多々美　伊夜佐夜斯岐弖　和賀布多理泥斯（あしはらの　しけしきをやに　すがたたみ　いやさやしきて　わがふたりねし）」である。この歌の意味について、神武とイスケヨリヒメが結婚した場所「サヰ河」とどのように関係しているのか。

まず「阿斯波良能　志祁志岐袁夜邇（あしはらの　しけしきをや）」の言葉に注目する。土橋寛はこの歌の中に「葦原」という言葉が用いられるのは、「葦原」が「サヰ河」の辺に生えていることに起因すると述べている。[29] しかし、神武記では「サヰ河」の辺に葦原が生えているという記述がみられない。「サヰ河」にかかる注において、「其河謂㆓佐韋河㆒由者、於㆓其河辺㆒山由理草多在。故、取㆓其山由理草之名㆒号㆓佐韋河㆒也。山由理草之本名、云㆓佐韋㆒也。（其の河を佐韋河と謂ふ由は、其の河の辺に山ゆり草多に在り。故、其の山ゆり草の名を取りて佐韋河と号けき。山ゆり草の本の名は、佐韋と云ふ）」と記され、「サヰ河」が「サヰ」と名付けられたのは、その辺に「サヰ」が「本名」であるというヤマユリ草が多くあったことに起因すると記されている。古事記の中で「葦原」は「葦原中国」の世界名の中核をなす言葉として用いられる例が多く、「サヤグ」と結びあって「葦原中国者、伊多玖佐夜芸帝阿理那理（葦原中国は、いたくさやぎてありなり）」というように登場する。葦の葉がすれる音は葦原がサヤグ（騒ぐ）音であり、葦原中国の荒ぶる神が多い状態、不穏な様子を意味する。[30] この文脈において葦原という語が選択されたのは、その音が「サヰ河」のざわめく音と共鳴しているためだと考えられる。それに続く「志祁志岐袁夜邇（しけしきをや）」とは汚い荒れた小屋[31]で、神武は葦原の不気味で騒ぐ音がする中、荒れた小屋でイスケヨリヒメと結ばれたことを歌っていると解することになろう。

歌の次の文句は「須賀多々美　伊夜佐夜斯岐弖（すがたたみ　いやさやしきて）」である。「いや」はいよいよ、ますますの意味であり、「さや」はサヤグ（騒）の語幹である擬声語で、[32] 葦原に畳を敷くときの音を伝えている。[33]「さや」という言葉も「葦原」の音と同様「サヰ河」のざわめきと連動している。

葦原のざわざわと音がする、汚い荒れた小屋で、畳を敷くときますますサヤグ（騒ぐ）音が増してきている。それが「サヰ河」の騒音と「サヰ河」に住する荒ぶる神霊の働きの息遣いと響き合う。このように歌の一つひとつの部分にサヤグ音が入れ込まれていることが伺える。神武が結婚後にこの歌を歌うことによって、「サヤ」の音を表現することを通してオホモノヌシの神威を現したと解することができる。こうした神武はどのように位置づけられるのだろうか。

オホモノヌシは祭祀を求める神として語られる。崇神天皇の代にオホモノヌシが祟りを起こし、天皇はオホタタネコを探し出し、オホモノヌシの祭祀を開始する。だが、オホタタネコを祖とする三輪君による三輪山の祭神、オホモノヌシの祭祀が始まるまえに、ヤマト朝廷の大王が自ら祭祀を行っていたことが和田萃の研究によって明らかになっている。[34] これを踏まえると、古事記に語られる「サヰ河」の麓での結婚歌は神武がオホモノヌシを祭っている様子を表していると解することができる。

神武はイスケヨリヒメと結ばれることを通してオホモノヌシの神威を体験する。そして、それに憑依されたかのように、神の存在を〈感じさせる〉サヤの音を、歌の各部分に響かせることを通して歌い現す。この行為によって、神武はオホモノヌシの神威を認知可能、つまり制御可能なものへと変えていく。こうした神武にはオホモノヌシを祭っている姿が読み取れるのである。

このように神武はサヤグ（騒）音を歌の中に表現していることをみてきた。しかし、この歌はサヤグ（騒）とはまた異なる音を表現するようにも記述されている。それはどのような音なのか、さらに、その音は「サヰ河」の地名とどのようにかかわるのか、検討してみたい。

2 「狭井河」の表記とそれに関する歌の解釈

「サヰ河」は「佐韋」という音仮名表記の他に「狭井河」という表記を有している。さらに、神武の歌の一つひとつの表現が作り出す音も騒ぐとは異なる意味合いに解釈が可能なように記述されている。以下では「狭井」という表記の意味とそれにかかる解釈について考察したい。

西宮一民は「狭井」とは「狭い井戸」ではなく「若い噴出し初めの井（清水）」の意であって、「まだ「狭い範囲」といふ意識で「狭」の文字が当てられたのであるが、実質的な意味は「若い初出の」」の意であるとしている。(35)

「狭」の字が前例と近い文脈で用いられている例を出雲国風土記にみることができる。八束水臣津野命が「八雲立出雲国者、狭布之稚国在哉。初国小所ㇾ作（八雲立つ出雲の国は、狭布の稚国在る哉。初国小さく所作れり）」と宣言し、新羅や高志などの国の余った土地に綱をかけて引き寄せ、出雲国に縫い付け、領土を拡大したという国引き神話である。地を縫い付ける前の出雲国は「狭布之稚国在哉（狭布の稚国在る哉）」、「初国」と記されていることに注目したい。

「稚国」という用例は古事記冒頭部に登場する。宇摩志阿斯訶備比古遅神が「次、国稚如二浮脂一而、久羅下那州多陀用幣流之時（次に、国稚く浮ける脂の如くして、くらげなすただよへる時に）」に生成するという記述である。天と地とが始まり、国となるべきものの全体が定まらず漂っていて、その形が「浮ける脂」、「クラゲ」に例えられている。(36) このことから、「国稚」とはできたばかりの真新しい国であるととらえることができる。出雲国風土記に登場する「稚国」も同様に「できたばかりの真新しい国」の意味で用いられていると解することができる。

「初国小所作（初国小さく所作れり）」の「初国」とは出雲国が初めて作られたときの状態をいい、その状態が「狭布之稚国（狭布の稚国）」であると記述されている。その「狭布」とは「織る途中のため、まだ幅が狭い」[37]ことを意味し、「初」の時作られた国は小さく、「狭布」のように「稚」い国であったというように「狭」とは「稚国」の象徴として用いられていると理解できる。さらに、初めて作られた時の国を意味する「初国」ともつながっている。「狭布之稚国」は西宮一民が指摘する「若い噴出し始めの井」の「狭井」と同文脈で用いられているといえる。

「狭井」の「井」についてだが、西宮一民は「井」を清水（霊水）とみている。[38]だが、「井」の「井戸」という意も見過ごすことができない。「井戸」とは水が湧き出るところであり、あらゆる伝承の中で神聖な性質を帯びており、生命の源泉、豊かさのシンボルである。[39]さらに、風土記には「井」という言葉が登場する多くの用例をみることができ、その地において井戸が沸き、それが国の名の由来に結び付くとされている。[40]このことから、水が出る場所が神聖であるとされ、「井戸」は神聖な場所、村・国の起源、生命力の源泉のシンボルととらえることができる。

ここまで「狭井」の文字の意味について検討したが、以下では、それを踏まえて、神武の歌の分析を試みたい。神武が歌にあらわす「阿斯波良能　志祁志岐袁夜邇（あしはらの　しけしきをやに）」の葦原は、古事記では、「葦原中国」として用いられる例が一五件、「豊葦原之千秋長五百秋之水穂国」として用いられる例が三件、「葦原色許男神」として用いられる例が四件確認できる。

葦原には「繁栄したさまをいうほめ言葉である」と解釈され、[41]さらに、「豊葦原瑞穂国」の世界名にあるように、「国土のさかんな生命力を象徴している」と解釈される。[42]「葦原中国」が初めて古事記に登場するのはイザナキが黄泉国から逃亡する場面においてであり、イザナキが黄泉国からの逃亡時に「黄泉軍」から桃の呪力によって救われ、その桃の実に対して「汝、如レ助レ吾、於二葦原中国一所レ有、宇都志伎青人草之、落二苦瀬一而患惚時、可レ助（汝、吾を助けしが如く、葦原中国に所有る、うつしき青人草の、苦しき瀬に落ちて患へ惚む時、助くべし）」と言葉をかけた。ここにおいて、「葦原中国」は死者の世界に対する生者の世界を意味するものとしてあらわれる。「葦原色許男神」とは地上世界の勇者という意味であり、[43]「葦原」とは生者の世界にふさわしい生命力を表象するものであることがうかがえる。このことから、神武が「サヰ河」の河上で歌う歌の中の「葦原」という言葉にも「豊穣、生命力」の意味が宿っているといえる。それはイスケヨリヒメとの結婚、それによる子孫の誕生と繁栄、ヤマトに新たな拠点を作ることに対する祝福の言葉として用いられているととらえることができる。

さらに、「志祁志岐袁夜邇（しけしきおや）」は「密しき小屋」であると解され、シケシはひそかなことを意味する。[44]「阿斯波良能　志祁志岐袁夜邇（あしはらの　しけしきおや）」とは、「不気味で騒がしい葦原に立つ汚く荒れた小屋」という解釈の他に、「豊饒な生命が満ちる葦原に密かに立つ秘されるべき家」という理解が可能である。

歌の次の文句、「須賀多々美　伊夜佐夜斯岐弖（すがたたみ　いやさやしきて）」とあるところの「佐夜（さや）」とはサヤグ（騒ぐ）を語幹とする擬声語であるが、しかし、その他にサヤカ（清か）、サヤケシ（清けし）の語幹でもある。[45]講談社文庫『万葉集1』はサヤグとサヤケシは同根の語であるとし、サヤグは「サヤ」な状態であり、「サヤ」は快適な情景を示すと同時に不安も示すと解している。[46]野田浩子はそれを受けて、「サヤ」とは自然の神々が各々の威を発しているさまを意味すると述べ、否定的に捉えれば不安を感じさせ、肯定的に捉えれば、「きわだち・にぎわい・活力・威力」を意味すると述べている。[47]

このように、「サヤ」とは二通りの意味を有し、異なる意味付けが可能な語としてとらえられる。古事記では音仮名表記となっており、「騒」の意にとるべきか、「清」の意ととるべきか明瞭ではない。だが、ここではどちらの意味に受け取るのか、ということを問題とするのではなく、二つの解釈が可能なように歌が記述されているととらえるべきではないか。

「佐夜（さや）」と同じように、歌の中に登場する「阿斯波良（あしはら）」、「志祁志岐（しけしき）」という言葉も二通りの理解ができ、「サヰ河」は二つの表記を有する。二通りの解釈を可能とする言葉が用いられることによって、二通りの歌の理解が導かれる。古事記の記述はそれを意図しているのではないだろうか。

葦原の意味を豊穣、生命力ととらえ、「志祁志岐袁夜」を密かな小屋ととらえた場合、「佐夜（さや）」もそれに通じる意、つまり、サヤカ（清か）、サヤケシ（清けし）の語幹とみるべきであろう。すなわち、「佐夜（さや）」は清らか、澄みきった音を意味し、畳の清らかさ、すがすがしさ、また畳を敷くときの爽やかな音と解されることになる。[48]

神武は、結婚の場にふさわしい豊穣や生命力の象徴である葦原の密かな小屋で、菅畳を敷くときの爽やかで清らかな音がする中、イスケヨリヒメと結婚した。神武が「サヤ」という澄みきった音で歌いあらわしている。河名が表す「若い初出の、これから生まれ出ようとする生命のエネルギー」という意味が歌自体が発する音と響き合い、ヤマトを生命力に満ちた地へと意味づけていく。

歌が二通りの解釈ができるように記述されていることはオホモノヌシの位置づけとも関連する。壬生幸子は神が「モノ」から生成する用例を分析した結果、「物には、刺激があれば発動し、神を生み出す因となったり災をもたらしたりする一種の力をもつ相がある」としている。[49] オホモノヌシは祟りを起こす制御不能な存在であると同時に、生成の力を内在させる神でもある。その神威がサヤグ（騒）とサヤケシ（清）の二つの意味を有している「サヤ」という音で表されている。

このようにこの歌に取り込まれている「サヰ河」の音は二つあることが確認できた。一つ目は荒ぶる神霊のサヤグ音であり、もう一つは清らかな神のにぎわいの音である。この二つの音の意義は「サヰ河」の表記の違いと関連し、オホモノヌシの性質とも関連していることがうかがえた。

以下、「サヰ河」という地名が古事記に登場する用例と表記を確認したい。

1. 於是、其伊須気余理比売命之家、在二狭井河之上一　〈古事記中巻、神武天皇〉
（是に、其の伊須気余理比売命の家、狭井河の上に在り）

2. 其河謂二佐韋河一由者、於二其河辺一山由理草多在　〈古事記中巻、神武天皇〉
（其の河を佐韋河と謂ふ由は、其の河の辺に山ゆり草多に在り）

3. 故、取二其山由理草之名一号二佐韋河一也。山由理草之本名、云二佐韋一也　〈古事記中巻、神武天皇〉
（故、其の山ゆり草の名を取りて佐韋河と号けき。山ゆり草の本の名は、佐韋と云ふ）

4. 佐韋賀波用　久毛多知和多理　宇泥備夜麻　許能波佐夜芸奴　加是布加牟登須　〈古事記中巻、神武天皇〉
（さゐ河よ　雲立ち渡り　畝火山　木の葉さやぎぬ　風吹かむとす）

用例1は、神武と結婚するイスケヨリヒメの家がある場所を指しており、「狭井河」と表記される。用例2と3は、「サヰ河」の名の由来をとく注文の中で登場し、用例1と同様、結婚の場に関して用いられているが、表記は「佐韋河」となっている。用例4は「佐韋賀波」と記され、イスケヨリヒメが危機を知らせる歌の中で確認できる。全四例のうち、用例1〜3は神とイスケヨリヒメの結婚の場にかかわっており、用例4は神武天皇の死後、タギシミミが謀反を起こす場面に登場する。イスケヨリヒメが神武天皇の子供に危機を知らせるために、「サヰ河」から雲が立ち上がり、木の葉がさやいでいるという内容の歌を歌う。この用例では「サヰ河」の音は不穏な状態を意味するという「騒ぐ」意味に通底する。表記が「佐韋賀波」のみとなっていることから、「騒ぐ」に通じる一つの意義しか込められていないことがうかがえる。

それに対して、用例1〜3の用例は、天皇とイスケヨリヒメの結婚が成立する場面にかかわっており、「狭井河」と「佐韋河」という二つの表記が用いられている。「狭井河」の表記は若くて初出であること、生命力に満ちている意味に通じ、清らか音と解させることを意図しており、「佐韋河」とは不穏な様子、荒ぶる神が騒めく音を伝える働きをしている。結婚の場においてどちらもの表記法が用いられていることは、二通りの音を表現し、二通りの理解を導くことを意図していると考えられる。

3　「サヰ河」に対する注文の分析

「サヰ河」に対して「其河謂二佐韋河一由者、於二其河辺一山由理草多在。故、取二其山由理草之名一号二佐韋河一也。山由理草之本名、云二佐韋一也。（其の河を佐韋河と謂ふ由は、其の河の辺に山ゆり草多に在り。故、其の山ゆり草の名を取りて佐韋河と号けき。山ゆり草の本の名は、佐韋と云ふ）」という注が付されている。それによると、「サヰ河」の名が「佐韋」という山ゆり草の本の名に由来し、その河の辺に山ゆり草が多くあったことを契機に「サヰ河」が「佐韋」と名付けられたというのである。

注によると「サヰ」とは「山由理草」の「本名」である。「サヰ」という草名は古事記の該当記述以外に同時代の資料の中に登場しない(50)。だが、三枝「サキクサ」という草名は『続日本紀』、『和名抄』、『令集解・神祇』に登場している(51)。三枝とは一本の末に三つの枝にわかれているという小百合のことであり、賀茂真淵は「サヰ」草と「サキ」草は音が通うと述べ、両者は同じ植物であるとする(52)。

西宮一民はその説を否定し、「爽《さわ》」とは「さわ・さゐ・さゑ」と母音交替したもので「さゐ」と同源であるとする。百合の花は清楚の表象となっており、その「白さ」が「さわやか」であることは「爽《さゐ》」と表現されたと述べ、それが「サヰ河」の「「騒《さゐ》」なる音響と響き合ふところに、この注文の文学性がある」とする(53)。「さわ―さゐ」は同源であり、爽やかなイメージを表す「爽《さわ》」は「爽《さゐ》」とも表現され得る語で、「騒《さゐ》」の音と響くことから百合は命名されたという解釈である。

だが、注文は「其河謂二佐韋河一由者、於二其河辺一山由理草多在（其の河を佐韋河と謂ふ由は、其の河の辺に山ゆり草多に在り）」とあり、河名の由来は百合そのものではなく、百合が「多在」る状態に求められている。多く生えている山百合草が無秩序のイメージを持たせ、その葉がすれあってサヤサヤと音をたてる。さらに、それが「多《さは》」にあることも、「さわ・さゐ」の音と連動し、さらなる音の響きを生み出す。無秩序で不穏であると同時に清潔をイメージさせる百合、これは「サヰ河」とそのもとで歌われた神武の歌と共鳴し、神威の働きとして感じられるのである。

こうして神武がイスケヨリヒメと結婚する場である「サヰ河」の表記の二重性および神武が結婚後に歌う歌の意味の複層性に注目すると、天皇のイスケヨリヒメとの結婚、さらにヤマトの地の意味づけが一義的に語られていないことをみえてくる。「サヰ河」が流れるというヤマトは荒ぶる神の騒ぐ声がする不穏な地であると同時に、生命力に満ちた国土でもある。ヤマトの位置づけが二重の意味を持つことは、オホモノヌシの特性に起因するといえるだろう。

4　神武とオホモノヌシ

ヤマトの神であるオホモノヌシのモノは刺激を与えることによって、ある時は祟りを起こす力を発動させ、ある時は神を生成する因となる。神武はそういう「モノ」の霊威と直接向き合い、それを憑依させ、さらに音として知覚することによって、制御を試みている。神武は「モノ」の神を祭る存在として語られる。

神武とイスケヨリヒメとの結婚は一夜を共に過ごすという神婚(一夜婚)の形で語られる。「日子八井命」、「神八井耳命」、「神沼河耳命」が生まれるが、聖なる結婚によって誕生した神の子であるといえる。彼らは天皇の血をひくと同時に大物主の血をも受け継ぐ存在となろう。

古事記はオホモノヌシを荒ぶる神としてとらえ、神武がそれとコミュニケートしていくことで、生成の力へと転換させ、ヤマトを自らの拠点とする。ヤマトの大王がオホモノヌシを祭祀する理由も明確になったといえる。次節において、日本書紀における神武天皇に注目し、そのヤマトへの進出と結婚について考察を試みたい。

第三節　日本書紀における神武天皇

1　ヤマトを征伐する神武

日本書紀では日向にいた神武は東にある「美地」を求め、東へと向かう。ナガスネビコとの戦いでイッセが負傷したため、神武とその軍勢は迂回し、熊野を経由してヤマトへ突入する。この展開は古事記とほぼ同様である。だが、神武によるヤマトへの進出の描かれ方が古事記と異なっている。以下は日本書紀の記述を取り上げ、分析を試みたい。

初めて地上に君臨したホノニニギの第四代の子孫、神武は一五歳で皇太子となった。日向のアヒラツヒメをめとり、タギシミミを生んだ。四五歳になると兄君たちや御子たちに対して、次のようなことを語ったのである。

及二年四十五歳一、謂二諸兄及子等一曰、昔我天神、高皇産霊尊・大日孁尊、挙二此豊葦原瑞穂国一、而授二我天祖彦火瓊々杵尊一。於レ是火瓊瓊杵尊、闢二天関一披二雲路一、駆二仙蹕一以戻止。是時運属二鴻荒一、時鍾二草昧一。故蒙以養レ正、治二此西偏一。皇祖皇考、乃神乃聖、積レ慶重レ暉、多歴二年所一。自二天祖降跡一以逮、于レ今一百七十九萬二千四百七十餘歳。而遼邈之地、猶未レ霑二於王沢」。

（年四十五歳に及りて、諸の兄及び子等に謂りて曰はく、「昔我が天神、高皇産霊尊・大日霊尊、此の豊葦原瑞穂国を挙げて、我が天祖彦火瓊瓊杵尊に授けたまへり。是に、火瓊瓊杵尊、天関を闢き雲路を披け、仙蹕駆ひて戻止ります。是の時に、運、鴻荒に属ひ、時、草昧に鍾れり。故、蒙くして正を養ひて、此の西の偏を治す。皇祖皇考、乃神乃聖にして、慶を積み暉を重ねて、多に年所を歴たり。天祖の降跡りましてより以逮、今に一百七十九萬二千四百七十餘歲。而るを、遼邈なる地、猶未だ王沢に霑はず」）

〈日本書紀巻第三、神武天皇即位前紀〉

タカミムスヒとオホヒルメの尊がこの豊葦原瑞穂の国を神武の天祖であるホノニニギに授けて、ホノニニギが天の門を押し開き、雲路を押し分けて、地上に天降った。当初は地上世界が暗く、無秩序だったが、ホノニニギは正しい道を養い、「西の偏」を治めた。神武の皇祖も父君も「乃神乃聖」にして、相次いで徳を輝かせ、多くの歳月が経た。天祖が下ってから「一百七十九万二千四百七十餘歳」が過ぎた。だが、遠くて遥かなる地はまだ「王沢に霑はず」にいる（王化の恩恵を得ていない）。そこで、神武はシホツチノヲヂから東の方にある「美しい地」があることを聞いたので、その地を大業を弘める拠点とし、「天の下」に君臨する中心にしたいという意を表明した。同年の冬十月の丁巳の朔辛酉に「天皇親帥二諸皇子・舟師一東征（天皇、親ら諸の皇子・舟師を帥ゐ東を征ちたまふ）」、つまり神武は皇子・舟軍を率いて東を征伐に出向いたのである。

ここにおいて注目されるのは神武による東征の必要性を述べる表現であろう。天孫が君臨した当初は、地上世界は暗く、無秩序だったが、ホノニニギは「正」を養ったため秩序がもたらされ、西の果ての地が治められた。だが、東はまだ「王沢に霑」っていない、つまり王化が及んでいない地であり、そのため神武はその地を皇徳に潤すべく征伐すると宣言するのである。

この記述からは天孫、さらにはその血を受け継ぐという天皇がいる地が秩序を具現する中心として認識され、その秩序を他の地に及ぼすことによって、自らの統治を確立する論理がみえてくる。こうした神武は日向から東へと進むに際して、背く者たちを誅滅していったのであった。日本書紀では王化に背く者の処理に対して誅滅、誅殺の語が頻繁に用いられる。「誅」とは悪人や罪のある者を殺すの意であり、天皇の秩序を受け入れない者どもは「悪人」または、「罪のある者」として認識されていたことがうかがえる。「悪神」、「鬼神」を誅し、「正」をつらぬく天皇の権威・権力が絶対視されていることがうかがえる。ヤマトも武力で以て征伐するというのは日本書紀の神武東征の構想であるといえる。

こうした日本書紀の天皇像には中国の天命思想・王化思想の影響があることがみてとれよう。中国の皇帝は宇宙および地上を支配するとされる天帝の命令によって天下の支配を付託され天子となる。天子とは徳を有しており、その支配する天下は世界の中心とされる。徳をもって天下を統治する皇帝は、その徳を周辺地帯に広め、それを「中国」、すなわち中心世界に取り込み、拡大しなければならないという〈中華思想、王化思想〉である。(54)

日本における律令制度はこうした中国の儒教に基づく思想の影響を受けており、(55)律令国家の正史として編まれた日本書紀の神武天皇に関する記述からも中華思想・王化思想を影響をみてとることができる。神武が西の地は皇祖が徳を輝かせて支配した地であるが、はるか遠い地はまだ「王沢に潤」っていないと語るのは、まさに、遠い東の地へと徳を弘めたい、王化を及ぼしたいためであることがいえる。

東へと進む神武だが、その兄であるイツセはナガスネビコとの戦いで、流れ矢を受け、負傷する。それは「今我是日神子孫、而向レ日征レ虜。此逆二天道一也（今し我は是日神の子孫にして、日に向ひて虜を征つ。此、天道に逆れり）」、つまり、日の神の御子として、日に向かって敵を撃つのは、「天」の道に逆らうこととして説明される。古事記では「吾者、為二日神之御子一、向レ日而戦、不レ良（吾は、日神の御子と為て、日に向ひて戦ふこと、良くあらず）」と記されるのみで、「天道」の語が登場しない。それに対して、日本書紀では「天道に逆」らったため負傷したと説明されており、「天」とは「日の神」をも内包する日本書紀において重要な役割を与えられている概念であることがうかがえよう[56]。

前述した通り、中国の皇帝制度を支えているのは天命思想であり、それによると皇帝・天子は天に付託され君主となる。日本書紀はその影響を受けており、在来の「アメ」の思想や「日の神」といった存在に「中国の皇帝制度を支えた「天」や「天命」の思想を部分的に加え」ていることがみてとれる[57]。

有徳の君主が「天」の命を受けて皇帝・天子となり、統治を行う。皇帝・天子の権力は「天」に由来し、根拠を持つものとして認識される。日本書紀では、「天」や「天命」の思想に基づき、「天道」に従うという天皇像を創出することによって、天皇の権力の絶対化が図られたと理解することができる[58]。

「天」を重要視する思想は以下のエピソードからもみてとることができる。神武は熊野を経由するが、神の毒によって気絶し、タカクラジによって献上された霊験により復活する。天つ神から遣わされたヤタガラスに導かれながら、吉野まで進み、それを巡行する。さらに進もうとしたところ、その要路上にヤソタケルの軍勢が待ち受けていた。そのため、道路がふさがり、通り抜けることができなかったので、神武は自ら天つ神に助けを請うた。

天皇悪之、是夜自祈而寝。夢有二天神一訓之曰、宜下取二天香山社中土一、〔香山、此云二介遇夜摩一。〕以造二天平瓮八十枚一、〔平瓮、此云二毘邏介一〕。并造二厳瓮一、而敬二祭天神地祇一、〔厳瓮、此云二怡途背一〕。亦為中厳呪詛上。如此則虜自平伏。〔厳呪詛、此云二怡途能伽辞離一〕。天皇祇承二夢訓一、依以将レ行。

（天皇悪みたまひ、是の夜自ら祈ひて寝ませり。夢に天神有りて訓へて曰はく、「天香山の社の中の土を取りて、〔香山、此には介遇夜摩と云ふ〕。天平瓮八十枚を造り、〔平瓮、此には毘邏介と云ふ〕。并せて厳瓮を造りて、天神地祇を敬ひ祭り、〔厳瓮、此には怡途背と云ふ〕。亦厳呪詛をせよ。如此せば、虜自づからに平伏ひなむ」とのたまふ。〔厳呪詛、此には怡途能伽辞離と云ふ〕。天皇、祇みて夢の訓を承り、依りて行ひたまはむとす。）

〈日本書紀巻第三、神武天皇即位前紀〉

天つ神は神武の夢に現れ、次のような指令を出している。天香山の社の中の土をとり、その土から神聖な平たい土器の皿（天平瓮八）と神酒を入れる清浄な瓶（厳瓮）を作り、「天神地祇」を祭祀すれば、敵対する者はおのずから帰服すると教示するのである。神武は夢の教えを承り、オトウカシとシヒネツヒコに天香山の頂上にある土を取ってくるようにと命じる。

天香山の土に関する記述は崇神紀十年の条にもみられ、タケハニヤスビコが謀反を起こそうとするが、その妻のアタヒメは天香山の土をとり、領巾の端に包み盗んでいく（持ち帰る）。そこで「倭の香山」と記述され、アタヒメがその土に領巾に包んだときに「是、倭国の物実」と呪詛を口にしている。

この用例からは天香山の土は「ヤマトの代わりをなす実体として認識され、それを入手することはヤマトを手に入れる」ことと同意であり、天香山はヤマトの象徴であることがうかがえる。[59]

遣わされた二人は無事に天香山の土を持ってきて、天皇は夢告通りに「天神地祇」の祭祀を行い、道路をふさいでいたヤソタケルを国見坂で討ち破った。このように天つ神の援助を得、「天神地祇」を祀ることによってヤマトまで進んでいったのである。

神武が天香山の土を取らせ、天神地祇を祭ったことに関する記述は古事記に見えない、日本書紀の独自な展開であるといえよう。敵対している者を帰属させるためには、天つ神の教えを請い、その教えの通りに天神地祇を祭ることが必要とされている。「天」、「天神」、「天神地祇」を祭祀することによって天皇の天下の支配が成り立ち、[60]背く者もおのずと帰属するという論理がみてとれる。このことも中国の天命思想の影響をうけているといえよう。「天」に付託されて君主となった者は常に「天」の意に従って政治を行うことが必要だからである。

ヤマトそのものが天香山に象徴されていることも注目される。天香山はアマテラスが岩屋戸に籠った際に、神々が集まり、アマテラスを岩屋戸から引き出すための祭祀の準備をする。そこで、アメノコヤネの命とフトタマの命が「天香山の五百箇真坂樹」を根ごと掘り取って、上枝には「八坂瓊の五百箇御統」、中枝には「八咫鏡」、下枝には「青和幣、和幣」を掛け、祈願をしたことが伝えられている。天香山は天の世界にある聖なる山として日本書紀および古事記の構想の中で位置づけられていることがわかる。神武が中心を置くというヤマトの象徴として天香山が語られているのには、ヤマトを天の権威を受け継ぐものとして位置づけ、ヤマトで君臨する天皇の絶対性を強調しようとする意図がみてとれるのである。

「天つ神」の指示を受け、「天神地祇」の祭祀を果たすことによって、神武はヤマトを平定する。ヤマトで即位するに際して神武が語った言葉を確認しておきたい。

三月辛酉朔丁卯、下レ令曰、自二我東征一於レ茲六年矣。頼以二皇天之威一、凶徒就戮。雖二辺土未レ清、餘妖尚梗一、而中洲之地無二復風塵一。誠宜下恢二廓皇都一、規中摹大壮上。而今運属二此屯蒙一、民心朴素。巣棲穴住、習俗惟常。夫大人立レ制、義必随レ時。苟有レ利レ民、何妨二聖造一。且下当披二払山林一、経二営宮室一、而恭臨二宝位一、以鎮中元元上。上則答二乾霊授レ国之徳一、下則弘二皇孫養レ正之心一。然後兼二六合一以開レ都、掩二八紘一而為レ宇、不二亦可一乎。観夫畝傍山〔畝傍山、此云二宇禰縻夜摩一〕。東南橿原地者、蓋国之墺区乎。可レ治之。

（三月の辛酉の朔にして丁卯に、令を下して曰はく、「我、東を征ちしより、茲に六年になり。頼るに皇天の威を以ちて、凶徒就戮されぬ。辺土未だ清らず余妖尚し梗しと雖も、中洲之地に復風塵無し。誠に皇都を恢廓し、大壮に規摹すべし。而今運此の屯蒙に属り、民心朴素なり。巣に棲み穴に住み、習俗惟常となれり。夫れ大人制を立てて、義必ず時に随ふ。苟くも民に利有らば、何ぞ聖の造を妨げむ。且当に山林を披払ひ、宮室を経営みて、恭みて宝位に臨みて、元々を鎮むべし。上は乾霊の国を授けたまひし徳に答へ、下は皇孫の正を養ひたまひし心を弘めむ。然して後に、六合を兼ねて都を開き、八紘を掩ひて宇と為さむこと、亦可からずや。観るに、夫れ畝傍山〔畝傍山、此には宇禰縻夜摩と云ふ〕。の東南の橿原の地は、蓋し国の墺區か。治むべし」とのたまふ。）

〈日本書記巻第三、神武天皇即位前紀〉

神武は東の方を征伐してから六年になり、その間に、天つ神の霊威を被り、凶徒を誅滅した。辺境の地はまだ鎮静していないのだが、中央の地、ヤマトは塵も立たないほど平静な地である。神武はそこで皇都を拡大したいという意を表している。さらに、ヤマトは民の心が純粋で、樹の巣や穴の中に棲み、その土地の未開な風習が続いているため、神武はそこで聖人の制度を定め、皇位につき、民を治めることを告げる。その治める形は「上則答二乾霊授レ国之徳一、下則弘二皇孫養レ正之心一（上は乾霊の国を授けたまひし徳に答へ、下は皇孫の正を養ひたまひし心を弘めむ）」と記述されているが、「乾霊」の「乾」とは天のことであり[61]、神武は、上は天つ神であるタカミムスヒとアマテラスから授かった「徳」に答え、下はニニギが「正」を養った心を広めるというのである。

　ここにおいても以下の点が注目されよう。①神武は凶徒を誅滅させ、ヤマトを武力制圧し、そこで都を築いたこと、②ヤマトの在来の人々は未開な習慣に従って日常を送っており、神武はそこで聖人の制度をたて、民を治めることによって、秩序をもたらすこと、③神武は天つ神から受けた「徳」に従って統治することであろう。

　以上の要点からは、日本書紀の天皇像は天から付託された有徳者が君主となるという中国の皇帝制度を支える天命思想および、皇帝の支配領域を中心と定め周辺に徳を広めるという中化思想・王化思想の影響を受けて成り立っていることがみえてくる。未開の地だったヤマトに神武が君臨し、徳の潤いを与えることによって秩序化していくのである。

　このように日本書紀における神武の像やそのヤマトとの接し方が古事記と大きく相違するところだが、その比較分析に入る前に、日本書紀における神武の結婚に関する記事を確認しておきたい。

2　神武による結婚

神武は橿原の地で宮殿を造営し、結婚をするのだが、その記述を確認する。

庚申年秋八月癸丑朔戊辰、天皇当レ立二正妃一、改広求華冑一。時有人レ奏之曰、事代主神共二三嶋溝橛耳神之女玉櫛媛一所レ生児、号曰二媛蹈鞴五十鈴媛命一。是国色之秀者。天皇悦之。九月壬午朔乙巳、納二媛蹈鞴五十鈴媛命一以為二正妃一。

（庚申年の秋八月の癸丑の朔にして戊辰に、天皇正妃を立てむとし、改めて広く華冑を求めたまふ。時に人有りて奏して曰さく、「事代主神、三嶋溝橛耳神の女玉櫛媛に共ひて生める児、号けて媛蹈鞴五十鈴媛命と曰す。是、国色秀者なり」とまをす。天皇悦びたまふ。九月の壬午の朔にして乙巳に、媛蹈鞴五十鈴媛命を納れて正妃としたまふ。）

〈日本書紀巻第三、神武天皇即位前紀〉

神武が正妃を立てようとし、多くの貴族の子女を求めた。そこで、ある人が、コトシロヌシがタマクシヒメを娶り、生んだイスズヒメという子が大変美人であることを奏上した。神武は喜び、九月にイスズヒメを宮中に召し入れ、正妃とした。

古事記では、神武妃の父神はオホモノヌシであるのに対して、日本書紀では神武の結婚相手はコトシロヌシの娘として位置付けられていることが注目される。次頁の表を参照されたい。

すなはち、古事記ではオホモノヌシはイスケヨリヒメの父神、かつヤマトの地主神としてその存在が重要視され、神武はそれと血縁関係の締結するのに対して、日本書紀ではオホモノヌシが登場せず、神武はコトシロヌシの娘を妃とする。コトシロヌシとはどのような神なのだろうか。

コトシロヌシ（言代主、事代主）の神名は「事柄や事件を、その代わりとしての言葉を行使して宣言する神[62]」を意味し、この神は託宣の神として信仰されていることを示す[63]。葦原中国平定の段においてオホナムチの子神として登場し、天つ神に対してオホナムチの代わりに服属を告げる役割を与えられている。日本書紀にはコトシロヌシは出雲に関わって登場する用例が二件確認されるが、その他の用例において（九件）ヤマトと関連して登場している[64]。また出雲国風土記や「神名帳」の出雲国の条にはコトシロヌシの神名とその神社に関する記述がみえないことから、阿部眞司はこの神を出雲と関連させる記述は創作であるとしている[65]。

本来コトシロヌシは葛城氏と深い関係がある神であり、宮中において「皇室の守護神として八神殿に祀られ」たとされる[66]。日本書紀で神武妃の父がコトシロヌシとなっているのは、この神の「宮中において神祇官に祭られる守護神」としての公的な性格が認められたためであると解する吉井巌の指摘が肯定されよう[67]。

古事記
オホモノヌシ
↓
イスケヨリヒメ　＋　神武天皇
↓
綏靖天皇

日本書紀
コトシロヌシ
↓
イスズヒメ　＋　神武天皇
↓
綏靖天皇

日本書紀第九段の一書第二には「是時帰順之首渠者、大物主神及事代主神（是の時に、帰順ふ首渠者は、大物主神と言代主神となり）」とみえ、この記述からは、オホモノヌシとコトシロヌシは国つ神の代表として、天つ神に服属する神として位置付けられていることがうかがえる。書紀の構想の中で、オホモノヌシとコトシロヌシどちらもが服属神であるが、オホモノヌシは崇神紀に祟りをなし、人民の過半数を死亡させたという勢いのある神である。神武と血縁を結ばれたのはオホモノヌシではなく、それと性格を異にするコトシロヌシであったことが注目されよう。ヤマトを平定し、絶対的な権威を担う天皇の正妃となれたのは服属神であり、かつ皇室の守護神として祭られていたコトシロヌシの娘であったことがうかがえよう。

日本書紀第八段一書第六にはイスズヒメを「大三輪の神」の子とする伝承もみえるが、神武紀の正文には三輪の大神であるオホモノヌシの姿が一切登場しない。正文として公的に認められた日本書紀の伝承では事代主が神武妃の父神として定められ、古事記と異なった立場が表明されていることがうかがえる。ヤマトは神武によって平定され、その徳によって治められる・秩序化される世界として描かれ、神武妃の父神として語られるのは国家を揺るがす祟り神のオホモノヌシではなく、皇室の守護神であり、かつ国つ神として天皇に帰順するというコトシロヌシである。

こうした分析から、古事記と日本書紀におけるヤマトの描写が異なっていることがみてとれる。その相違の根幹にあるのが、天皇による土地の神々との関わり方・接し方であるといえよう。古事記では、荒ぶる神、つまり勢いのある神、威力を発する神々が天つ神の使者、または天皇によって「コトムケ」、つまり、「言」を向けられ、沈め和らげられる対象となる。それに対して日本書紀では背く者は「悪神」、「鬼神」とされ、誅滅させられている。

第Ⅰ部第五章で分析したオホナムチに関しても同様のことがいえる。古事記では、天つ神がオホナムチに言をむけ、それを祭祀することによって鎮める。それに対して、日本書紀ではオホナムチは「鬼神」の統轄神として登場し、天つ神に服属するのみであり、それへの祭祀が描かれない。

ヤマトへと進出した神武も古事記と日本書紀において異なった性格を有している。古事記では、ヤマトは三輪山の祭神であるオホモノヌシの存在を思わせる記述がなされ、神武はその娘のイスケヨリヒメと結婚する。前節でみたように「サヰ河」のもとでイスケヨリヒメと結ばれた神武は歌うことで「サヰ河」の音を再現し、オホモノヌシの霊威と一体化する。それによってオホモノヌシをコントロールするようになり、「モノ」に内在する生成力を発動させ、それを自らの拠点作りへと働かせている。さらに、ヤマトの荒ぶる神であるオホモノヌシを血統に取り入れているのである。

それに対して、日本書紀ではヤマトの地主神のオホモノヌシが登場しない。ヤマトは未開の地として描かれ、神武はそこで自らの秩序を確立する。古事記では、神武は土地の神とコミュニケートし、それを祀ることで、その力を生成力へ切り替えているのに対して、日本書紀の神武はヤマトの地主神とかかわることがなく、自らの秩序を確立し、天、天つ神を祭祀することでヤマト支配の根拠を得ている。天香山に象徴されるヤマトは、天皇の権力は天に依拠するものであることを保証するものとして位置づけられている。こうした神武は国家の安泰を揺るがすというオホモノヌシではなく、皇室の守護神でありかつ服属神としてのコトシロヌシを天皇の血統に取り入れたのである。

本節で分析したように、日本書紀の神武は東へと「王化」の威力を拡大しようとし、ヤマトの征伐を決心する。ヤマトへ進出する中で、服属しない者どもを誅滅させ、王化の「潤い」を与えた。つまり、秩序化したのである。日本書紀の天皇像および天皇と土地の神々との接し方が中国の皇帝制度をささえた天命思想、王化思想の影響を受けている。日本書紀は律令国家の成立とともに、それを支える世界像のもとで前述のような天皇像を作り出しているととらえることができる。

＊

本節における分析のなかで、日本書紀および古事記における天皇の在り方とそのヤマトの土地の神々との接し方が異なっていることがみえてきた。その違いは何故生じ、何を意味するのだろうか。古事記と日本書紀はわずか八年の差をもってヤマト朝廷の意志を実現する書物として成立したのだが、その個々の神の登場の仕方や物語の相違が注目され、両書は異なる論理によって貫かれ、書かれているものとしてとらえる傾向が強い(68)。そうした中でも、両書における文体の問題が古くから多くの議論を呼んでいるところである。

純粋な漢文でととのえられている日本書紀に対して、古事記では漢文の規則にない語順や「給う」という敬意をあらわす補助動詞が使用され、漢字が表音文字に用いられるといった音訓交用の特殊な文体が実現している。また、繰り返しやリズミカルな語調で語られていることが多い点から、三浦佑之は古事記は文字が成立する以前の口承で伝えられていたであろう「語り」の世界をあらわす書物としてとらえる立場を示している。七一二年に成立した古事記は古代に向いており、その八年後に成立した日本書紀は新たな律令国家をめざすヤマト朝廷の意志を実現したものとして未来へ向いているとしているのである(69)。

しかし、古事記の個々の表現や内容からすると、日本書紀の記事をみなければ成り立たなかった記述が多い。梅沢伊勢三はこの問題を指摘した上で、古事記は日本書紀の後に成立したものとして捉えるべきであるという見解を示している。[70]

呉哲男は梅沢伊勢三と同様に、古事記は日本書紀の後に成立したものとしてとらえることの妥当性を指摘している。呉哲男は漢字文化圏の一員であることを主張する日本書紀の確立によって、文字は障害としてみなされ、そのことによって、はじめて「口誦性」の価値が見出されたとする。そして、文字によって失われた「共感（感情）の共同性」を回復しようとする意図が古事記の成立の契機となったと述べているのである。[71]

呉哲男はこうした反発は文字のレベルにおいてのみならず、例えば、ヤマトタケルの描写などにおいても、みることができるとする。「日本書紀が古代王権の正当性を中国的な発想によって基礎づけよう」とされる時に、悲劇英雄として語られる古事記のヤマトタケルが求められるととらえているのである。[72]

本節で行った分析から、日本書紀の天皇像は中国の皇帝制度をささえた天命思想、王化思想によって根拠づけられていることがみえてくる。古事記は日本書紀と同様な展開、すなわち神武による東への進出とヤマトにおける拠点作りを描いているのだが、その描写の仕方が中国の思想に彩られた日本書紀とは大きく異なっている。すなわち、秩序を象徴し、辺土を王化に潤す日本書紀の天皇に対して、古事記の天皇は土地神の荒ぶる力を身に受け、それ自ら祀っている。呉哲男の指摘をふまえると、中国的思想に根拠付けられた書紀の天皇像が確立することによって喪失されるアイデンティティを回復する意図のもと、古事記のような大王の在り方とその土地の神々との接し方が描き出されたとみることができるのではないだろうか。

古事記ではヤマトはオホモノヌシという地主神がいる土地として描かれ、神武はその神の娘と結婚し、その霊威と一体化する。さらに、この神の住処である「サヰ河」の音を歌い表すことによって、その神威をあらわし、制御を試みている。それには大王自らがオホモノヌシを祀っていた姿がよみとれる。古事記は自ら土地の荒ぶる神の祭祀者となるという大王像へと回帰し、神武を語っているのではないだろうか。

日本書紀では神武の妃となるのはオホモノヌシの娘ではなく、皇室の守護神であるコトシロヌシの娘であり、ヤマトは天皇の徳によって秩序化されるものとして描かれる。こうしたヤマト像が確立することによって失われた世界を、古事記がヤマトの荒ぶる勢いを語りだすことで回復している。神武はオホモノヌシを自ら祀ることによって、その荒ぶる力と対面し、それを生成の力へと転換させている。ヤマトの荒ぶる勢いと向き合う大王像が創出されているのである。

ヤマトの土地神、オホモノヌシは崇神天皇の代においても登場する。神武の後の八代の天皇は「欠史八代」と呼ばれ、系譜のみを記す。その第九代にあたる崇神の代になると、疫病が流行りだすが、その原因はオホモノヌシによるものとされる。次章において崇神の時代におけるオホモノヌシの登場とその祭祀について考えていく。

第二章　ヤマトの境を決めていく——崇神天皇にみる国作りと神祭り

1　オホモノヌシの祭祀の制度化

前章で見てきたとおりオホモノヌシは三輪山（三諸山）の祭神であり、ヤマトの地主神であった。神武のこの神の娘との結婚にかかわる記述から、神武自らがこの神と一体化することが必要であり、ヤマトの大王はヤマトの地主神を祭祀することが重要だったことがみえてきたのであった。

神武とイスケヨリヒメの間には、三人の御子が誕生し、オホモノヌシは天皇の系譜に取り入れられていく。なぜ神武には自らの子孫にオホモノヌシの血を受け継がせる必要があったのだろうか、本章において考えてみたい。

神武の第九代の子孫である崇神の代になると疫病が起こり、人民が死に絶えようとしていた。そこで崇神の夢にオホクニヌシが登場し、次のようなことを告げたのであった。以下は古事記の記述を取り上げてみる。

此天皇之御世、役病多起、人民為レ尽。爾、天皇愁歎而、坐二神牀一之夜、大物主大神、顕二於御夢一曰、是者、我之御心。故、以二意富多多泥古一而、令レ祭二我前一者、神気、不レ起、国、亦、安平。

（此の天皇の御世に、疫病多た起りて、人民尽きなむと為き。爾くして、天皇の愁へ歎きて神牀に坐しし夜に、大物主大神、御夢に顕れて曰ひしく、「是は我が御心ぞ。故、意富多々泥古を以て、我が前を祭らしめば、神の気、起らず、国も、亦、安らけく平らけくあらむ」といひき。）〈古事記中巻、崇神天皇〉

崇神は「愁へ歎きて」、神床にいた夜にオホモノヌシの大神が夢に現れて、お告げをした。オホモノヌシは疫病の原因はその神の「御心」にあるといい、オホタタネコを祀り手として自らを祀らせれば、国が平安となるだろうと告げたのであった。

夢告による神の意志表示は他にも垂仁記にみることができる。垂仁の夢にも神があらわれ、ホムチワケの言語障害はその神の祟りによるものであることを告げる。だが、垂仁天皇の場合は、どの神の祟りのかが明白でなく、垂仁が夢を見た後、あらわれた神の正体を知るための占いが行われ、出雲大神であることが判明する（第Ⅱ部第三章を参照）。

日本書紀の崇神天皇の段にも、オホモノヌシが登場するのだが、それはその初めての登場において、モモソヒメに憑依し、お告げをする。それにおいても、初めから神の正体がわかっておらず、天皇との問答によって、その正体が明かされることとなる（本章第三節）。

それに対して、古事記の崇神がオホモノヌシを夢にみる段において、示現した神の正体を知るための手続きがとられていない。すなわち、神が「是者、我之御心（是は我が御心ぞ）」というのだが、崇神はどの神の「御心」であるかをあえて聞くことはしないのである。このことは、崇神天皇は夢に登場した神の正体を既に認知していることを意味していると理解されよう。それは、崇神は神武とイスケヨリヒメの子孫であり、オホモノヌシの血を継いでいたことに起因しているのではないだろうか。

「神牀」とは「神託を得るために忌み慎んで寝る床」であり、[1]天皇が「愁へ歎きて」とあるところの「ウレヒ」とは「神と交流するための心身変容」の状態を示し、崇神は「己の肉体や意識を極度の緊張状態にもっていくことで[2]」大神と交流した。つまり、天皇はオホモノヌシの告げを聴くために精神的・身体的な準備を行い、神聖な場所である「神床」において神の告げを得たのである。ヤマトの大王にとってオホモノヌシとコミュニケートするための宗教的な力が重要であったことがうかがえる。

オホモノヌシの要求はオホタタネコによるその神への祭祀の実地であり、崇神はオホタタネコという人物を探し出す。

是以、駅二使班于四方一、求下謂二意富多多泥古一人上之時、於二河内之美努村一、見二得其人一、貢進。爾、天皇問賜之、汝者、誰子也、答曰、僕者、大物主大神、娶二陶津耳命之女、活玉依毘売一、生子、名櫛御方命之子、飯肩巣見命之子、建甕槌命之子、僕、意富多多泥古、白。於是、天皇、大歓以詔之、天下平、人民栄、即以二意富多々泥古命一、為二神主一而、於二御諸山一、拝二祭意富美和之大神前一。

（是を以て、駅使を四方に班ちて、意富多々泥古と謂ふ人を求めし時に、河内の美努村に、其の人を見得て、貢進りき。爾くして、天皇の問ひ賜はく、「汝は、誰が子ぞ」ととひたまふに、答へて曰ししく、「僕は、大物主大神の、陶津耳命の女、活玉依毘売を娶りて、生みし子、名は櫛御方命の子、飯肩巣見命の子、建甕槌命の子にして、僕は、意富多々泥古ぞ」と白しき。是に、天皇、大きに歓びて詔はく、「天の下平ぎ、人民栄えむ」とのりたまひて、即ち意富多々泥古命を以て、神主と為て、御諸山にして、意富美和大神の前を拝み祭りき。

〈古事記中巻、崇神天皇〉

崇神はオホタタネコを探し出し、彼がオホモノヌシの子供であったことを確認し、オホモノヌシを祭祀する神主とする。和田萃は、本来はヤマトの大王自らがオホモノヌシを祀っていたことを指摘し、オホタタネコを始祖とする三輪君による大神への祭祀は事後的に成立したものであり、大神の祭祀の制度化を意味すると述べる。(3) この指摘から、崇神天皇の段における記述はオホモノヌシに対する祭祀が制度として確立することを語っているととらえることができる。

崇神はオホタタネコに大神を祀らせてから、「天神地祇」の社を定め、国中と宇田との境にある神々への奉幣を行った。

又、仰㆓伊迦賀色許男命㆒、作㆓天之八十毘羅訶㆒〔此三字以㆑音也〕。定㆓奉天神・地祇之社㆒。又、於㆓宇陀墨坂神㆒、祭㆓赤色楯・矛㆒。又、於㆓大坂神㆒、祭㆓黒色楯・矛㆒。又、於㆓坂之御尾神及河瀬神㆒、悉無㆓遺忘㆒、以奉㆓幣帛㆒也。因㆑此而、役気、悉息、国家、安平也。
（又、伊迦賀色許男命に仰せて、天の八十びらかを作り、天神・地祇の社を定め奉りき。又、宇陀の墨坂神に、赤き色の楯・矛を祭りき。又、大坂神に、黒き色の楯・矛を祭りき。又、坂の御尾の神と河の瀬の神とに、悉く遺し忘るること無くして、幣帛を奉りき。此に因りて、役の気、悉く息み、国家、安らけく平けし。）

〈古事記中巻、崇神天皇〉

崇神はイカガシコヲに命令し、祭具の土器を作らせ、天つ神・国つ神の鎮座する社を定めた。さらに、宇田の墨坂神と大坂神に赤色と黒色の楯矛を、坂の御尾の神と河の瀬の神に忘れることなく幣帛を奉った。墨坂神は宇田のヤマトの交通上の要所、大坂神がヤマトと河内の交通上の要所にいる神である。坂や瀬の神々を境遇神というが、ヤマトの境にいる神々のことである。ここで崇神はヤマトの境界神の祭祀を行っていることがうかがえる。天神地祇の社が定められ、境界神への奉幣が行われると、「役気、悉息、国家、安平也（役の気、悉く息み、国家、安らけく平けし）」となったことが描かれている。

ここで注目されるのはこれらの神々への祭祀と奉幣はオホモノヌシの祟りをとくための手段として語られていることである。オホモノヌシはヤマトの地主神であり、当初その祭祀はヤマトの大王、神武自らが行っていた。崇神の代になると、オホタタネコが神主となり、この神への祭祀が制度として確立する。その時点で天つ神・国つ神への社が定まることは、天神地祇に対する祭祀システムの秩序化はオホモノヌシを中心として行われたことを意味しているととらえられる。

オホモノヌシの祟りを解く次の段どり（手段）として語られているのはヤマトの境界神を祀ることである。ここからは疫病神を入らせまいとする意図がよみとれよう。オホモノヌシは疫病を起こす神だが、祭られることにより、疫病を防ぐヤマトの守護神へと転じているのである。(4)

そしてそれと同時に境界神を祀ることは、ヤマトの国境そのものを決めることも意味する。(5) オホモノヌシを守護神へと転じさせ、天神地祇の祭祀を確立させ、ヤマトの地の範囲を決定していくことは崇神によるヤマトの国作りととらえることができる。こうした国作りはオホモノヌシの祭祀を中心に行われていることに注目しておきたい。

この神はオホクニヌシの国作りの段においても登場する。オホクニヌシの国作りの協力者であるスクナビコナが常世国へ去っていった後、オホクニヌシが自分一人で国作りができるのかどうかと悩んでいた時に、海を光らせて神が近寄ってきて、自らを祀る代わりに国作りに協力すると告げる。この神は自らの鎮座地を「吾者、伊二都岐奉于倭之青垣東山上一（吾をば、倭の青垣の東の山の上にいつき奉れ）」と指令し、「坐二御諸山上一神也（御諸山の上に坐す神ぞ）」と記述されていることから、三諸山（三輪山）の祭神、すなわちオホモノヌシであることがうかがえる。この神への祭祀を行うことは国作りをする上で不可欠であるという古事記の主張が読み取れよう。

ここまでみてきたように、崇神の代においてオホモノヌシの神の祭祀を中心にして、天神地祇の祭祀が確立し、ヤマトの境界神への奉幣が行われた。このことはヤマトを中心とする諸神への祭祀システムの成立・秩序化を意味し、さらにヤマトの国作りも意味していたのである。オホモノヌシの祭祀はヤマトの基盤をなすといえるだろう。では、日本書紀においてオホモノヌシの祭祀はどのように語られているのだろうか、次に考えてみたい。

2　日本書紀におけるオホモノヌシ

古事記におけるオホモノヌシは神武の代においてその正妃の父神として語られ、崇神の代にも疫病を起こす神として登場し、三輪山の祭神としてきわめて重要な位置を占めていることがみえてきた。それに対して日本書紀の神武の代にオホモノヌシが登場せず、神武が国つ神の代表であるコトシロヌシの娘を妃とする。崇神の代になると、ようやくオホモノヌシが登場するのだが、その描写は古事記と異なっているのである。以下、崇神紀における記述を確認し、検討を加えてみたい。

崇神の五年に、疫病が起こり、死亡者が人口の過半数に及んだ。百姓が流亡離散し、なかには反乱を起こす者も出てきた。その勢いは天皇の「徳を以ちて治め難」く、天皇は天神地祇に謝罪を請い願った。これよりも先のこととして、天皇はそれと同殿（宮中）で祭っていたアマテラスと倭大国魂の二神の神威を恐れて、それぞれをトヨスキイリビメとヌナキノイリビメに託して祭らせていたのであった。しかし、ヌナキノイリビメは髪が抜け落ち、体が痩せ細って神を祭ることができなかった。

七年になると、崇神は次のような詔勅を下したのである。以下は日本書紀の記述を取り上げてみる。

七年春二月丁丑朔辛卯、詔曰、昔我皇祖大啓二鴻基一。其後、聖業逾高、王風転盛。不レ意、今当二朕世一数有二災害一。恐朝無二善政一、取二咎於神祇一耶。盍下命神亀以極中致レ災之所由上也。於レ是天皇乃幸二于神浅茅原一、而会二八十万神一以卜問之。是時神明憑二倭迹迹日百襲姫命一曰、天皇何憂二国之不レ治也。若能敬二祭我一者、必当自平矣。天皇問曰、教二如此一者誰神也。答曰、我是倭国域内所居神、名為二大物主神一。

（七年の春二月の丁丑の朔辛卯に、詔して曰はく、「昔、我が皇祖大きに鴻基を啓きたまひ、其の後に聖業逾高く、王風転盛なり。意はざりき、今し朕が世に当りて数災害有らむとは。恐るらくは、朝に善政無くして、咎を神祇に取れるにか。盍ぞ命神亀へて災を致す所由を極めざらむ」とのたまふ。是に天皇、乃ち神浅茅原に幸して、八十万神を会へて卜問ひたまふ。是の時に、神明、倭迹迹日百襲姫命に憑りて曰はく、「天皇、何ぞ国の治らざることを憂へたまふや。若し能く我を敬ひ祭りたまはば、必当ず自平ぎなむ」とのたまふ。天皇問ひて曰はく、「如此教ふは誰の神ぞ」とのたまふ。答へて曰はく、「我は是倭国の域の内に居る神、名を大物主神と為ふ」とのたまふ。）

〈日本書紀巻第五、崇神天皇七年二月〉

崇神は、皇祖は神聖な業が高く、天皇の徳風も盛んだったのに、崇神の治世になってから災いに襲われたのは、自分には「善政」がないことへの天神地祇の咎ではないかといい、浅茅原に八百万の神々を集め、災害の理由を占った。するとモモソヒメに神が憑依し、自分を祀れば天下が平穏になるだろうと告げた。天皇は、それはどの神なのかと問うと「我是倭国域内所居神、名為二大物主神一。（我は是倭国の域の内に居る神、名を大物主神と為ふ）」と神が答えたのであった。

神武紀の分析からみえてきたように、日本書紀における天皇は「天」、「天神」、「天神地祇」の祭祀を通して統治を行っており、それは中国の皇帝制度を支えた天命思想の影響を受けている。

中国の皇帝制度をささえる天命思想では、徳を有する者は「天」に付託され皇帝・天子となり、天の意を代表し、天下を統治する。徳をなくすと当事者でなくなる。なぜなら、天は異なる有徳者を君主とすることが可能だからである[6]。

国家が乱れ、疫病が流行り、百姓が流亡離散し、反乱者も出てくるのは、天を代表し、人民を治めているという天皇の政がよくなかったことに起因するものと位置付けられ、天皇は天つ神に、自分の統治に何らかの不備があったのではないか、善政を行えなかったがための天神地祇の咎めを受けているのではないか、と問うている。このことは崇神自らが有徳者として適切であるか否かを問うのと同然のことであり、日本書紀の天皇の在り方は、「天」に付託され統治権を獲得するという中国の皇帝制度を支えた天命思想の影響を受けて成り立っていることがいえる。

古事記では疫病の流行はオホモノヌシの神の祟りによるものと説明されているだが、日本書紀では、天皇の「徳」および「政」の問題、さらに、天皇の統治に対する天神地祇による咎めの問題として把握されていることが、両書の相違するところであろう。

天下の乱れは皇徳のみでおさまらなかったので、天皇は天神地祇にその理由を問うために八百万の神々を浅茅原に集めて、占いをする。そこでオホモノヌシが示現し、自らへの祭祀を要求するのである。

崇神は神の教えの通りに祭祀を執行したが、効験が現れなかったため、崇神は沐浴斎戒し、殿内を清浄にし、もう一度神の教示を請うた。すると、再びオホモノヌシが現れ、国が治まらないのは「吾が意」だといい、オホタタネコをして自分を祀れば、国が穏やかになるだろうと告げた。同年の八月にモモソヒメ、オホミナクチ、イセノヲミの三人は同じ夢をみたと奏上してきて、その夢に貴人が、オホタタネコをオホモノヌシを祀る神主とし、イチシノナガオチを倭大国魂神の神主とすれば、天下は太平になるだろうと教示したといった。そこで天皇はオホタタネコを見つけ出し、それをオホモノヌシを祀る神主とし、イチシノナガオチを倭大国魂神を祀る神主としたのであった。

この内容をまとめると、一旦試みられたオホモノヌシへの祭祀は成功しなかったため、天皇は自ら神をまねき入れ、夢でその教示を得た。さらに、モモソヒメを筆頭に三人の臣下が同様の夢を得たことでオホモノヌシの要求が具体化したことがみえる。オホモノヌシの祭祀に加え、倭大国魂神への祭祀も要求されたのであった。

倭大国魂神とはヤマトの国魂を代表する神という意でヤマトの国土鎮護の神である。[7] オホモノヌシも三輪山の祭神でヤマトの土地神である。[8] モモソヒメに取り憑いたときにこの神は「我是倭国域内所居神、名為㆓大物主神㆒。（我は是倭国の域の内に居る神、名を大物主神と為ふ）」と託宣しており、オホモノヌシはヤマトの国魂を担う倭大国魂神と同神であるととらえても問題ないだろう。それには二つの神名が与えられていることは、この神の二つの分霊を意味しているととらえることができる。[9] 同じ神の二つの側面がそれぞれ異なる祭主を求めていると解することになろう。

　神の要求が具体化したところで、オホモノヌシが祟りをなした原因も見えてこよう。神は自分に対する祀りの在り方へ不満をもっていたのであった。疫病が流行り出す前の段階において、崇神は倭大国魂神を自らの殿から離れさせ、ヌナキノイリビメに憑けて祀らせたのだが、ヌナキノイリビメは痩せ細り、それを祀ることができなかった。このことは、オホモノヌシはヌナキノイリビメを自らの祭祀者として受け付けなかったことを意味していよう。オホモノヌシは自らの子孫による祭祀をもとめていたため、オホタタネコによる祭祀の実行を天皇に要請した。すなわち、祭祀者をめぐる神の不満が神の意を表したことの要因であると解することになろう。[10]

　オホモノヌシの示現は疫病を伴っていた。本来祟りとは「たつ＋あり」の意であり、神が現れることを意味する。[11] 必ずしも神が神罰を与えるという意ではなく、神が自らの意を伝えるために顕現することの意である。疫病とは神の顕現を伴う現象として理解される。

　こうした神の顕現と意思表示の日本書紀における捉え方が注目されよう。天皇の統治体制の不調として説明されている。天皇は「善政」を行えなかったことに対する咎めとしてオホモノヌシの「意」が現れたというのである。「皇祖」は、「聖業逾高く、王風轉盛なり」、つまり、神聖な業が高く、天皇の徳風も盛んだったが、崇神朝になると災害が発生した。オホモノヌシの祟りは天皇による政治システムを乱すものとしてとらえられているのである。そして、天皇は自ら主導者となり、八百万の神々や多くの臣下を取り巻くことによって、「政」の秩序における乱れを解除する。その様子を日本書紀は次のように記述する。

十一月丁卯朔己卯、命二伊香色雄一、而以二物部八十手所レ作祭神之物一。即以二大田田根子為下祭二大物主大神一之主上、又以二長尾市一為下祭二倭大国魂神一之主上。然後卜レ祭二他神一、吉焉。便別祭二八十万群神一、仍定二天社・国社及神地・神戸一。於レ是疫病始息、国内漸謐、五穀既成、百姓饒之。

（十一月の丁卯の朔にして己卯に、伊香色雄に命せて、物部の八十手が作れる祭神之物を以ちて、即ち大田田根子を以ちて大物主大神を祭る主とし、又長尾市を以ちて倭大国魂神を祭る主としたまふ。然して後に、他神を祭らむと卜ふに、吉し。便ち別に八十万群神を祭り、仍りて天社・国社と神地・神戸を定めたまふ。是に疫病始めて息み、国内漸に謐り、五穀既に成りて、百姓饒ひぬ。）

〈日本書紀巻第五、崇神天皇七年十一月〉

八年十一月に、崇神は物部が造った祭具を使って、オホタタネコをオホモノヌシの神主とし、ナガヲチを倭大国魂神の神主とした。その後に、他の神を祀るべきかと占ったところ、「吉」と出たので、八十万の神々を祀り、天社・国社と神地・神戸を定めた。こうして疫病がやみ、国内が静穏になり、五穀が実り、百姓が豊穣になったのである。

崇神が祭祀する「八十万の神々」とは崇神紀の七年の条に既に登場しており、崇神は疫病の原因を知るために「幸二于神浅茅原一、而会二八十万神一以卜問之。（神浅茅原に幸して、八十万神を会へて卜問ひたまふ）」という記述にみられる。このことは、疫病が流行りだす前から、八十万の神々は天皇の秩序に組みこまれており、その祭祀は既に行われているものとして描かれていることがうかがえよう[12]。前章で分析した通り、神武がヤマトに進出するために、天香山の土から祭具を作り、「天神地祇」を祭ることが描かれる。すなわち、崇神による神々への祭祀は、新しく創設されるものだったのではなく、神武の代から引き継がれているものであることがみてとれよう[13]。しかし、ここで、崇神は社を決め、神戸などを決めることは、神々への祭祀の新たな在り方を意味しており、その制度化を意味するととらえられるのである。

前記の考察をまとめると、日本書紀では八十万の神々は既に天皇に主導される存在として描かれており、オホモノヌシへの祭祀は既に天皇の祭祀秩序に抑えられていることがみえてきた。オホモノヌシもこのシステムの一員として位置付けられており、それが祟ったのは自分への祭祀の在り方の変化を求めたためであると解することになる。

オホモノヌシが崇神の政治・祭祀秩序に取り組まれている存在であることを次の記事からもうかがい知ることができる。

冬十二月丙申朔乙卯、天皇以二大田々根子一令レ祭二大神一。是日、活日自挙二神酒一、献二天皇一。

仍歌之曰、

許能瀰枳破　和餓瀰枳那羅孺　椰磨等那殊　於朋望能農之能　介瀰之瀰枳　伊句臂佐　伊句臂佐

〈冬十二月の丙申の朔にして乙卯に、天皇、大田田根子を以ちて大神を祭らしめたまふ。是の日に、活日自ら神酒を挙げて、天皇に献る。仍りて歌して曰はく、

此の神酒は　我が神酒ならず　倭成す　大物主の　醸みし神酒　幾久　幾久といふ〉

〈日本書紀巻第五、崇神天皇八年十二月〉

八年一二月に天皇はオホタタネコにオホモノヌシを祀らせた。この日に大神の掌酒〈サカビト〉に任命されていたイクヒ自らが神酒を捧げて、この神酒は私が醸造した神酒ではなく、「倭成す」オホモノヌシの醸した神酒であることを歌い、天皇に神酒を献上した。

歌の中でオホモノヌシは「倭成す」神として歌われ、ヤマトを造った神、その国魂を担う存在であることがうかがえる。その神自らが醸した酒を飲む天皇にはヤマトの地の霊力が付与されるとみることができる。[14] その土地でとったものを天皇に献上することは服属儀礼を意味する。[15] ヤマトを作った神がオホモノヌシであり、それが自らの醸した酒を献上することは、オホモノヌシとヤマトの地の天皇への服属を意味するのではないだろうか。天皇がヤマトを服属したことを改めて確認させる記事であるといえるだろう。

崇神紀におけるオホモノヌシは服属神として描かれていることがみてとれた。その意によって国家の秩序が一旦乱されたのだが、天皇の祭祀により安泰が得られた。国家の運営は天皇のもとにあり、土地神は天皇の祭祀システムに組み込まれ、その中で限定された位置をしめるものとして描かれているのである。

このように古事記と日本書紀においてオホモノヌシへの祭祀の実行および神々への祭祀の制度化

が語られているが、ヤマトの土地の神であるオホモノヌシの位置づけが両書によって異なっていることがみえてくる。

古事記では、ヤマトの地主神、オホモノヌシへの祭祀を通して祭祀制度が確立する。さらに、ヤマトの境界が決められ、境界神が祭られることによって、天下＝ヤマトが成立するのである。古事記においてはオホモノヌシを祭祀することは天下の成立そのものにかかわる重要な役割を与えられている。[16]この神を祭ること自体はヤマトを拠点とする「国作り」を意味しており、そのためこの神を血統に取り入れる必要があったのである。

それに対して日本書紀では、天神地祇、八十神への祭祀はすでに天皇によって行われるものとして描かれ、崇神が祟りが解消する前から八十万を集め、それを主導している。八十万の神々は天皇の秩序の中におさめられているものとして位置付けられているのである。オホモノヌシは出現し、自分への祀りの在り方を変えることを要求するのだが、その祟りは天皇の秩序を乱す。崇神の代には、その先祖が徳をもって統治してきたことが明記されている。ヤマトは既に徳でもって統治されてきている。疫病流行は秩序を乱すが、そのことは、天下＝ヤマトが成立するか否かの問題にはならない。[17]日本書紀におけるヤマトは天香山に象徴され、天つ神への祭祀によって保証されているからである。

前章でみてきたように、古事記および日本書紀において天皇の土地の神々との接し方が異なっている。その相違は中国的発想に根拠付けられた日本書紀の天皇像の確立に対する反発としてとらえることができる（第Ⅱ部第一章）。

日本書紀の天皇像の確立によって失われたであろう、ヤマトの在り方を古事記は回復しようとし、ヤマトをオホモノヌシという地主神が住まう荒ぶる世界としてとらえ、天皇（神武、崇神）はその神の威力を自ら制御するものとして描写する。日本書紀は「天」、「天つ神」の祭祀を通して、ヤマトを征伐し、天下を治めている天皇像を語るのに対し、古事記のヤマトは荒ぶる世界であり、それとコミュニケートすることが天皇の支配を可能とする要因であるといえるだろう。

日本書紀のオホモノヌシは朝廷の祭祀秩序に組み込まれている神であり、疫病を起こすと描かれながらも、最終的に天皇へと服属を示すという神として描かれている。こうしたオホモノヌシの在り方によって失われた世界を回復しようとし、古事記はモノの主である神をヤマトの国作りの基盤に据えているとみることができる。

第三章

出雲を訪問する御子——垂仁天皇にみる出雲大神の祭祀

1　出雲大神の祟り

ホムチワケは垂仁とサホビメの間に生まれる。異母兄であるサホビコから垂仁の殺害を迫られるサホビメは、垂仁が眠っている間に小刀で刺そうとする。不信な夢を見た垂仁は目覚め、サホビメから二人による謀反を打ち明けられ、軍勢を集めてサホビコを討とうとする。兄への思いをおさえきれなかったサホビメは、裏門から逃げていき、サホビコが天皇軍を迎え戦うために作った「稲城」の中に入っていく。そして、そこで子供を出産するのである。

火が燃え盛る中で生まれたことから、子供にホムチワケの名が付けられる。火中出生といえば、ホノニニギの妻コノハナノサクヤビメが産屋に火をつけて出産に挑んだことが想起される。サクヤビメはホヲリ、ホデリ、ホスセリを出産するが、それらが異常出生したことは、天つ神の子であることの証明であり、天つ神の血を継ぐ神聖な存在であることを意味していた。[1] ホムチワケもそれらと同様、皇位を継ぐべき存在、「御子」として誕生したのである。[2]

ホムチワケは「然、是御子、八拳鬚至二于心前一、眞事登波受〔此三字以レ音〕。（然くして、是の御子、八拳鬚の心前に至るまでに真事とはず）」と語られるように、大人になっても物をいうことができなかった。このことは内面的、精神的な未熟さととらえる見方もあるが、ここにおいては、体内に魂が内在していないことを意味するととらえる指摘が妥当であろう。天皇が船に御子を乗せて遊ばせている場面が描かれているが、それには魂を活性化させるためのタマフリの行事としての意味があると解釈される。このことから、御子の言語能力の欠如は体内での霊魂の不在を意味するととらえる見解が的を射ていると考えられる。[3] さらには、垂仁の御子として誕生した存在であることから、ホムチワケには大王としての霊威・霊魂が身についていなかったととらえても問題がないだろう。[4]

御子を池に浮かべて、遊ばせていたとある日、御子は白鵠の鳴く声をきき、はじめて片言をいった。垂仁はその白鵠を捕まえさせたのだが、ホムチワケの言語障害が回復しなかった。菊池照夫によると、朝廷においては各地方から白鳥を貢納する儀礼があり、それには、霊威を付着させ、大王としての資格を付与するという「即位儀礼的な意味」があったとしている。[5] このようにみてくると、ホムチワケが鳥を献上されても、言語障害は回復しなかったのは、ヤマトの大王としての霊魂が内在せず、それを付着させられても効果が生じなかったと解釈することになろう。

そこで、天皇の夢に大神が示現するが、その神託によってホムチワケの言語障害は神の「祟り」によるものであることが発覚する。以下、古事記の記述を確認してみる。

於是、天皇、患賜而、御寝之時、覚二于御夢一曰、修二理我宮一、如二天皇之御舎一者、御子、必真事登波牟、〔自レ登下三字以レ音〕。如此覚時、布斗摩邇々占相而、求二何神之心一、爾祟、出雲大神之御心。

（是に、天皇、患へ賜ひて、御寝しませる時に、御夢に覚して曰はく、「わが宮を修理ひて、天皇の御舎の如くせば、御子、必ず真事とはむ」と、如此覚す時に、ふとまにに占相ひて、何れの神の心ぞと求めしに、爾の祟りは、出雲大神の御心なりき。）

〈古事記中巻、垂仁天皇〉

この「祟り」とは、ホムチワケが、サホビメとその同母の兄であるサホビコとの結婚によって生まれたことに対する神からの神罰だと三浦佑之によって説かれている。[6] しかし、本来は「祟り」と神罰とは異なる意味を持っていた。折口信夫は「祟り」とは「たつ」に「あり」が複合した形であり、ただ神意が現れることを意味するという。[7] 神が出現し、自分の意思を表明するのが本来「出雲の大神」の祟りが意味することである。松本弘毅はそれを受けて「出雲の大神」が祭祀を求めており、それを知らせるために祟ったと指摘する。[8]

ここで古事記上巻の国譲りの段に、地上世界の主であったオホクニヌシと高天原の神々によって交わされた約束が想起される。オホクニヌシが国を譲る代わりに、神殿の建設を要求するが、それに対して高天原の神々は「天の御舎」を造営し、クシヤタマを通してオホクニヌシへの祭祀を実行する。だが、垂仁の代になると、出雲大神が祟り「修㆓理我宮㆒、如㆓天皇之御舎㆒者、御子、必真事登波牟（わが宮を修理ひて、天皇の御舎の如くせば、御子、必ず真事とはむ）」と教示することは、神代に交わされた約束が守られず、宮殿が荒れ果てていたためであると解することになろう。[9] 出雲大神を祭るのはヤマトにとって自らの支配を維持するのに不可欠なことであった。

出雲大神の祟りはホムチワケ自身にとっても重要な意義を有していたことも見過ごせない。御子の言語障害は出雲大神の祟りによるものとして理解される一方で、御子の神性を意味するととらえることが可能である。日本書紀天武紀元年七月条の記事では許梅という人物がものを言うことができなかったが、三日後に神が憑いて、託宣を下したという記事が掲載されている。[10] これに関して大久間喜一郎は「神が憑依して託宣をなすとき、神の尸童となる人は、暫くの間啞のようになると信ぜられていた」と指摘している。[11]

神の領域へと踏み入る者は、その特殊な能力を持つようになるために、霊界によるイニシエーションを体験する。そのイニシエーションのきっかけとなるのは自らを導いていく神に選ばれることである。その「選択」(指名)は巫病という形で実現する。[12] ホムチワケにとって言語障害を負うことは「巫病」としての意味を持ち、出雲の大神の祟りとは、まさに「神に選ばれる」ことを意味していたのだろう。ヤマトの大王としての霊威が内在していなかった御子は出雲の大神に導かれ、出雲を訪問する役割を担うこととなったのである。

2 ホムチワケによる出雲訪問

ホムチワケは出雲につき、「出雲の大神」を拝み、帰ろうとしたときに、出雲国造の祖先、キヒサツミから「大御食」を献上される。その様子は以下のように描かれている。

故、到二於出雲一、拝二訖大神一、還上之時、肥河之中、作二黒樔橋一、仕二奉假宮一而坐。爾、出雲国造之祖、名岐比佐都美、餝二青葉山一而、立二其河下一、将レ献二大御食一之時、其御子詔言、是、於二河下一、如二青葉山一者、見レ山、非レ山。若坐二出雲之石硐之曾宮一葦原色許男大神以伊都玖之祝大廷乎、問賜也。

（故、出雲に到りて、大神を拝み訖りて、還り上る時に、肥河の中に、黒き樔橋を作り、仮宮を仕へ奉りて坐せき。爾くして、出雲国造が祖、名は岐比佐都美、青葉の山を餝りて、其の河下に立て、大御食を献らむとせし時に、其の御子の詔ひて言ひしく、「是の、河下にして、青葉の山の如きは、山と見えて、山に非ず。若し出雲の石硐の曾宮に坐す葦原色許男大神を以ちいつく祝が大庭か」と、問ひ賜ひき。）

〈古事記中巻、垂仁天皇〉

ホムチワケの伴人が「肥の河」のなかに黒い樔橋を作り、仮宮を造営し、そこにホムチワケをお据えする。出雲の国造の祖先、キヒサツミは青葉の茂る山の形を飾り物として作り、肥河の下流域に仮宮を建て、「大御食」を奉る。そのとき物の言えないホムチワケははじめて言葉を発する。その言葉とは、この青葉の山のようなものは山に見えて、本物の山ではない。アシハラシコヲの大神を祭り仕えている神主の祭場か、である。共に遣わされた王たちは御子の言葉を聞き、非常に喜び、それを知らせるために天皇へと使者を送った、という内容である。

なぜ「肥の河」に橋が作られ、そこで造営された宮に御子が据えられるのだろうか、キヒサツミが「大御食」を献上するときになぜ「青葉の山」をかざらなければならないのだろうか、そして、御子の発する奇妙な言葉は何を意味しているのだろうか。考察を試みたい。

先行研究のなかでは、キヒサツミがホムチワケに「大御食」を献上することは地方豪族である出雲豪族のヤマトに対する服属儀礼を意味すると説かれてきた。[13] すなわち、古事記中巻は、いかにヤマトは地方を服従させていったのかを主題とし、その一環として垂仁の御子であるホムチワケへの出雲豪族の服属を描いているとする見解である。[14] しかし、ホムチワケの発する言葉に注目すると、先の解釈とは異なった位置づけが可能であることがみえてくる。

キヒサツミは「餝二青葉山一而、立二其河下一（青葉の山を餝りて、其の河下に立て）」たとあるが、「青葉の山」とは「貴人や神を迎えるための依代の森」を意味し、西宮一民はそれを天皇の使者であるホムチワケに献上されるものと解釈する。[15] しかし、その「依代の森」とは天皇のみならず、神をも対象にしているもので、ここでは、神を呼び寄せるために造った祭具としてとらえることが可能である。ホムチワケとキヒサツミの描写から神を迎える様子を探りたい。

御子のために橋が建てられるが、橋とは異界へと渡っていく一つの手段としての意味を持ち、[16] 川も人間界と霊界を仕切るものとして語られることが多く、どちらも両世界をつなぐ役割を担っている。[17] 川の上に橋を建てられ、物忌のための仮宮[18]に据えられたホムチワケの描写からは、神への領域に踏み込んでいる者の姿をよみとることができる。

ホムチワケはキヒサツミが準備していた「青葉の山」を指し、「是、於二河下一、如二青葉山一者、見レ山、非レ山（是の、河下にして、青葉の山の如きは、山と見えて、山に非ず）」と発する。その言葉は「若坐二出雲之石硐之曾宮一葦原色許男大神以伊都玖之祝大廷乎（若し出雲の石硐の曾宮に坐す葦原色許男大神を以ちいつく祝が大庭か）」と続くのだが、それに関しては、依り憑いた神が自分を名乗り、さらに、「出雲の石硐の曾宮」というように自分の鎮座する場所を明かしているものとして理解される。すなわち、神がホムチワケの口を借り、自らを呼び寄せた祭具を指し、それが自分を祭り上げる神主の祭場なのかと聞いているととらえることになる。こうしてホムチワケを通して示現したのは、その発話に名の見えるアシハラシコヲの大神だったと理解されよう。

アシハラシコヲとはオホクニヌシ、すなわち出雲大神の別名である。[19] 西郷信綱はアシハラシコヲのシコヲは醜男であり、それには黄泉国の醜女と同様鬼類のものの意がこめられているとする。アシハラシコヲに関しては、それはオホクニヌシと同神でも、この文脈のなかではオホクニヌシとは言いかえることのできない「まだ神殿に住さぬデーモンである」と述べている。[20]この指摘から、アシハラシコヲとはオホクニヌシの荒ぶる分霊[21]であるととらえることができよう。

前記の考察をまとめると、キヒサツミは神を呼び寄せるための祭具を肥河の「河下」に建て、出雲の大神を呼び寄せ、その荒魂が肥河の河下の仮宮に据えられていたホムチワケに憑依したことがうかがえる。キヒサツミからは荒魂の激しい勢いをコントロールし、それをホムチワケに憑依させている司霊者[22]としての姿がみてとれ、ヤマトから派遣されたホムチワケはアシハラシコヲの依り代としての役割を担っていることがうかがえるのである。すなわち、キヒサツミはヤマトの御子であるホムチワケに服属を示すために「大御食」を献上したのではなく、出雲の大神を呼び寄せるためのご馳走として「大御食」を用意し、大神をヤマトから派遣された御子に憑依させたのである。

3　ヤマトと出雲

出雲大神の荒ぶる霊威を制御しているキヒサツミとはどのような存在なのだろうか。キヒサツミが古事記および日本書紀を通して登場する箇所は古事記の当該条のみである。当該条ではキヒサツミは「出雲の国造の祖」と記載されていることが、この人物に関する考察の手がかりとなろう。

出雲国造の祖先神といえば意宇を拠点とする出雲東部の国造の祖先神、アメノホヒが想起される。

アメノホヒは日本書紀第六段に「出雲臣・土師連等が祖」、第九段一書第二においてオホナムチの祭祀を委任される者として記述され、また出雲国造神賀詞に「出雲の臣等が遠つ神」として記されている。しかし、古事記の当該条では出雲国造の祖神としてアメノホヒではなくキヒサツミが登場させられている。それはなぜなのだろうか、という疑問が起きてくる。

キヒサツミが神を呼び寄せる祭具をおいた場所は肥河の「河下」である。肥河（斐伊川）は出雲西部を流れる大河であり、その下流域は旧来、出雲西部の勢力が拠点を置いていたところであった。それに加えて、アシハラシコヲの託宣の「若坐二出雲之石硐之曾宮一葦原色許男大神以伊都玖之祝大廷乎（若し出雲の石硐の曾宮に坐す葦原色許男大神を以ちいつく祝が大庭か）」とあるところの「出雲の石硐の曾宮」の所在地も肥河（斐伊川）の下流域にあり、がんらい出雲西部の首長がオホナムチを祀っていた斎場と一致する。[23]

斐伊川と神門川の下流域は出雲平野を形成しており、それを中心に出雲西部の勢力は栄えていた。荒神谷遺跡の大量の青銅器群（銅剣三五八本・銅鐸六個・銅矛一本）が発掘されたが、それを所有していたのは出雲平野を生活圏としていた勢力であったことが知られている。[24]出雲西部の政治集団はヤマト政権に脅威を与え続けてきた強大な対立者であった。[25]

出雲西部の神奈備山（聖なる山・神が宿る山）は仏経山であり、出雲国風土記の出雲郡に仏経山の山嶺にキヒサカミタカヒコの社があることが記されている。キヒサカミタカヒコは本来オホナムチの祭祀権を掌握していた出雲西部の神門氏の祖先神であり、[26]古事記の垂仁天皇条に登場するキヒサツミと同人物であることは本書第Ⅰ部第二章に見た通りである。

右の考察をまとめると、古事記の当該条では、ホムチワケが出雲大神の荒魂に憑依されることが描かれ、そのプロセスをコントロールしている者として出雲西部の首長に通じるキヒサツミが登場させられていることがうかがえる。すなわち、古事記はヤマト朝廷に従順な出雲東部の勢力とその首長（新国造）の祖先神、アメノホヒによる出雲の祭祀を描写しているのではなく、ヤマトのかつての対立者であった出雲西部の勢力を描き出し、その首長による出雲大神の祭祀の様子を伝えているのである。

ホムチワケは出雲大神を拝むために派遣されるのだが、その荒ぶる魂に憑依されてしまう。この描写からは、出雲大神の祭祀権はまだヤマトに属せず、ヤマトの秩序におさめられていないことがみえてくる。古事記における出雲は出雲大神の荒魂が住まう世界であり、その主導権・祭祀権はかつての強大な対立者であった出雲西部の首長によって掌握されているものとして描写されていることがうかがえるのである。

では、なぜホムチワケが出雲を訪れなければならなかったのだろうか。以下はホムチワケの出雲におけるその後の展開に目を向け、考察をすすめていく。

4　ヒナガヒメとの結婚

ホムチワケはヒナガヒメと結婚をすることとなる。以下、古事記の文をとりあげて、確認しよう。

爾、其御子、一宿、婚㆓肥長比売㆒。故、窃伺㆓其美人㆒者、蛇也、即、見畏遁逃。爾、其肥長比売、患、光二海原一、自レ船追来。故、益見畏以、自二山多和一、〔此二字以レ音〕。引二越御船一、逃上行也。

（爾くして、其の御子、一宿、肥長比売に婚ひき。故、窃かに其の美人を伺へば、蛇なり。即ち、見畏みて遁逃げき。爾くして、其の肥長比売、患へて、海原を光して船より追ひ来つ。故、益々見畏みて、山のたわより、御船を引き越して、逃げ上り行きき。）

〈古事記中巻、垂仁天皇〉

ホムチワケはヒナガヒメと一夜を過ごすのだが、蛇であったその姿を見てしまい、恐怖をなして逃げていく。ヒナガヒメは海原を照らして、船でそれを追っていくのだが、御子は恐怖が増していき、山の鞍部から船を引き、ヤマトへ逃げかえってしまう。

肥長比売の名義だが、「肥」とは肥河に住むの意であり、「長」とは蛇であることを意味する。[27] 肥河自体は蛇にたとえられることが多く、上巻に登場するヤマタノヲロチも流れの荒い肥河を象徴するものとして解される。[28] ヒナガヒメは肥河に住む蛇として、肥河そのものを象徴していることがみてとれる。

第Ⅰ部第二章でみてきたように、肥河の流域はがんらいオホナムチの信仰圏であり、かつて出雲西部の勢力が栄えていた地であった。出雲西部の聖なる河そのものを象徴するヒメと御子が結婚することはまさに、御子の王へと成長していくために不可欠な資格・力の獲得を意味していたことがいえよう。[29]

吉井巖は神秘的な出生、その奇跡的な回復、さらに、ヒナガヒメとの聖婚は、王の即位を語るのに相応しい内容であるとし、ホムチワケはかつての大王の姿がよみとれる存在であるとし、王朝の始祖像として位置付けている。[30]

右の指摘の通り、ホムチワケの物語は王への成長過程としてとらえられるが、ここで注目されるのは、その成長が出雲の聖地において実現している点であろう。本章の冒頭に見てきている通り、ホムチワケの言語能力の欠如はその大王としての霊魂の皆無によるものであり、言語能力の回復は大王としての霊魂の付与を意味していた。その霊魂とは、キヒサツミという出雲国造の祖先神が出雲大神を御子に憑依させ、その呪能を付与することによって、はじめて付着されたものであると理解するべきであろう。すなわち、ホムチワケは出雲大神の霊威によって導かれ、出雲の王へと成長していくのである。

この物語そのものは大きな矛盾をはらんでいると言わざるを得ない。川副武胤は古事記においてホムチワケの他に「御子」とよばれるのは倭建御子、穴穂御子と応神であり、すなわち天皇と同等な扱いを受ける者、または天皇となる人物に限定されて用いられていることを指摘する。[31]このことから、ホムチワケも天皇の位を受け継ぐ者として古事記において設定されていることがうかがえる。しかし、ヤマトの天皇の血を継ぎ、次代天皇となるはずの存在として位置づけられているホムチワケが、何故出雲の王へとなっていくという展開にならなければならないのだろうか。

この矛盾をとくために、ヤマトと出雲の関係性に関して示唆を与える論点、出雲国造による神賀詞奏上儀礼を手掛かりとしてみたい。第一部において既述しているが、八世紀初頭において、[32]神賀詞奏上は天皇の即位に近い時期に行われる例がほとんどで、天皇の国土支配の正当性を保証する意義を荷っていた。[33]神賀詞奏上は献物の献上を伴い、それには天皇の出雲大神の呪能を付与する意義、[34]または宝物に潜められている霊威を天皇に付与する意義[35]を担うものとしてとらえる見方が成立している。

この儀礼が意味するもの、すなわち出雲大神が天皇に呪能を付与し、その支配の正当性を保証するという認識を物語の次元に置き換えると、御子の大王としての魂は出雲大神の霊威によって付着するというストーリーの誕生が容易に想像される。すなわち、古事記がホムチワケの出雲訪問にたくしているものとは、ヤマトの大王となるものの一つの資格（条件）として出雲大神による呪能・霊威の付与を必要としていることを示すことだったのではないだろうか。

本部第一章からみてきているが、日本書紀の天皇像は中国の皇帝制度をささえた天命思想、王化思想に彩られている。次節においても考察するが、日本書紀における天皇と出雲豪族との関係も、出雲豪族の完全な服属というように把握されている。こうした日本書紀の天皇像と天皇と地方豪族の関係（接し方）が確立することによって失われた世界を再創出する意図のもと、出雲とヤマトの関係性がクローズアップされたのではないか。その結果、出雲大神によって霊威を付与され、大王へと誕生するホムチワケの物語が古事記を特徴づけるものとして求められたのではないだろうか。すなわち、日本書紀にない世界を根拠づけるために、古事記は出雲大神をいつき祭る王の創出が必要であった。その意図とは、かつての大王の在り方に回帰しつつ、豪族に認証され、はじめて天皇としての立場を獲得するという大王像の創出だったと考えられる。それに、かつての強大な対立者であった出雲西部の勢力を描き出すモチーフが重なり、出雲大神の祟りによって出雲に導かれ、その荒魂に憑依され、大王へと成長するというホムチワケの物語が誕生したのではないだろうか。

しかし、ホムチワケはヒナガヒメと神婚を実現させるも、その真の姿を見てしまい、恐怖をなして逃げていく。御子はヒメとの婚姻や、王としての資格を自ら破棄してしまう[36]。すなわち、ホムチワケは出雲の王になりきることができなかったのである。

御子はヤマトへと帰還するが、皇位を継ぐこともなく、子孫を残すこともない。出雲の聖地でイニシエーションを得た御子はヤマトの王の系譜から削除されていくのである。

ヤマトの大王の正当性を保証することに主眼をおく古事記は、出雲の聖地で王となったホムチワケに皇位を継がせることができなかった。旧来の出雲とヤマトの関係に回帰したいという意図がある一方で、ヤマトの大王の正当性を疑わせるわけにはいかない。こうした葛藤が、ホムチワケを出雲のヒメと結婚するも、ヤマトへ逃げかえってしまうという存在へと変えていったのではないだろうか。神と人、出雲とヤマトのはざまにおかれ、どちらの王の座も手に入れることができなかったという物言わぬ御子の物語は不毛な結末を迎えざるをえないのである。

これまでに古事記におけるホムチワケをみてきたのだが、次に日本書紀におけるホムチワケと出雲大神への祭祀の在り方についてみていきたい。

5　日本書紀における出雲

日本書紀におけるホムチワケに関する記述をみることができる。垂仁の御子として誕生するホムチワケは「是生年既三十、髯鬚八掬、猶泣如レ児（是生れて年既に三十、八掬髯鬚にして、猶し泣つること児の如し）」と描かれ、古事記と同様、物をいうことのできない御子であった。だが、日本書紀ではホムツワケは鵠が空を飛ぶのをみて、言語障害が回復する。以下はその記述を取り上げてみたい。

冬十月乙丑朔壬申、天皇立二於大殿前一、誉津別皇子侍之。時有二鳴鵠一、度二大虚一。皇子仰観レ鵠曰、是何物耶。天皇則知二皇子見レ鵠得レ言而喜之、詔二左右一曰、誰能捕二是鳥一献之。

（冬十月の乙丑の朔壬申に、天皇、大殿の前に立ちたまへり。誉津別皇子侍り。時に鳴鵠有りて、大虚を度る。皇子仰ぎて鵠を観して曰はく、「是何物ぞ」とのたまふ。天皇、則ち皇子の鵠を見て言ふこと得たりと知しめして喜びたまふ。）

〈日本書紀巻第六、垂仁天皇二十三年十月〉

ホムチワケは大空を渡る鵠をみて「是何物ぞ」と言葉を発する。天皇はホムチワケが「言ふこと得たり」、つまり言語障害が回復したとして喜んだことが記述されている。古事記では言語障害は出雲大神の祟りによるものとされるのに対して、日本書紀では出雲大神による祟りが記されず、ホムチワケは鵠をみることで物が言えるようになり、出雲を訪問することも描かれない。

　このことは古事記と日本書紀における国土の創造神、オホナムチに対する態度の相違に起因しているといえる。古事記では高天原の神々がオホクニヌシに国を譲ってもらう代わりに、それを祭祀する。中巻になると、垂仁の夢に出雲大神が現れ、「修二理我宮一、如二天皇之御舎一者、御子、必真事登波牟（わが宮を修理ひて、天皇の御舎の如くせば、御子、必ず真事とはむ）」と自分の宮殿の修理を要求するのである。高天原の神々が約束を交わしたのに、それを守れず、祭祀をおろそかにしていた。そのため垂仁の代になると、出雲大神が祟りを起こし、御子を病気にさせたのであった。このことから、古事記では、オホクニヌシは高天原の神々、さらにその子孫である天皇に祭祀される存在として位置付けられていることがうかがえるのである。[37]

それに対して、日本書紀の神代にはオホナムチは国を天つ神に献上し、服属を示すのみの存在として語られている。天つ神がオホナムチが鎮まる宮殿を造営し、それを祭祀することが描かれないのである。こうした神代を受け継ぐ天皇の代においても、オホナムチは祭られる神として描かれない。垂仁の御子、ホムチワケの言語障害が鵠をみることで回復し、出雲大神の祟りや御子による出雲訪問が描かれないのは、神代と一つの論理のもと記述が編まれているためであるといえる。日本書紀におけるオホナムチは服属神であり、天つ神によって祭祀されることはない。このように古事記と日本書紀では、天つ神のオホナムチ（オホクニヌシ）との接し方が異なっていることがうかがえる。古事記はそれらを鎮め祭るのに対して、日本書紀は服属させるのである。

垂仁紀は出雲大神に関する記述を掲載しないのだが、垂仁の前代の崇神の代は出雲大神の祭祀に関する記述を載せている。だが、その描写は古事記と大きく異なっているのである。以下は崇神紀における出雲大神に関する記述を分析してみたい。

六十年秋七月丙申朔己酉、詔二群臣一曰、武日照命〔一云、武夷鳥。又云、天夷鳥〕。従レ天将来神宝、蔵二于出雲大神宮一。是欲レ見焉。則遣二矢田部造遠祖武諸隅一、〔一書云、一名大母隅也。〕而使レ献上。

（十六年の秋七月の丙申の朔にして己酉に、群臣に詔して曰はく、「武日照命〔一に云はく、武夷鳥といふ。又云はく、天夷鳥といふ〕。の天より将来れる神宝、出雲大神の宮に蔵めたり。是見まく欲し」とのたまふ。則ち矢田部造が遠祖武諸隅を遣して、〔一書に云はく、一名は大母隅なりといふ。〕献らしむ。）

〈日本書紀巻第五、崇神天皇六十年七月〉

天皇は出雲大社に収められている神宝を見たいといい、タケモロスミを出雲へ派遣する。出雲大社の神宝を管理していたイヅモフルネが、天皇の使者が来た時に出かけており、その弟のイヅモイヒイリネが朝廷の使者に神宝を献上する。還ってきたフルネはそれを知り、その恨みと怒りがおさまらず弟のイヒイリネを殺してしまうのである。

既而出雲振根、従二筑紫一還来之、聞三神宝献二于朝廷一、責二其弟飯入根一曰、数日当レ待。何恐之乎、輒許二神宝一。是以既経二年月一、猶懐二恨忿一、有二殺レ弟之志一。（中略）兄撃二弟飯入根一而殺之。

（既にして出雲振根、筑紫より還り来りて、神宝を朝廷に献ると聞き、其の弟入根を責めて曰く、「数日か待つべきを。何を恐みてか、輒く神宝を許しし」といふ。是を以ちて、既に年月は経れども、猶し恨忿を懐き、弟を殺さむとする志有り。（中略）兄、弟入根を撃ちて殺す。）

〈日本書紀巻第五、崇神天皇六十年七月〉

しかし、フルネによるイヒイリネの殺害は出雲臣等によって朝廷に報告される。それを知ったヤマト朝廷はフルネを殺害する。出雲臣たちはこのことを恐れて、しばらくの間出雲大神を祭らなかったというように記されている。

於レ是甘美韓日狭・鸕濡渟参二向朝廷一、曲奏二其状一、則遣三吉備津彦与二武渟河別一、以誅二出雲振根一。故出雲臣等畏二是事一、不レ祭二大神一而有レ間。

（是に甘御韓日狭・鸕濡渟、朝廷に参向でて、曲に其の状を奏ししかば、吉備津彦と武渟河別とを遣して、出雲振根を誅さしめたまふ。故、出雲臣等、是の事を畏みて、大神を祭らずして間有り。）

〈日本書紀巻第五、崇神天皇六十年七月〉

出雲国風土記の出雲郡健部郷には神門臣古祢という人物名がみられ、フルネが弟を殺害する「止屋」は神門郡塩冶郷にあり、出雲西部の地名である斐河の流域にあたる。このことから、日本書紀の出雲フルネを出雲西部の首長ととらえる見方が成立している。出雲西部は筑紫と交流があり、フルネが筑紫に出かけていたと記されていることは、フルネは出雲西部の首長を示していることを意味すると指摘されている[38]。

出雲東部の勢力はヤマトの庇護を得て、筑紫と交流があった西部を支配し、出雲全域を統合する。ヤマト朝廷に出雲神宝を渡してしまうというイヒイリネは、ヤマト朝廷に従順な東部の勢力を示しているととく。出雲フルネと出雲イヒイリネは書紀では兄弟として描かれているが、その対立が出雲西部と東部の対立を描いていることが指摘されている[39]。

古事記においても出雲西部の首長に通じるキヒサツミがみえるが、それは祟りをなす出雲大神を制御し、その霊威を御子に憑依させる存在として登場する。それに対して、日本書紀におけるフルネは、出雲神宝がヤマト朝廷に渡ったことに怒りを覚え、弟を殺害するが、ヤマト朝廷の意に逆らった者として殺害される存在として描かれている。古事記の出雲はヤマト朝廷に脅威を与えるものとして語られるのに対して、日本書紀の出雲はヤマトによって武力で行使される世界として描写されている。この位置づけは日本書紀の世界像、すなわち中華思想、王化思想とかかわっているといえる。天皇はヤマトを中心に統治を行っており、背く者を誅殺し、王化の潤いを周辺地に広めていく。そのため、フルネは殺害される存在として描かれるのである。
しかし、出雲大神の祭祀が行われなくなったことは後に「託言」があることと結びつく。

時丹波氷上人、名氷香戸辺啓二于皇太子活目尊一曰、己子有二小児一、而自然言之、玉萎鎮石。出雲人祭、真種之甘美鏡。押羽振、甘美御神、底宝御宝主。山河之水泳御魂、静挂甘美御神、底宝御宝主也。〔萎、此云レ毛〕。是非レ似二小児之言一。若有二託言一乎。於レ是皇太子奏二于天皇一、則勅之使レ祭。
（時に丹波の氷上の人、名は氷香戸辺、皇太子活目尊に啓して曰さく、「己が子に小児有りて、自然に言さく、『玉萎鎮石。出雲人の祭る、真種の甘美鏡。押し羽振る、甘美御神、底宝御宝主。山河の水泳る御魂、静挂かる甘美御神、底宝御宝主。〔萎、此には毛と云ふ〕』とまをす。是、小児の言に似らず。若し託言に有らむか」とまをす。是に皇太子、天皇に奏したまへば、勅して祭らしめたまふ。）

〈日本書紀巻第五、崇神天皇六十年七月〉

氷香戸辺という名の丹波の氷上の人の子供が小児として似つかわしくない言葉を発したので、それを皇太子イクメノミコトに言上する。その子供が発した言葉は、出雲人たちが祭る鏡は美しくて、人目につかない宝石のようなもので、神威が強く溢れ出る、神そのものであるという内容である。
これを聞いた天皇は「勅之使レ祭（勅して祭らしめたまふ）」とあるように、しばらく行われていなかった出雲大神の祭祀を再開するようにと命令を下す。出雲の大神の祭祀は天皇の命令のもと実行される。このことは、出雲大神への祭祀は天皇の祭祀システムの中に取り込まれており、神への祭祀を行うべきかそうでないのかは最終的に天皇の決断にゆだねられるものであることを意味する。現地の者として出雲大神の祭祀を行うという出雲臣も律令制下に取り入れられている国家の官人として天皇に従順な存在である。

それに対して、古事記では出雲大神は祟りをなし、垂仁の御子の言語能力を奪う。さらに、御子が出雲を訪問すると、大神の荒魂がそれに憑依してしまうというものとして描かれている。古事記における出雲大神の勢威はヤマト朝廷によって制御されておらず、かつての出雲西部の祀り手であったキヒサツミによって主導されるものとして描かれている。さらに、出雲大神は御子に霊威を付与し、それを王へと成長させるという物語が古事記において創出されている。日本書紀の中国的発想に根拠付けられた天皇像の確立によって失われた世界を再創出する意図のもと作り出されたのは、もう一つの大王像——出雲大神をいつき祭る祭祀王——ホムチワケであった。

第四章　ヤマトタケル——景行天皇にみる〈建く荒き情〉の意義

1　ミコトを誤認するヤマトタケル

ヤマトタケルは景行の御子として誕生する。誕生した時の名はヲウスであり、ヤマトタケルとは熊襲タケルから授けられた名である。ヲウスは〈建く荒き情〉を持っていたがために、景行に疎まれ、追放される英雄としてとらえられることが多く(1)、その性格は景行と対立するという「反王権的」なものとして位置付けられている。ヤマトタケルは熊襲などの外部を平定したにもかかわらず、王権の聖性を保つために排除を余儀なくされると解されるのである(2)。

だが、ヤマトタケルははたして反王権的だったのだろうか。西條勉は兄のオホウスと弟のヲウスに注目し、その性格・行動を分析した上で「反王権的」だったのは、弟のヲウスではなく、兄のオホウスの方であったとする(3)。以下はオホウスにかかわる古事記の記述を取り上げてみたい。

於是、天皇、聞二看定三野国造之祖、大根王之女、名兄比売・弟比売二嬢子、其容姿麗美一而、遣二其御子大碓命以、喚上。故、其所レ遣大碓命、勿二召上一而、即、己自婚二其二嬢子一、更求二他女人一、詐名二其嬢女一而、貢上。於是、天皇、知二其他女一、恒令レ経二長暇一、亦、勿レ婚而惚也。

（是に、天皇、三野邦造の祖、大根王の女、名は兄比売・弟比売の二の嬢子、其の容姿麗美しと聞し看し定めて、其の御子大碓命を遣して、喚し上げき。故、其の遣さえし大碓命、召し上ぐること勿くして、即ち、己自ら其の二の嬢子に婚ひて、更に他し女人を求めて、詐りて其の嬢女と名けて、貢上りき。是に、天皇、其の他し女なることを知りて、恒に長き暇を経しめ、亦、婚ふこと勿くして、惚ましき。）〈古事記中巻、景行天皇〉

景行は三野邦造の祖先、大根王の娘、エヒメ・オトヒメの二人の乙女が、その容貌が美しいと聞き、御子のオホウスを遣わした。ところが、オホウスは乙女を天皇に差し上げず、自分で結婚し、景行に別の乙女を献上した。すなわち、オホウスは景行の女性を横取りしたのであった。

天皇の支配はその土地の女性と婚姻を結び、それを通して土地の支配権を獲得する形で語られることが多い(4)。エヒメ・オトヒメは三野国の国造の祖先、大根王の娘であり、それらの天皇との結婚はその土地の朝廷への服属を意味する。ここにおいて、オホウスは天皇の嫁となるはずのエヒメ・オトヒメを横取りしたことは、天皇によるその土地の支配権の収奪を意味し、天皇統治の妨害として理解される。景行に対して従順でない存在だったのはヲウスではなく、オホウスだったに違いない(5)。

それに加えて、オホウスは「朝夕の大御食」に出てこないものとして描かれる。食膳は宮廷における厳重な儀礼であり、それを陪席するのは、宮廷の規定に反することを意味する。以上のことから、兄のオホウスの性格は反王権的なものとして描かれていることがみえてくるのである(6)。

それに対してヲウスはどうだろうか。以下はヲウスと景行との対話の場面を確認してみたい。

天皇、詔二小碓命一、何汝兄於二朝夕之大御食一不二参出来一。専汝、泥疑教覚〔泥疑二字以レ音。下効レ此〕。如此詔以後、至二于五日一、猶不二参出一。爾、天皇、問二賜小碓命一、何汝兄久不二参出一。若有二未誨一乎、答白、既為二泥疑一也。又、詔、如何泥疑之、答白、朝署入レ廁之時、待捕、搤批而、引二闕其枝一、裹レ薦投棄。

（天皇、小碓命に詔はく、「何とかも汝が兄の朝夕の大御食に参ゐ出で来ぬ。専ら汝、ねぎし教へ覚せ」と、如此詔ひてより以後、五日に至るまで、猶参ゐ出でず。爾くして、天皇、小碓命を問ひ賜はく、「何とかも汝が兄の久しく参ゐ出でぬ。若し未だ誨へず有りや」ととひたまふに、答へて白ししく「既にねぎ為つ」とまをしき。又、詔はく、「如何にかねぎしつる」とのりたまふに、答へて白ししく、「朝署に廁に入りし時に、待ち捕へ、搤り批きて、其の枝を引き闕きて、薦に裹みて投げ棄てつ」とまをしき。）

〈古事記中巻、景行天皇〉

食膳の席に出てこないオホウスのことを気にかけた景行はヲウスに次のような詔勅を下す。「専汝、泥疑教覚（専ら汝、ねぎし教へ覚せ）」、すなわち、ヲウスがねんごろに教えさとすようにと命じる。五日たってもやはりオホウスは食事の席に現れないので、景行はヲウスに対して、お前がまだ兄に教えていないのではないか、と問う。それに対してヲウスは「既為二泥疑一也（既にねぎ為つ）」、すなわち、すでに「ねぎ」していると答えるのである。

ここでヲウスは天皇の命令（ミコト）を受け取り、それに従う存在として語られていることがうかがえる。だが、ヲウスの「ねぎ」した形は景行の真意とは違っていた。ヲウスはオホウスが廁に入っている間にそれを待ち受け、つかみつぶして、手足をもぎ取り、薦につつんで投げ捨てたのであった。それは天皇の命令（ミコト）にあった「ねぐ」という言葉をめぐる誤認によるものであった。

「ねぐ」とは上の存在に向けられるときに「加護を願う」ことを意味し、下の存在に向けられるときに「いたわる」を意味する。(7) 景行はオホウスの「心をいたわり親切に教えさとす」の意を込めたのに、ヲウスには暴力的な「ねぐ」の意味にとられた。「かわいがる」が「やさしくする」と逆に「痛めつける」の意に使われることもあると指摘される。(8) そのため、景行の真意を誤認解釈したヲウスは、兄の足をもぎ取って殺してしまうことになった。こうしたヲウスは〈建く荒き情〉の持ち主であることに間違いないが、その荒々しさ・暴力性とは天皇の言葉・真意を誤認することによって引き立たされるものとして語られていることに言及する必要があろう。

ここで注目すべきところは、ヲウスは天皇の命令に対して忠誠な心を持っている点である。このことは、ヲウスは天皇の統治権・支配権を収奪しようとしていたオホウスを殺害していることからうかがえる。ヲウスの暴力性・残虐性は景行に反する（反王権的）ものだったのではなく、景行の命令を忠実に実行しようとするも、そのミコト（命令）を誤認することによって生じるものであった。景行から授けられるミコトを言葉通りに実行しない、言葉で問題を起こすヲウスの姿が浮き彫りになるのである。(9)

「ねぐ」に関して、景行の真意を誤認するヲウスはまたもや景行の意を誤ってしまう。景行はヲウスを西の方へ派遣するが、それに際し「西方有二熊曾建二人一。是、不レ伏無レ礼人等。故、取二其人等一（西の方に熊曾建二人有り。是、伏はず礼無き人等ぞ。故、其の人等を取れ）」と命令する。

ヲウスは西方へ赴き、熊襲タケルの兄弟の家につくと、「新室」の祝宴の準備が行われていることを目の当たりにする。祝宴の日にヲウスは少女の姿となり、女たちに紛れ込み、室の中に入っていった。熊襲タケルの兄弟はその乙女（ヲウス）を気に入り、自分たちの間に座らせたところ、ヲウスは懐から剣を出し、熊襲の衣の衿をつかんで、剣をその胸から刺し通した。それを見た弟タケルは恐れをなし、逃げたが、ヲウスはそれを追いかけ、室の梯子でその背中の皮をつかんで、剣を尻から刺し通した。

その時、熊襲タケルは「僕、有二白言一。（僕、白す言有り）」といい、「汝命者、誰。（汝が命は、誰ぞ）」と問いをかけた。それに対してヲウスは「吾者、坐二纒向之日代宮一所レ知二大八島国一、大帯日子淤斯呂和気天皇之御子、名、倭男具那王者也。意礼熊曾建二人、不レ伏無レ礼聞看而、取二殺意礼一詔而、遣。（吾は、纒向の日代宮に坐して大八島国を知らす、大帯日子淤斯呂和気天皇の御子、名は、倭男具那王ぞ。おれ熊曾建二人、伏はず礼無しと聞し看して、おれを取り殺せと詔ひて、遣せり）」と返答する。すなわち、熊襲タケルを「取二殺（取り殺）」すために景行は自分を遣わしたというのである。

景行の命令では「取二其人等一（其の人等を取れ）」とあり、「伏はず礼無き人等」である熊襲二人を「取れ」といっているのだが、「取り殺せ」とは言っていない。ヲウスは天皇の命令になかった「殺」の要素を自ら付け加え、景行は「取り殺」すために遣わしたと自らの解釈を加えたミコトを伝える。そして、熊襲タケルの身体を「即如二熟苽一振折而、殺也（即ち熟苽の如く振り折きて、殺）」す、すなわち、熟した瓜を切り裂くように斬り裂く。その殺し方があまりにも残虐で、ヲウスを荒々しい性格をもつ英雄として印象づけるものであるととらえられよう。

熊襲タケルから「タケル」の名を献上されたヲウスは出雲へと向かい、出雲タケルと戦いをする。出雲タケルの刀を奪い取り、偽りの刀を持たせ、殺害する。出雲タケルの殺害も景行の命令になかったものである。景行は熊襲タケルの二人を「取れ」と言っているが、出雲タケルを取れとは言っていないのである。

ヤマトタケルは西の方からヤマトへ帰還するが、天皇は今度は「言㆓向和平東方十二道之荒夫琉神及摩都樓波奴人等㆒（東の方の十二の道の荒ぶる神とまつろはぬ人等とを言向け和平せ）」[10]、すなわち東の方にある一二の国の荒れすさぶ神と服従しない者たちに「言」を向けて、「和平せ」と詔勅をくだす。この命令を受けたヤマトタケルは伊勢大神宮に参り、叔母のヤマトヒメに天皇は「（前略）返参上来之間、未経㆓幾時㆒、不㆑賜㆓軍衆㆒、今更平㆓遣東方十二道之悪人等㆒。因㆑此思惟、猶所㆑思㆓看吾既死㆒焉。（返り参ゐ上り来し間に、未だ幾ばくの時も減ぬに、軍衆を賜はずして、今更に東の方の十二の道の悪しき人等を平げに遣しつ。此に因りて思惟ふに、猶吾を既に死ねと思ほし看すぞ）」と泣き嘆いた。西の方へ遣わし、都に還ってから、まだ時も経たないのに、兵士もくださらず、東方の一二国を「平遣（平げに遣しつ）」、つまり平らげるために遣わしたと嘆く。

ここにおいてもヤマトタケルは天皇の言葉を正当に把握せず、自らの解釈を加えていることがみてとれる。景行は「言向和平（言向け和平せ）」と命令しており、言向けとは言葉を向け、相手を鎮め和らげることを意味する。だが、ヤマトタケルは「平遣（平げに遣しつ）」とのみ理解し、「言葉を向けることを以て荒ぶる神を鎮め和らげなさい」という景行の命令を「平らげなさい」という武力を以ての平定と解しているのである。[11]

また、景行はヤマトタケルに死んでほしいということも言っていない。そういう理解をするのは、ヤマトタケルが景行の真意をその発せられた言葉通りに把握しない、自らの解釈を加えながら受け取る性質とかかわりがあろう。では、古事記における命令（ミコト）とは何か、神の言葉を正当に把握し、実行することがなぜ必要なのか、ということについて考えてみたい。

神の御言（ミコト）、命令を受けとることは古事記においてきわめて重要なものとして位置付けられている。高天原から下ったホノニニギはアマテラスと高木の神の御言を受けて初めて地上世界の君主となりえたのである。初代天皇の神武も熊野のクラ（倉＝座）でタカミムスヒに憑依され、その威力を背にして受けて、ヤマトへと進出する。タカミムスヒの命令を正当に受け取り、それによってはじめてヤマトの大王となれたのであった。崇神、垂仁に関しても同様のことがみてとれる（第Ⅱ部第一章〜第三章を参照）。すなわち、神の真意を理解し、それを受け持って行動する能力が大王たる存在に求められるのである。

ヤマトタケルは天皇の意を受け止め、命令を受けて行動するのだが、その命令を誤認する。森昌文はこうしたヤマトタケルに関して、「景行の真意がのみ込めず己れの性情である「建」に引きつけて誤認解釈して」いたことこそが「ヤマトタケル像の本質」であると述べ、「悲劇を生む母胎である」であるとする。こうしたヤマトタケルを御言を実行するというミコトモチとして失格だったととらえているのである。[12] 稲生知子はそれを受け、ヤマトタケルが天皇になれなかった要因はミコト（命令）を誤認するその性質にあったとする。すなはち、ミコトを正当に把握し、実行できる存在は天皇の地位に就きうるのだが、ヤマトタケルにはこうした能力がかけていたため、皇位を継ぐことができず、やがて死ぬ運命になるというのである。[13]

両者が指摘している通り、ヤマトタケルを〈言葉の問題〉からとらえる見解は示唆的である。呪文としての〈御言〉を真意とおりに実行すると他には持ちえない能力を獲得でき、その能力は天皇たる存在にとって必要である。

だが、ヤマトタケルは正当な天皇という存在とはまた異なる要素があるように見受けられる。荒ぶる神としてのスサノヲや〈神性〉を有するホムチワケも、啼泣と啞という通常でない言語活動の主体であったことが想起されよう。「言語は、混沌として摑みえないエネルギーを、秩序へと向かわせるもの」であり、言語活動を通常でない形で用いることで、言語そのものの秩序が崩れ、制御されない暴力的なエネルギーを発散させることになる。[14] 神々の発する「コト」の秩序によって成り整っている古事記の世界において、その「コト」を通常とは異なった形で用いると、その秩序を根本から覆すことになる。それによって発動するエネルギーの暴力性、荒々しさとは他に例をみないものになることが容易に想像されよう。

このようにとらえると、天皇の命令に自らの解釈を加え、実行していたヤマトタケルには、こうした制御されない力を発動させる能力があったことがみえてくるのである。すなわち、ヤマトタケルは「愚直」で、神・天皇の真意を正当に把握できないミコトモチとして失格だった[15]のではなく、あえて言葉を間違えることによって、天皇の命令にひそめられた呪力を暴力へ、荒々しいパワーへと転換させていく、そういう力を持つ存在だったことがみえてくる。それこそが〈建く荒き情〉が意味するところだったのではないだろうか。

だが、ミコトの呪力は侮れない。天つ神のミコトを受けたのに、それを実行しなかったアメノワカヒコは死んでしまう。アマテラスの神託を疑ったという仲哀天皇は神の怒りをかうこととなり、崩御する。神のミコトを正当に把握することは天皇たる存在の条件である反面、その言葉を誤認し、それを神の意に沿う形で実行できない者には非業の死が約束されているのである。そうなると、ミコトを誤認する（暴力へ転換させる）ヤマトタケルも本来は死ぬはずであった。なぜ、西征、東征という大事業まで果たすことができたのだろうか。

言葉を操るのが上手な景行と〈タケルの情〉に忠実なヤマトタケルの関係から考えてみたい。

3　憑依する〈天皇霊〉

景行の命令に忠実でありながらも、その「ミコト」にひめられている呪力を真意とは異なった方向へと働かせることで、荒々しい力を発揮するヤマトタケル。下された命令とは異なることを実行しても、何故神の怒りをかうことはないのだろうか。これについて考える手掛かりとして、熊襲タケルと交わす問答に注目してみたい。

爾、其熊曾建白言、莫レ動二其刀一。僕、有二白言一。爾、暫許押伏。於是、白言、汝命者、誰。爾、詔、吾者、坐二纏向之日代宮一所レ知二大八島国一、大帯日子淤斯呂和気天皇之御子、名、倭男具那王者也。意礼熊曾建二人、不レ伏無レ礼聞看而、取二殺意礼一詔而、遣。

（爾くして、其の熊曾建が白して言ひしく、「其の刀を動すこと莫れ。僕、白す言有り」といひき。爾くして、暫らく許して押し伏せき。是に、白して言ひしく、「汝が命は、誰ぞ」といひき。爾くして、詔ひしく、「吾は、纏向の日代宮に坐して大八島国を知らす、大帯日子淤斯呂和気天皇の御子、名は、倭男具那王ぞ。おれ熊曾建二人、伏はず礼無しと聞し看して、おれを取り殺せと詔ひて、遣せり」とのりたまひき。）

〈古事記中巻、景行天皇〉

右はヲウスは景行の命令（ミコト）を熊襲タケルに伝えている場面である。ヲウスの発話は「爾詔（爾に詔りたまひつらく）」というように「詔」で示されている。古事記において「詔」の用例は全一〇五用例数えられ（第Ⅰ部第四章を参照）、その主体は皇祖神および天皇が中心である。だが、ここにおいて「詔」の主体はヤマトタケルであることが注目されよう。

折口信夫はミコトを受け持つ存在はそれを伝えているとき、そのミコトを発した存在と同等の資格となるととらえている。[16] これを踏まえると、ヲウスが景行の命令を伝える段において、その発話が「詔」で示されているのは、ヲウスが景行と一体化していることを意味するのではないか。すなわち、景行は、その命令（ミコト）を受け持ち、熊襲タケルを取ろうとしているヲウスに依り憑いて発話しているととらえることができるのである。

前述した通り、古事記において地上に降臨するホノニニギや日向からヤマトに向かい、そこで即位するという神武は、天つ神のミコト（御言）を授けられ行動する。崇神や垂仁にも神々の意を受け取り、それを正当に解し、実行する能力が求められているのである。

こうした神々の霊威と同等のものとして扱われるのは〈天皇霊〉であることが注目されよう。日本書紀の敏達天皇の段に以下のような記述をみることができる。

於レ是綾糟等懼然恐懼、乃下二泊瀬中流一、面二三諸岳一、歃レ水而盟曰、臣等蝦夷自レ今以後、子子孫孫〔古語云二生児八十綿連一〕。用二清明心一、事二奉天闕一。臣等若違レ盟者、天地諸神及天皇霊、絶二滅臣種一矣。

（是に綾糟等、懼然恐懼りて、乃ち泊瀬の中流に下て、三諸岳に面ひて、水を歃りて盟ひて曰さく、「臣等蝦夷、今より以後、子子孫孫、〔古語に生児八十綿連と云ふ〕。清明心を用ちて、天闕に事へ奉らむ。臣等、若し盟に違はば、天地の諸神と天皇の霊、臣が種を絶滅えむ」とまをす。）

〈日本書記巻二十、敏達天皇十年〉

蝦夷の歃水而盟らが三諸山に向かって服属を誓う場面だが、その言葉とは、清明な心で仕えるが、この誓いに背いたなら、天地諸神と天皇霊が、自分たちの子孫を絶滅させるだろう、というものである。ここにおいて、天地諸神と並び〈天皇霊〉があげられており、天や地の神々と同等に威力のある霊的存在として認識されていることがうかがえる。

垂仁紀において、垂仁がタジマモリを常世の国へ派遣するが、天皇の崩御の翌年にタジマモリが戻り、天皇が崩御したことを知ると、泣きながら「然頼二聖帝之神霊一、僅得二還来一（然るを聖帝の神霊に頼りて、僅に還り来ること得たり）[17]」と述べる。タジマモリは天皇の命令（ミコト）を受けて常世の国へ渡ったわけだが、帰還できたことも「聖帝の神霊」を被ったからであるとする。頭注では「天皇の加護を受けて」と解されるが[18]、ここでは〈天皇霊〉は実態的で一つの霊的存在として受け取るべきではないだろうか。

景行紀では、西征を終えたヤマトタケルは景行に対して以下のような報告をする。「臣頼二天皇之神霊一、以兵一挙、頓誅二熊襲之魁帥者一、悉平二其国一。（臣、天皇の神霊を頼りて、兵を一たび挙げて、頓に熊襲の魁帥者を誅し、悉に其の国を平けつ）[19]」。また、東征に際して、「嘗西征之年、頼二皇霊之威一、提二三尺剣一撃二熊襲国一（嘗て西を征ちし年に、皇霊の威を頼りて、三尺剣を提げて、熊襲国を撃ち（後略）[20]）」という。ここでは「天皇之神霊」、「皇霊」とみえ、神祇の霊、つまり天つ神、国つ神の霊と同じように天皇も霊・神霊を有しており、それは天皇の威力がこもっているものとして認識されていることがうかがえる。

岡田精司は「かつては天皇の威力・権威の根源ともいうべき霊魂の存在が考えられていた」とし、「古代国家の形成期に、大王の統治力の宗教的根源として信仰され、これを身につけたものが大王の地位に就きうる、と信じられていたもの」であるとする指摘は示唆に富む[21]。

右の用例分析と指摘を踏まえると、例えば神々の神霊が人に依り憑くことが可能であるのと同じように、天皇霊も特定の人に依り憑くことのできる、実態的で威力のあるものとして認識されていたことがいえる。このようにとらえると、景行の命令を担っていたヤマトタケルは景行の〈天皇霊〉と同体化していたととらえることができる。そのため、熊襲タケルに言葉を向けた時のヲウスの発話は「詔」で示されたのである。すなわち、ヤマトタケルを西の方の熊襲タケルの兄弟を取るために遣わした景行は、自らの神霊をタケルに付着させていたのである。

景行記においてヤマトタケルが「詔」の主体となる場面が全七例数える。左はヤマトタケルの発話を示す語を表にしたものを次頁に掲載する。

ヤマトタケルが「詔」の主体となるのは、西征において二件、東征において一件、イブキヤマの神に対して言挙げする場面で二件、ヤマトに帰還するに際してタケルの独白を「詔」で示した用例が二件確認できる。ヤマトタケルの発話を示す語には「詔」の他に「答白」と「白」が用いられていることもみてとれる。その用法についてだが、景行およびヤマトヒメと会話を交わすにおいてヤマトタケルの返答を示す語は「答白」、「白」で表されているのだが、西征、東征においてその土地の勇者に言葉を向けるときのヤマトタケルの発話は「詔」で示されている。

このことはヤマトタケルが、西征、東征においては天皇の権威、威力を身につけた存在として語

表8　古事記におけるヤマトタケルの発話語

番号	発話語	言葉の主体	相手	場面
1	答白	ヤマトタケル	景行	オホウスをねぐ
2	答白	ヤマトタケル	景行	オホウスをねぐ
3	詔	ヤマトタケル	熊襲タケル	西国征伐
4	詔	ヤマトタケル	出雲タケル	西国征伐
5	誂云	ヤマトタケル	出雲タケル	西国征伐
6	歌曰	ヤマトタケル	特定していない	西国征伐
7	白	ヤマトタケル	ヤマトヒメ	東国征伐
8	詔云	ヤマトタケル	東や	東国征伐
9	歌曰	ヤマトタケル	特定していない	東国征伐
10	御歌曰	ヤマトタケル	ミヤズヒメ	東国征伐
11	詔	ヤマトタケル	イブキヤマの神	イブキヤマの神
12	詔	ヤマトタケル	イブキヤマの神	イブキヤマの神
13	詔	ヤマトタケル	特定していない	病死
14	御歌曰	ヤマトタケル	特定していない	病死
15	詔	ヤマトタケル	特定していない	病死
16	歌曰	ヤマトタケル	特定していない	病死
17	歌曰	ヤマトタケル	特定していない	病死
18	歌曰	ヤマトタケル	特定していない	病死
19	御歌曰	ヤマトタケル	特定していない	病死

られていることを意味するのではないか。そのため、その発話を示す語として天皇の命令を意味する「詔」が用いられていると解することができる。こうしたヤマトタケルに関しては、その発話を示す語のみならず、その移動や妻子を表す語として天皇にしか用いられない言葉が使われている。以下ではそれを取り上げてみる。

① 爾、小碓命、給㆓其姨倭比売命之御衣・御裳㆒以、剣納㆓于御懐㆒而、幸行。
（爾くして、小碓命、其の姨倭比売命の御衣・御裳を給はりて、剣を御懐に納れて、幸行しき。）〈熊襲征伐〉

② 乃雖㆑思㆑将㆑婚、亦、思㆓還上之時将㆑婚、期定而、幸㆓于東国㆒、
（乃ち婚はむと思ひて、亦、還り上らむ時に、婚はむと思ひて、期り定めて、東の国に幸して（後略））〈東国征伐〉

③ 自㆑其入幸、渡㆓走水海㆒之時、其渡神、興㆑浪、廻㆑船、不㆑得㆓進渡㆒。
（其より入り幸して、走水海を渡りし時に、其の渡の神、浪を興し、船を廻せば、進み渡ること得ず。）〈東国征伐〉

④ 故爾、御合而、以㆓其御刀之草那芸剣㆒、置㆓其美夜受比売之許㆒而、取㆓伊服岐能山之神㆒幸行。
（故爾くして、御合して、其の御刀の草那芸剣を以て、其の美夜受比売の許に置きて、伊服岐能山の神を取りに幸行しき。）〈イブキヤマの神と対面〉

⑤ 自㆓其地㆒、差少幸行、因㆓甚疲㆒、衝㆓御杖㆒、稍歩。
（其地より差少し幸行すに、甚だ疲れたるに因りて、御杖を衝きて、稍く歩みき。）〈タケルの病死〉

⑥ 自㆓其地㆒幸、到㆓三重村㆒之時、亦、詔之

（其地より幸して、三重村に到りし時に、亦、詔ひしく）　〈タケルの病死〉

⑦　自㆑其幸行而、到㆓能煩野㆒之時、思㆑国以、歌曰、

（其より幸行して、能煩野に到りし時、国を思ひて、歌ひて曰はく）　〈タケルの病死〉

⑧　爾、其后、名弟橘比売命、白之

（爾くして、其の后、名は弟橘比売命、白ししく）　〈東国征伐・オトタチバナヒメ〉

⑨　爾、其后歌曰

（爾くして、其の后の歌ひて曰はく）　〈東国征伐・オトタチバナヒメ〉

⑩　故、七日之後、其后御櫛、依㆓于海辺㆒。

（故、七日の後に、其の后の御櫛、海辺に依りき。）　〈東国征伐・オトタチバナヒメ〉

⑪　於是、坐㆑倭后等及御子等、諸下到而作㆓御陵㆒、

（是に、倭に坐しし后等と御子等と、諸下り到りて、御陵を作りて）　〈八尋の白千鳥〉

⑫　爾、其后及御子等、於㆓其小竹之苅杙㆒、雖㆓足跳破㆒、忘㆓其痛㆒以、哭追。

（爾くして、其の后と御子等と、其の小竹の苅杙に、足を跳り破れども、其の痛みを忘れて、哭き追ひき。）　〈八尋の白千鳥〉

「幸行」とは「お出かけになる」という意味で、天皇が動作の主体であることを示す語であるが、右の用例1～7ではヤマトタケルが「幸行」の主体となっていることがみえる。「后」とは「天皇・王の正式な妻」の意であり、天皇に関してしか用いない天皇専用語として機能する。右の用例8～12においては、ヤマトタケルの東征および葬送において、妻であるオトタチバナヒメやヤマト

にいた妻たちに対して「后」の字があてられていることがうかがえる。その他にヤマトタケルの所持品に「御」が付され、子供は「御子」と呼ばれる用例が散見され、その死は「崩」で表示される。この語も天皇にしか用いられないものとして注目されよう(22)。

右記に加えて、ヤマトタケルが東の方の諸国平定からの帰還の途中にミヤズヒメと交わす歌からも、タケルは天皇としての待遇を受けていることがうかがえる。

入二坐先日所レ期美夜受比売之許一。於是、献二大御食一之時、其美夜受比売、捧二大御酒盞一以献。爾、美夜受比売、其、於二意須比之襴一〔意須比三字以レ音〕。著二月経一。故、見二其月経一、御歌曰、

比佐迦多能　阿米能迦具夜麻　斗迦麻邇　佐和多流久毘　比波煩曾　多和夜賀比那袁　麻迦牟登波　阿禮波須禮杼　佐泥牟登波　阿禮波意母閇杼　那賀祁勢流　意須比能須蘇爾　都紀多知邇祁理

爾、美夜受比売、答二御歌一曰、

多迦比迦流　比能美古　夜須美斯志　和賀意富岐美　阿良多麻能　登斯賀岐布禮婆　阿良多麻能　都紀波岐閇由久　宇倍那宇倍那宇倍那　岐美麻知賀多爾　和賀祁勢流　意須比能須蘇爾　都紀多多那牟余

（先の日に期れる美夜受比売の許に入り坐しき。是に、大御食を献りし時に、其の美夜受比売、大御酒盞を捧げて献りき。爾くして、美夜受比売、其の、おすひの襴に、月経を著けたり。故、其の月経を見て、御歌に曰はく、

ひさかたの　天の香具山　鋭喧に　さ渡る鵠　弱細　撓や腕を　枕かむとは　吾はすれど　さ寝むとは　吾は

思へど　汝が着せる　襲衣の襴に　月立ちにけり

爾くして、美夜受比売、御歌に答へて曰はく、

高光る　日の御子　やすみしし　我が大君　あらたまの　年が来経れば　あらたまの　月は来経行く　うべな　うべな　うべな　君待ち難に　我が着せる　襲衣の襴に　月立たなむよ。〈古事記中巻、景行天皇〉

ミヤズヒメはヤマトタケルに「大御酒盞」を捧げもって献上したが、その衣の裾に月経の血が付いていた。ヤマトタケルはそれを見て、ミヤズヒメと共寝しようと思うが、その衣の裾に血が出てしまったという内容の歌を歌う。西宮一民は月経中の女性は巫女として神に召される身であるため、不可触の禁忌があったとし、月経中のミヤズヒメがヤマトタケルと結婚するのは、ヤマトタケルを神として遇したことを意味すると述べる[23]。

さらに、ミヤズヒメのヤマトタケルに向ける言葉の中でそれを「高光る　日の御子　やすみしし　我が大君」と呼んでいる。「高光る」とは高天原にその光が行き届いている空高く光ることの意であり、「日の御子」とはアマテラスの「御子」の意である。「やすみしし」とは「八隅知し」、つまり隅々まで支配するわが大君であることを意味する[24]。

「高光る　日の御子」の用例は仁徳・雄略天皇の条の歌に三例確認でき、「やすみしし　我が大君」は雄略天皇の条の歌に三例ある。いずれもに天皇をたたえる文脈において用いられており、その二つを合わせた唯一の例は、ヤマトタケルにささげられたこの歌にみられる。このことから、ヤマトタケルはアマテラスの御子として認識され、天皇に等しい存在として処遇されていることがみてとれる[25]。

常陸国風土記と阿波国風土記逸文においてヤマトタケルを天皇とする説話が見られ、吉井巖はヤマトタケルは「一代の天皇として、天皇系譜に位置付けられていた時があった」とし、その原像はヤマトタケルとともに荒々しい行動をとる雄略に求められるとみている。ヤマトタケルの本来の身分が天皇であったことは、古事記においてヤマトタケルに関する表現には天皇と同様なものが用いられていることの要因であるととらえている。[26]

しかし、古事記の文脈に沿ってよむと、ヤマトタケルは〈天皇霊〉が付着した存在として語られていることがみえてくる。天皇のみを主体とする語彙がヤマトタケルの発話、移動、所属物、妻子を示すのに用いられているのには、古事記におけるヤマトタケルを、天皇のミコトを受けてそれを実行することで、〈天皇霊〉と同体化するものとして描き出す意図がよみとれる。その背後には、ヤマトタケルを独立した一人の英雄、または独立した古代の大王としてとらえる認識があったのではなく、タケルが景行の神霊を付着させるという両者の特殊な関わり方が作用していたのである。

次節において、古事記におけるヤマトタケルの位置づけについて景行とタケルの関係性から考えてみたい。

4　景行とタケル

タケル性は荒々しい性質のものとして負の存在としてとらえられることが多い。[27] 松本直樹は「建（タケル）」とは熊襲タケルから授けられた名であり、外部性を意味すると述べる。熊襲タケルから名を授かるヤマトタケルの「建く荒き情」は王権の秩序に収まらないがために排除されるとし、タケルとしての性質は暴力性、外部性と結びつくものであり、聖性、文明、秩序を象徴する天皇とは対立するものとして捉えているのである。[28]

この視座は聖性を帯びた中心と外部性・暴力性に象徴される周辺、という二項対立の構図によって支えられているといえるだろう。こうした構図からみると、景行は聖なる中心であり、辺境地である熊襲や出雲を打倒するも、ヤマトへ戻れず、皇位をつがないというヤマトタケルは永遠の周辺としての意味付けを有するものとなる。

こうした見解に対して稲生知子は「タケル」としての性質は天皇も必要としたと述べている。[29] また、雄略も荒々しい心を持った存在として語られ、西條勉は「タケル」としての性質は王になるために必要であったと述べている。[30] これを踏まえると、景行はヲウスの西征、東征に際し、それに憑依していたのは、天皇自らが〈タケル性〉を求めたためであると考えることができる。

ヲウスの「建く荒き情」が発生するのは、景行の「ねぎ教へ覚せ」の命令を誤認するときであった。ここで景行は「教へ覚せ」とのみ言えばいいものの、あえて「ねぎ」を添えている。ヲウスによるオホウスの殺害は「ねぎ」によって誘導され、景行の勧誘がなければ実現しないものである。[31] ヲウスとしていたオホウスに乙女を横取りされた景行はヲウスをミスリードすることによって、自らの立場を奪おうとしていたオホウスを殺害する。景行にとってヲウスの荒々しい力がその支配を保つ上で必要不可欠であったことが伺えよう。

熊襲との対面において、ヲウスは自らの正体を明かし、景行の命令（ミコト）をつたえるが、ミコトに本来はなかった要素を付け加えている。命令を正確に実行しなくても、神から怒りを受けないのは、ミコトを発した景行自身がヲウスの荒々しい力を必要とし、それを誘導しているためではないだろうか。ヲウスの発話が「詔」で示されていることは景行の霊が付着（内在）していることを意味し、ヲウスの暴力性が〈天皇霊〉によってコントロールされていることがわかる。

熊襲の勇者を倒し、タケルの名で表される力を自らのものに取り組んでいき、景行の命令になかった出雲へと向かい、出雲タケルの刀をだまし取り、それを殺害する。ミコトを誤認し、誤った形で実行しても、罰を受けないのは、景行自らがタケルを通して、出雲タケルと対面し、「刀を易へむ」と発語しているためではないだろうか。景行は自らが必要とした「タケル性」と同体化することによって、西の国を平定していく。

タケルの荒々しい力、暴力性によって国を拡大する天皇。景行は絶対的な聖性という地位に君臨しているのではなく、熊襲の名を負い、出雲タケルと刀を合わせるという存在として意味づけられていることがみえてくる。そして、タケルの暴力性は景行に導かれて、初めて平定が可能となるのである。三浦佑之は景行とヤマトタケルは対立していたととらえているが[32]、本章における分析から景行とヤマトタケルは相互を補完し合う関係だと考えられる。

ヤマトタケルはイブキヤマへと出向いていくが、ヤマトヒメから授かった草薙の剣をミヤズヒメのところに置いて出ていく。草薙の剣は三種の神器の一つで、天皇の威力の象徴である。タケルがそれを置いていったことは、天皇の霊威を身につけていなかったことを意味するととらえられる。

ヤマトタケルは山の神をその使いと誤認し、「山の神にあらず、神の使いだ、還るときにとろう」とまた誤った言挙げをする。言葉を間違えることによって発動するエネルギーはタケルを勝利に導くはずだったが、草薙の剣に象徴される〈天皇霊〉による守護を受けていなかったため、タケル自身を惑わすものとなる。

こうしてヤマトタケルは病死し、その魂は白鳥と化する。その葬送儀礼に歌われた歌が〈御葬歌〉として天皇の葬送儀礼に歌われるものとなる。歌は霊魂を守る・死後の世界を届ける役割を担うものであり、白鳥となったヤマトタケルは死後も天皇を守護する存在へと転化する。(33) 生前においてもタケル性は天皇にとって必要不可欠な要素として機能しており、死後も天皇を守り続けていくのである。こうしたタケルは排除される存在であるとは捉えがたい。

前章における分析対象、垂仁の御子であるホムチワケは出雲西部の霊威を象徴するヒナガヒメと結婚を果たすも、子孫を残すことはなかった。それは古事記は出雲西部を重要視しつつも、ヤマトの大王の系譜を守るためにホムチワケを排除したことによることがみえてきた。

それに対して、ヤマトタケルは垂仁の娘のフタヂノイリビメを娶り、タラシナカツヒコ、すなわち、後の仲哀天皇を生んでいる。ヤマトタケルの血は次の天皇へと受け継がれ、天皇の系譜や古事記の物語から排除されるとは言い難い。

ヤマトタケルはヤマトの名を負っている存在であることも見過ごせない。神武天皇、崇神天皇の分析から見えてきたように、ヤマトは荒ぶる霊威にみちている世界である。古事記が「建く荒き情」の持ち主であるタケルにヤマトの名を冠したのには、ヤマトの地が持つ荒々しさを担わせる意図があったことがみてとれよう。こうしてヤマトタケルはヤマトの荒々しい力を体現していたことがうかがえる。そして、景行はヤマトタケルを言葉で以て誘導し、西の国、東の国へと赴くタケルに自らの霊威を付着させ、それと同体化する存在として描かれることもみてとれた。このことは、景行はヤマトタケルに表象されるヤマトの荒ぶる力をコントロールしていたことを意味するのである。

ヤマトタケルのイブキヤマの神との対面やその病死を描く場面においてもその発話は「詔」で示されることが注目されよう。このことは景行自身の、タケルと一体化していた分霊の死と再生を意味していたのではないだろうか。ヤマトの名を冠したタケルが守護霊へと転化するにおいても、タケルの荒ぶる力を思い通りに操る景行の像をみることができるのである。

5 日本書紀におけるヤマトタケル

日本書紀におけるヤマトタケルは古事記のような暴力的な存在として語られないことが注目される。ヲウスの兄であるオホウスが景行の女を横取る展開は古事記と同様であるが、兄が朝夕の食膳に出てこないことに対する景行の不満や「ねぎ教へ覚せ」という命令をヲウスに下すことはない。したがって、ヲウスが兄の手足をもぎ取って殺害するという展開も語られず、日本書紀のヤマトタケルは古事記のそれとは異なる存在として描かれていることがみえてくる。

日本書紀において、景行は熊襲国にアツカヤ・サカヤというヤソタケルがいることを聴きつけ、熊襲国を討伐しようと決心し、自ら出向く。そこで、景行は兵戈の威力を借りずに平定できる方法がないかと、計略をめぐらしていた時に、ヤソタケルの二人娘に贈り物を示し、景行の仮宮に招き入れ、ヤソタケルを不意に討つことを考えた。ヤソタケルの娘のイチフカヤが景行に協力し、父のヤソタケルに酒を飲ませ、それが酔って寝ているところを景行の従兵が殺害したのであった。こうして景行は自ら諸国をめぐり、従わない土蜘蛛などを誅伐し、服属を示す者を受け入れ、ヤマトの範囲を広げていった。

だが、熊襲はまた背き、辺境を侵してきたので、景行はそれを征伐するためにヤマトタケルを派遣した。ヤマトタケルは熊襲国に着くと、熊襲の首長であるトロシカヤ（カワカミタケル）が親族を集め、酒宴を開こうとしていた。ヤマトタケルは童女の姿に変装し、宴会に忍び込み、カワカミタケルに酒杯を上げて飲ませた。カワカミタケルが酔ってきたところを、その胸を剣で刺した。カワカミタケルは息が絶えないうちに、「タケル」の名をヤマトオグナに授け、その後、胸を突き通され、殺害されたのであった。

日本書紀のヤマトタケルが熊襲の人を殺害する方法は古事記と異なっている。古事記ではヤマトタケルはクマソタケルを瓜を斬きさくと同じようにズタズタにしたのに対して、日本書紀では胸を剣で刺し殺したのである。古事記のヤマトタケルによる殺害は残虐的でその狂暴な性質が全面的に表に出され、協調され語られている。それに対して日本書紀におけるヤマトタケルの熊襲タケルの殺害は、背く者の殺害という理解におさまるものとして描写されている。制御されない暴力性そのものを象徴しているかのような古事記のタケルに比べて、日本書紀のタケルは国家の安定を揺るがす者を誅するという天皇に従順な将軍としての存在である。

古事記では、ヤマトタケルはクマソタケルを殺害してから、出雲タケルとも戦うが、日本書紀ではヤマトタケルは出雲へ赴き、出雲タケルと戦うことはない。日本書紀の出雲はとっくに天皇の秩序のもとに収められている世界として位置付けられているためであると考えられる（第Ⅱ部第三章）。熊襲から朝廷に戻ると、ヤマトタケルは天皇にその功績をたたえられ、愛を受ける。そして、景行はそれに征夷大将軍に任じることを象徴する「斧鉞」を授け、東方の国を平定に派遣する。そこで、景行は次のような言葉をタケルに向けるのである。

今朕察二汝為人一也、身体長大、容姿端正。力能扛レ鼎。猛如二雷電一。所レ向無レ前、所レ攻必勝。即知之、形則我子、実則神人。是寔天愍二朕不叡且国不平一、令下経二綸天業一不上レ絶二宗廟一乎。
（今し朕、汝の為人を察るに、身体長く大きく、容姿端正し。力能く鼎を扛げ、猛きこと雷電の如し。向ふ所前無く、攻むる所必ず勝つ。即ち知りぬ、形は則ち我が子にして、実は則ち神人にましますことを。是寔に、天の、朕が不叡く且国の不平たるを愍びたまひて、天業を経綸め宗廟を絶えずあらしめたまへるか。）

〈日本書紀第七巻、景行天皇四十年七月〉

景行はタケルの人となりをみると、タケルは身長が長大で、容姿も端正で、力が強く、勇猛なことは雷光のようである。敵を攻めれば必ず勝つ。景行の子であるが、実態は「神人」であることを知ったと述べる。これは「天業」を治め整え、国家を絶えさせまいと、「天」がしてくださったことだというのである。

日本書紀の天皇は「天神地祇」にたより政治を行い、その「天」によって授けられた性質を持つヤマトタケルが辺土を征伐する。この思考は中国の皇帝制度をささえていた中華思想・王化思想の影響を受けていることがみてとれよう。(34)「天」の意志を実現する皇帝はその意に従い、辺土へ秩序をもたらす。日本書紀におけるヤマトタケルは「王化」に背く「悪神」、「邪神」を誅滅し、「天」の意をこうむり、それに従順な者として描かれているのは、中国的志向に影響を受けていることを示すのである。

それに加えて、古事記では天皇専用の言葉がヤマトタケルの移動、発話、妻子や所持物など示すことが確認できるのに対して、日本書紀ではタケルを天皇と同等に扱う表現がみられない。父と子、命令を下す景行とそれを実行するヤマトタケルという力関係は一途に守られているのである。タケルは国家のために辺土を征伐し、死んでから崇められる存在へと転化する。日本書紀における景行と天皇の関係は儒教的世界観におさめられているものとして描かれていることがみてとれよう[35]。

以上の分析から日本書紀の天皇は天の意をこうむり、王化のうるおい（秩序）を辺土に武力制圧をもってとどける存在として語られ、ヤマトタケルはこうした景行の意に忠実に従う将軍として描かれていることがみえてくる。

こうして中国的発想に基礎づけられた天皇像とヤマトタケルの像が成立すると、それに欠如している世界を創出するものとして古事記の景行とタケルが描き出されたのではないだろうか。

古事記の世界は神々の「コト」によって成り立っている。古事記の天皇は「ミコト」を正当に把握し、実行して初めて天皇としての資格を身につける。ミコトを誤認し、かつ誤った形で用いても、神の怒りをかわないというヤマトタケルは古事記の天皇の最大の禁忌である「ミコト」の世界の秩序を破る存在として描かれる。それによって発動する暴力性はこのヤマトタケルの中核をなすものとして理解されよう。こうしたタケルの荒ぶる力を制御できていたのは景行であった。景行の代に西や東の国が征服され、ヤマトが拡大されたのには、タケル性をコントロールするという景行の果たした役割が大きい。

古事記における景行とタケルの力関係も儒教に彩られた日本書紀の天皇とは異なっている。古事記の天皇はタケル性をもとめ、それと自ら一体化していた。荒ぶるタケルにヤマトを名に冠する古事記はヤマト自体を荒ぶる地として認識していることがうかがえる。「コト」の秩序が崩れることによって、暴力性を発動させ、タケルの遠征により更新されていく、〈ゆれうごく〉ヤマトである。次章において、応神天皇の物語に注目し、考察をすすめていきたい。

第五章

気比の大神を祭る——応神天皇にみる新王朝の誕生

1　神託と仲哀天皇の死

ヤマトタケルの平定により、ヤマトの国は拡大していった。成務天皇の御代に諸国の国造が定められ、「国々の境と大き県・小き県の県主」が定められたと古事記に伝えられている。

次に天皇となったのは仲哀である。仲哀は、神功皇后に憑依し、託宣を下した神々の言葉を偽りだと思ったがために、その怒りをかい、他界する。こうした仲哀には事績がなく、系譜をつなぐのみの存在としてとらえられることが多い。しかし、仲哀には神功皇后による新羅の〈言向け〉を用意する重要な役割があった。以下はそれについて考えてみたい。

　其大后息長帯日売命者、当時、帰レ神。故、天皇、坐二筑紫之訶志比宮一、将レ撃二熊曾国一之時、天皇、控二御琴一而、建内宿禰大臣、居二於沙庭一、請二神之命一。於是、大后帰神、言教覚詔者、西方有レ国。金・銀為レ本、目之炎耀、種々珍宝、多在二其国一。吾、今帰二賜其国一。爾、天皇答白、登二高地一見二西方一者、不レ見二国土一、唯有二大海一。謂二為レ詐神一而、押二退御琴一、不レ控、黙坐。

（其の大后息長帯日売命は、当時、神を帰せき。故、天皇、筑紫の訶志比宮に坐して、熊曾国を撃たむとせし時に、天皇、御琴を控きて、建内宿禰大臣、さ庭に居て、神の命を請ひき。是に、大后の帰せたる神、言教え覚し詔ひしく、「西の方に国有り。金・銀を本と為て、目の炎耀く、種々の珍しき宝、多に其の国に在り。吾、今其の国を帰せ賜はむ」とのりたまひき。爾くして、天皇答へて白さく、「高き地に登りて西の方を見れば、国土見えずして、唯に大き海のみ有り」とまをして、詐を為る神と謂ひて、御琴を押し退け、控かずして、黙し坐しき。）

〈古事記中巻、仲哀天皇〉

筑紫宮にいた仲哀は熊襲国を討とうとしていた。そこで天皇は琴を弾き、聖なる庭において神のお告げを請い求めた。すると、皇后に神が依り憑き、次のようなことを告げたのであった。西の方に金・銀をはじめとする種々の珍しい宝物がたくさんある国がある。その国を帰服させようと思う。仲哀は高いところに登って西の方を見たのだが、国が見えず、ただ海が見えるだけであった。仲哀は神の託宣を偽りだと思い、琴を押しのけた。

ここで注目されるのは、仲哀は高いところに登り、国見をすることである。国見をすることには、自らの支配する国土を眺める・把握することの意味がある。飯泉健司は仲哀には「不レ見二国土一、唯有二大海一（国土見えずして、唯に大き海のみ有り）」、すなわち国土が見えず、ただ海があると見えたことは、仲哀が「日本の海を掌握していることを前提にして」いると述べる[1]。すなはち、西の方にある新羅が天皇の支配領域になっていなかったため、見えていなかったのであり、仲哀の〈見る〉対象として海が視界に入ったのは、仲哀は「領海を把握し、海上交通権を掌握していた」ことを意味するという。

それに加えて、仲哀は「淡道の屯家」を定めていることも注意される。飯泉健司は「淡路島とは海神の支配する島であって、海神の力が結集する場所であった」と述べ、淡路におけるミヤケの設置は瀬戸内の海人族のみならず海神の掌握を前提としており、仲哀と海の関わりが深いとする(2)。大陸交通のためには、海の支配が必要である。仲哀には海の支配者としての役割が与えられていることがみえてこよう。このように、仲哀に海が見えたということは、仲哀が海を支配下に入れていたことを意味しており、これは神功皇后が海の向こうにある新羅の〈言向け〉に必要なことであったことがうかがえる。

だが、託宣を下した神のミコトを信じなかった仲哀は神々の怒りをかい、崩御する。以下、古事記の記述を確認したい。

爾、其神、大忿詔、凡、茲天下者、汝非㆓応㆑知国㆒。汝者、向㆓一道㆒。於是、建内宿禰大臣白、恐。我天皇、猶阿㆓蘇婆勢其大御琴㆒〔自㆑阿至㆑勢以㆑音〕。爾、稍取㆓依其御琴㆒而、那摩那摩邇〔此五字以㆑音〕。控坐。故、未幾久而、不㆑聞㆓御琴之音㆒。即挙㆑火見者、既崩訖。

（爾くして、其の神、大きに忿りて詔ひしく、「凡そ、茲の天の下は、汝の知るべき国に非ず。汝は、一道に向へ」とのりたまひき。是に、建内宿禰大臣が白ししく、「恐し。我が天皇、猶其の大御琴をあそばせ」とまをしき。爾くして、稍に其の御琴を取り依せて、なまなまに控きて坐しき。故、未だ幾久もあらずして、御琴の音聞えず。即ち火を挙げて見れば、既に崩りまし訖りぬ。）

〈古事記中巻、仲哀天皇〉

この古事記の文をまとめてみると、次のようになる。神は「天下」は「汝非㆓応㆑知国㆒。汝者、向二一道一（汝の知るべき国に非ず。汝は、一道に向へ）」と怒ったが、しばらくすると仲哀が弾いていた琴の音が聞こえなくなり、火を高くかかげてみると、天皇はすでに崩御した後だった。

　前章において見てきたとおり、古事記では天皇たる存在は神々の言葉を正当に把握し、それを実行する能力が求められるものである。仲哀は神の託宣を疑い、神の「ミコト」に従わなかったことは、ミコトをうけもつ存在、ミコトモチとして失格だったことがうかがえよう。そのことこそが仲哀が非業な死を遂げる要因であると理解される(3)。

　天皇の崩御後、大祓が行われたのち、タケウチノスクネは改めて神の意を請い求めた。神が教えたことは先日の託宣の通りであった。

　於是、教覚之状、具如二先日一、凡、此国者、坐二汝命御腹一之御子所レ知国者也。（中略）即答詔、是、天照大神之御心者。亦、底筒男・中筒男・上筒男三柱大神者也〔此時、其三柱大神之御名者、顕也〕。今寔思レ求二其国一者、於二天神・地祇、亦、山神及河・海之諸神一、悉奉二幣帛一、我之御魂坐二于船上一而、真木灰納レ瓠、亦、箸及比羅傳〔此三字以レ音〕。多作、皆皆散二浮大海一以、可レ度。

（是に、教へ覚す状、具さに先の日の如くにして、「凡そ、此の国は、汝命の御腹に坐す御子の知らさむ国ぞ」とをしへさとしき。（中略）即ち答へて詔ひしく、「是は、天照大神の御心ぞ。亦、底筒男・中筒男・上筒男の三柱の大神ぞ〔此の時に、其の三柱の大神の御名は、顕れき〕。今寔に其の国を求めむと思はば、天神・地祇と、亦、山の神と河・海の諸の神とに、悉に幣帛を奉り、我が御魂を船の上に坐せて、真木の灰を瓠に納れ、亦、箸とひらでとを多に作りて、皆々大き海に散し浮けて、度るべし」とのりたまひき。）

〈古事記中巻、仲哀天皇〉

神は「凡、此国者、坐二汝命御腹一之御子所レ知国者也。（凡そ、此の国は、汝命の御腹に坐す御子の知らさむ国ぞ）」、つまり国は皇后の胎中にいる御子が統治すると告げた。さらに、神は「是、天照大神之御心者。亦、底筒男・中筒男・上筒男三柱大神者也（是は、天照大神の御心ぞ。亦、底筒男・中筒男・上筒男の三柱の大神ぞ）」というように自らの名を明かしている。底筒男、中筒男、上筒男の神はイザナキが禊をした時に出生した神々であり、古くは外交上の要港の住吉津・難波津と関係して、航海の神・港の神として信仰されていた。この神が神功皇后に憑依し、金銀・宝物の国、新羅の所在を教え、渡海に際しての加護を示したことは、この神の航海を司るという性質を示していると理解される。[4]

神功皇后は神の教えた通りに新羅へと渡り、新羅の国王から服従の言葉を受け、「新羅国者、定二御馬甘一、百済国者、定二渡屯家一。（新羅国は、御馬甘と定め、百済国は、渡の屯家と定め）」た。さらに、「以二其御杖一、衝二立新羅国主之門一、即以二墨江大神之荒御魂一、為二国守神一而、祭鎮（其の御杖を以て、新羅の国主の門に衝き立てて、即ち墨江大神の荒御魂を以て、国守り神と為て、祭り鎮め）」たのであった。

皇后は「新羅の国主の門」に杖をつき立て、「墨江大神の荒御魂」を祀り鎮めたとあるが、杖をつき立てることはその土地を領有することを意味する。[5] その土地に墨江大神が鎮め祭られたことによって、新羅の統治が維持される。祭られたのは「荒御魂」であることも注目される。前章の分析と呼応するが、ヤマトは自らの領地を広げるには、荒御魂の持つ荒ぶる力を必要としたことがうかがえる。こうした荒々しい力によって、新羅の支配が確証されるのである。

神功皇后は筑紫で御子（太子）を生み、ヤマトへ帰還する。ヤマトでは異母兄弟が皇后と御子を討とうと待ちかまえていた。皇后はそれらをあざむくために喪船を仕立てて御子は崩じたと偽りの情報を流す。反乱がおさまったところで、御子はヤマトへ戻ることが許されたのであった。だが、御子は直接ヤマトへと戻らず、角鹿（ツヌガ）でとどまり、禊をする準備を始めたのであった。

2　神と名を変えるオホトモワケ

タケウチノスクネと行動を共にしていた御子は高志前の角鹿でとどまった。このことについて古事記では次のように描かれている。

故、建内宿禰命、率二其太子一、為レ将レ禊而、経二歴淡海及若狭国一之時、於二高志前之角鹿一造二仮宮一而、坐。

（故、建内宿禰命、其の太子を率て、禊せむと為て、淡海と若狭との国を経歴し時に、高志前の角鹿に仮宮を造りて、坐せき。）〈古事記中巻、仲哀天皇〉

タケウチノスクネは太子を連れて、禊をしようとして、「角鹿」に仮宮を造り、そこで太子をお据えした。筑紫で生まれたホムダワケがヤマトへ帰還する前に、禊をするために一旦角鹿でとどまることになった。

御子を仮宮にいさせるとあるが、仮宮とは一時的に作られる宮のことであり、垂仁天皇の御子、ホムチワケが斐伊川（肥河）の下流域に伴人に「仮宮」を作られ、据えられたとみえる。ホムチワケが仮宮にいた時に、出雲大神に憑依されたのであり、「仮宮」とは神を迎えるための物忌をする宮として捉えることが可能である(6)。タケウチノスクネがホムダワケを「仮宮」にお据えした意図も、気比の大神と会う前にその身を清めることだったと考えることができる(7)。

そこで角鹿の土地神、イザホワケ大神が現れるが、その記述を確認していく。

爾、坐二其地一伊奢沙和気大神之命、見二於夜夢一云、以二吾名一、欲レ易二御子之御名一。爾、言禱白之、恐。随レ命易奉。亦、其神詔、明日之旦、応レ幸二於浜一。献二易レ名之幣一。故、其旦幸二行于浜一之時、毀レ鼻入鹿魚、既依二一浦一。於是、御子、令レ白二于神一云、於レ我給二御食之魚一。故、亦、称其御名一号二御食津大神一。故、於レ今謂二気比大神一也。

（爾くして、其地に坐す伊奢沙和気大神命、夜の夢に見えて云ひしく、「吾が名を以て、御子の御名に易へむと欲ふ」といひき。爾くして、言禱きて白ししく、「恐し。命の随に易へ奉らむ」とまをしき。亦、其の神の詔ひしく、「明日の旦に、浜に幸すべし。名を易ふる幣を献らむ」とのりたまひき。故、其の旦に浜に幸行しし時に、鼻を毀てる入鹿魚、既に一浦に依りき。是に、御子、神に白さしめて云ひしく、「我に御食の魚を給へり」といひき。故、亦、其の御名を称へて御食津大神と号けき。故、今に気比大神と謂ふ。）

〈古事記中巻、仲哀天皇〉

その地にいるイザホワケ大神が、夜の夢に現れ「以二吾名一、欲レ易二御子之御名一（吾が名を以て、御子の御名に易へむと欲ふ）」と言葉をかけた。そこで、御子とタケウチノスクネの側から「随レ命易奉（命の随に易へ奉らむ）」、すなわち仰せのままに、お替え申しましょうと祝福して申したのであった。それに対して大神は、名を替えるしるしの贈り物を献上するので、翌日の朝に浜に来るようと命じた。翌朝浜に行った御子は、鼻の傷ついたイルカが浦一面を埋め尽くすように浜に寄っていることを目にし、「我給㆓御食之魚㆒（我に御食の魚給へり）」というのであった。それで、この神の名を称え、御食津大神と名付け、それが気比大神である、という内容である。

ここにおける大神の「以㆓吾名㆒、欲㆑易㆓御子之御名㆒（吾が名を以て、御子の御名に易へむと欲ふ）」との文言に関して、①大神が自分の名を御子の名に替えた（御子は大神の名を自らの名にした）[8]、②大神が御子の名を自分の名とした[9]、③両者がお互いに名を交換したとする説[10]があるが、本章においては、大神と御子の発話語に注目し、その関係性を考察したうえで、「名易」の意味するところについて考察してみたい。

大神の託言には「以㆓吾名㆒、欲㆑易㆓御子之御名㆒（吾が名を以て、御子の御名に易へむと欲ふ）」、すなわち「御子之御名」を「易へむ」とみえる。名を交換する相手の名に対して「御」付され、敬意が示されていることは、名を替えようとしている相手が御子であることを示唆する。しかし、大神の言葉を受けとる際の夢に関しては「見㆓於夜夢㆒云（夜の夢に見えて云ひしく）」と記され、「夢」に「御」が付されていない。新潮日本古典集成本、新編日本古典文学全集本の古事記の頭注では、太子にかかわる夢だったら、「御夢」というように天皇に対する敬意を示す語、「御」がつくはずであると指摘されている。ここにおいては「夢」に「御」が付されていないことから、イザホワケの託宣は御子の夢ではなく、タケウチノスクネの夢にあらわれたと解することになる[11]。

となると、御子に向けている言葉が、タケウチノスクネの夢に現れているととらえることになる。通常通りに考えると、夢を見る主体と大神から夢で託宣を聞く・言葉を向けられる存在は同一の者でなくてはならない。しかし、当該条においては、「名易」せむと言葉を向けられる主体は太子であるのに対し、その言葉があらわれた夢を見る主体はタケウチノスクネである。それは何故なのか、という疑問が起きてこよう。

前章で分析した通り、天皇となる存在はミコトに表れる神の意を正当に把握する力が必要である。仲哀は神々のミコトを偽りだと思い、それを実行しなかったがために、非業の死を遂げた。仲哀の御子であるオホトモワケもそれと同様に神の意を誤認すると、命を落とすことになりかねない。そうした事態を防ぐため、神功皇后の託宣において審神者をつとめ、神事にかかわるプロであるというタケウチノスクネが、御子が授ける〈夢〉を誘導しているととらえることができる。ここでイザホワケはタケウチノスクネの夢に見えていると同時に、タケウチノスクネに誘導されている御子の夢にもそのミコトが伝わっていると解釈することができよう。

大神の言葉に対して太子は次のような回答をする。「爾、言禱白之、恐。随レ命易奉（爾くして、言禱きて白ししく、「恐し。命の随に易へ奉らむ」とまをしき）」、すなわちミコトのままに易えて奉りましょうというのである。この発語をあらわす語は「言禱白」と記されていることも注目される。

「言禱」の用例は古事記において後一件、天の岩屋戸段にみることができる。高天原に八百万の神々が集まり、アメノウズメを岩屋戸から引き出す準備をするのだが、その時にアメノコヤネが「布刀詔戸（ふとのりと）」を「言禱白」していることが記載されている。[12]「言禱」とは祝詞などを発するときに使われる語で、[13]神事における言葉を発する際に用いられるものとして理解されよう。

仲哀記の末尾において、大神の「名易」せむという要求に対して、太子とタケウチノスクネの回答を示す発話語が「言禱白」と記載されている背後には、大神と御子の間に実行されている「名易」そのものが神事と同然のこととしてとらえられている認識が読み取れる。その〈神事〉とはどのような内容のものであったか、考察を進めていきたい。

それに対する大神の返事は「明日之旦、応レ幸二於浜一。献二易レ名之幣一（明日の旦に、浜に幸すべし。名を易ふる幣を献らむ）」、すなわち、明日の朝に名を替えたしるしとしての贈り物を献上するというものであった。ここにおいて神の発話語は「詔」で示されていることに注目したい。

「詔」は「ミコト（御言）をのる」の意であり、神が依りつき、言葉を発するのが原義であった。また、「白」も祭られる神とそれを祀る者の関係を示す語であった[14]。「詔」と「白」がセットになっている例をホノニニギとサクヤヒメの結婚にみることができる。ホノニニギが「詔」の主体、サクヤヒメが「白」す主体である（第Ⅰ部第四章、表2参照）。ホノニニギは天から降った神であり、サクヤヒメはそれを迎える巫女として位置付けられることから[15]、「詔」と「白」の主体には祭られる者と祭る者の関係性をよみとることができる。

仲哀記の当該条において、イザホワケ大神の発話は「詔」で示され、御子とタケウチノスクネの発話は「白」で示されていることが確認できた。すなはち、「詔」の主体であるイザホワケ大神は祭られる位置にあり、「白」す側にいる御子とタケウチノスクネがこの神に対してそれを祭るものとして位置付けられている。

三浦佑之は御子が「名易」をするまでにオホトモワケと呼ばれていたのに対して、「名易」がおこなわれてから、ホムダワケ（応神天皇）と呼ばれるようになることに注目する。御子の名が変化する要因には角鹿での大神との「名易」があり、大神は「自分の分身として名を与え」たとする[16]。

御子の名そのものは大神の名の通り、すなわちイザホワケというように変化する記述はみられないのだが、三浦佑之の指摘を踏まえると、イザホワケを祭る位置におかれている御子には大神による霊威・分身の付与があったと想定することができる。両者の発話を示す語の記載には、御子による大神の祭祀が見え隠れし、土地神の威力を身につける御子の姿が浮上するのである。

翌日、御子が浜に「幸行」する際に、「毀レ鼻入鹿魚、既依二一浦一（鼻を毀てる入鹿魚、既に一浦に依りき）」、すなわち、鼻の傷ついたイルカが浦一面を埋め尽くすように浜に寄っていたと記されている。西郷信綱は「鼻を毀てる入鹿魚」とは海を泳いでいる魚ではなく、献上物としての魚であるとする。御子が「我に御食の魚《な》を給へり」とある時の「魚」とも献上されるものであり、海を泳ぐ魚を意味するウヲとは異なり、ナと読むべきであるととらえている。(17) それを受けて坂下圭八は、御子の発した言葉「我に御食の魚《な》を給へり」とは御子によるイザホワケへの命名であるととらえている。御子による発語の後に、「故、亦、称其御名一号二御食津大神一（故、亦、其の御名を称へて御食津大神と号けき）」と見え、大神の名がイザホワケから「御食津大神」へと変化していることがみてとれる。命名するとは自らの分身を付与する意味であり、「名易」とは字義通りの名の交換の意に限らず、分身・分霊の付与・享受を意味するものとして理解されるべきものとしてとらえている。(18)

先の記述からは御子と大神の新たな関係性をよみとることができよう。それまでの大神と御子は直接交信することはなく、タケウチノスクネの誘導のもと交流をおこなっていた。だが、御子は大神による献上物を受けたときは「我に御食の魚《な》を給へり」と自ら言葉を発している。このことは、御子の成長を意味していると理解できる。その成長は神からその霊力を授けられたことに起因するのではないだろうか。「名易」の後にオホトモワケの名はホムダワケへと変化する。このことは神の霊力を得て初めて獲得できた立場であるといえよう。そして、御子がその神へと名を与えていることからはこの神の祭祀者としての権利を掌握していることがうかがえる。

なぜ御子は角鹿の地に坐すイザホワケを祀る必要があったのだろうか。倉塚曄子は『続日本後紀』に承和六年（八三九）八月条に、遣唐使船の無事な帰朝を祈って摂津の住吉神とともに気比の神に奉幣が行われた記事を取り上げ、気比大神は大陸交通の一要衝の守り神の役割があったと述べている。さらに、新羅王子天之日矛渡来譚の別伝で、ツヌガアラシトなる者が角鹿に着いたという話（垂仁紀二年是歳）があり、越と大陸をつなぐルートがあったとしている。[19] 越から都への要路にあたる角鹿に鎮座する気比の大神は「大陸交通の裏玄関の守り神」であり、ヤマトはその「祭祀権を掌握する必要があったはずである」ととらえているのである。

大陸交通の一要衝とは国内と国外の境を意味する。境を自由自在に操る能力を持つ者はその国土の支配者となりうる。すなわち、大王となるものは〈境〉を司る力を持たなくてはならない。[20] ここで、オホトモワケが大陸交通の一要衝の守り神であり、境界神でもあった角鹿の土地神を祭祀することは、国内・国外の支配を手に入れたことを意味しているといえる。

以上のことから、仲哀記の当該条は、オホトモワケは角鹿という重要な神の霊力を与えられることによって、自らそれを祀り鎮める資格・能力を手に入れる。さらに、それを命名することを通して、その祭り手へと転化し、大神を朝廷の守り神へと転換させている。土地の神との「名易」は天皇へと成長するにおいて重要な役割を担っていることがうかがえる。

3　日本書紀における応神と気比の大神

仲哀が角鹿に行幸し、さらに紀国に行幸し、南海道を巡回する。そのときに、熊襲が従わず、朝貢しなかったので、仲哀は熊襲国を征討しようとし、瀬戸内海から穴門へわたり、角鹿の仮宮にいた皇后に日本海から穴門に向かうようにと命じる。角鹿が一つの交通の要所として認識されていたことを意味していよう(21)。

仲哀は古事記と同じく神々の託宣を疑ったため、死んでしまった。その后の神功皇后は軍を率いて新羅へと渡り、その王による服属の誓いを受ける。筑紫に戻ると、ホムダワケを出産し、その翌年に穴門に移り、仲哀の遺体を収めて、海路より「京」へ向かった。皇子（応神）と異腹の兄弟であるカゴサカノミコ・オシクマノミコが共謀し、神功皇后を待ち受ける。それを見抜いていた神功皇后は神々の指示に従い、南海から迂回し、オシクマノミコの軍勢を征討した。

筑紫でホムダワケは生まれるが、三年正月に太子になり、一三年の二月に武内宿祢に導かれ、角鹿の気比の大神の宮を参拝する。その後皇后より神酒を献上され、歌を以て祝福される。

角鹿を経由することは古事記と同じ展開であるが、日本書紀は参拝のみで終わっている。角鹿においてホムダワケは禊をしたという記述がなく、気比の大神と名を交換したことも記されないのである。角鹿は朝廷において確保されている交通の要衝として、朝廷の秩序に納められている地として機能することがうかがえるのである。

古事記と日本書紀の両書において、御子は角鹿というところを経由するが、日本書紀は気比の大神の参拝のみとするのに対して、古事記は角鹿で御子は大神と「名易」をするものとして語る。その「名易」には大神による御子へと霊威の付与と御子による大神への祭祀が見え隠れしており、応神天皇の像を捉える上で、両書物の相違を考える手掛かりとなる。

日本書紀では「名易」のエピソードは即位紀にかかわる記述で応神の名の由来をとく一節として紹介され、角鹿の地と無関係である。角鹿を経過しなくても応神天皇になれた存在として捉えられている。それに対して、古事記ではオホトモワケの応神天皇への成長はツヌガにおける大神の霊威・名の享受によって行われており、角鹿の土地そのものが、応神の資格の変化という面で重要な役割を担う。土地の神に対する接し方が古事記と日本書紀において異なっていることがみえてこよう。古事記では土地の神の助力を得て、オホトモワケは初めて天皇となりうるのである。

こうした、土地の神への対応の相違とは、本部でみてきたようにオホモノヌシが語られる諸記事や出雲大神を巡る記事にもみることができる。古事記の天皇はその土地の神を自ら祭祀し、その力をコントロールすることによって、初めて天皇たる存在へと成長する。それに対して、日本書紀では天皇は絶対性を帯びた存在として位置付けられ、臣下の上に君臨するものとして語られる。このことは、両書における天皇像の相違をうかがわせるものとなろう。

日本書紀の天皇像は中国の皇帝制度をささえた天命思想、王化思想の影響を受けており、その絶対性を疑うような記述はなされない。こうした中国的発想に根拠付けられた天皇像の確立により、それに対する反発として古事記の天皇像が成立するであろうことを本書において既に見てきている。本章における分析からも、古事記における応神とは角鹿の土地の神の霊威・名を授けられ、その祭祀を行う者となることによって、天皇たる資格を身につけることがうかがえる。日本書紀では角鹿は天皇の秩序におさめられている一地方に過ぎないのに対し、古事記では応神の国内・外の支配を拡大していく上での重要な聖地として位置付けられている。なぜなら、応神は角鹿の土地神であり、境界神でもある気比の大神の祭祀権を掌握してはじめて自らの支配を海をも超える大陸まで宗教的に保証できたためである。

終章

本書は神武の「サヰ河」での歌にインスパイアされ、スタートしている。葦原の音、「サヰ河」の音を歌い出す神武は、ヤマトに住まう神、オホモノヌシの荒ぶる息遣いも歌い現わしていた。この歌を分析していくことによって、ヤマトそのものが絶対性を帯びた中心としてではなく、荒ぶる霊威に満ちた世界として古事記において描き出されていることがみえてきたのである。

こうしたヤマトは古事記においてのみ語られる世界なのだろうか。古事記と同時期に編まれた書物においても同様な認識が示されているのだろうか、という疑問が生じた。本書の分析対象となった諸テクストに関する考察をまとめる前に、その時代背景と成立の発端についてふれておきたい。

五世紀にヤマトは中国王朝に朝貢しており、朝鮮半島の高句麗・百済と並び、中華帝国を中心とする冊封体制に参入していたのだが、六世紀以降にヤマトの王は冊封体制から離脱し、ヤマトを中心とする小帝国を形成しようとする。天武朝になると隋・唐の律令が導入され、大宝律令（七〇二）として結実する。大宝律令は中国の皇帝制度を支えた天命思想、中華（王化）思想に基礎づけられており、その枠組みでは、天皇が中心（中国）と周辺（諸藩・蝦夷）の上に君臨するものとして位置付けられ、帝国型国家の構造が法制化された時期であった(1)。

こうした動向のなか、ヤマト朝廷の意志を実現するものとして古事記と日本書紀の二つの書物が相次いで成立する。それに加え、律令政府の諸国に向けた官命に対して朝廷に提出された「解文」、現在風土記の名で知られているテクストも成立するのである。本書において、八世紀初頭の諸テクストはヤマトをどのように描いているのか、さらにはヤマトとそれを取り囲む地域との関係性はどのように位置づけられているのか、ということについて考えてきた。

そこで一つの重要なキーワードとなったのは出雲である。出雲を舞台とする神話は古事記および日本書紀の両書において語られているの対し、その描写の相違が著しいことは既に先行研究において注目されている。(2) また、諸風土記の中でも出雲国風土記が特殊な位置にあり、中央から派遣された国司によってくまれた他の風土記とは異なり、出雲在地の人の手によって編纂されている。こうした出雲の特殊性はなぜ生じるのか、ヤマトの側で成立した記紀と出雲国風土記の分析からみえてくるヤマトと出雲の位置づけから、どういうヤマト像が見えてくるのか、という疑問から発し、出雲国風土記の説話の分析を第Ⅰ部において試みた。

本書で紹介した通り、出雲国風土記に関して、その神話が日本書紀の記述の再解釈であり、中央で成立した古事記と日本書紀の神話を受容した結果成立したとする見方が成り立っている。(3) これらの議論によると、出雲国風土記の諸記事は記紀と同様、天皇を中心とする概念によって成り立ち、天皇を軸とする価値観に根拠づけられているとする。

しかし、本書における分析から右の議論とは異なる結果がみえてきたのである。記紀と関連するものとして頻繁に取り上げられる出雲国風土記の意宇郡母理郷に関してだが、当該上に語られるオホナムチは天孫に国を譲るのではなく、「天の下」の創造神および支配神として天下の一部である国の支配を天孫に任命する神として描かれる。このことはオホナムチが天つ神の子孫よりも上位の立場に置かれていることを意味する。さらに、国造はオホナムチを天地創生においてすでにいた神としてとらえ、宇宙の始まりよりも優れている始原を創出し、自らの祭神であるオホナムチをそれにかかわらせていた。こうして国造は「天の下」という概念を中央から享受したのではなく、独自の宇宙観を反映させていたことがみえてきたのである

この問題に加え、天皇の描写の問題に関しても分析してきた。出雲国風土記において他の風土記で頻出する天皇の巡行や国見の話が掲載されず、土地の由来は出雲在地の神々によるものとして描かれる。さらに、出雲在地の神々は天皇や天皇に準ずる存在に対してのみ用いられるという発話語「詔」は出雲在地の神々の発話を示すのに用いられている。本書で行った分析からは、出雲在地の神々は皇祖神と同等の位置におかれていることがみてとれたのである。

日本書紀は天皇の支配の原理を「天」に由来を持つものとしてとらえ、天皇の支配を絶対化し、出雲の地とその神々をヤマト朝廷から武力制圧され、服属するのみの存在として位置付けている。出雲国風土記が日本書紀の意に寄り添っていたのなら、オホナムチを天つ神の子孫より上位に置き、出雲の神々を皇祖神と同等の存在にしなかっただろう。出雲国風土記は独自な主張を貫いていることが疑えないのである。

こうした出雲国風土記の記述の成立の背後には、ヤマトと出雲が共有していたであろう宗教的・祭儀的空間があり、それが出雲国造によって奏上されていた神賀詞奏上儀礼を背景としていることもみえてきた。当儀礼は出雲国風土記が編纂された当初は天皇の即位にかかわる儀礼であり、国土の支配者である天皇に対して、国土の創造者かつ元の統治者であったオホナムチの神を代表して、

出雲の国魂を体現する国造が、その霊威を天皇に付与していた。こうした儀礼を背景に有していた出雲国造はオホナムチを天つ神の子孫よりも上位におき、さらに、出雲の神々を天皇を守護する存在であるという主張を当風土記に織り込んでいったのである。

出雲国風土記はヤマトとの関わりを記すのみならず、出雲国内における国造の自らの立場を強化することを意図した記述も多くみることができる。がんらい、出雲西部の祭神だったオホナムチの原像を書きとめ、西部の首長の姿をその祭り手として登場させている。だが、その姿に「タカヒコ」という出雲東部の国造を彷彿とさせる名を冠することで、自らの姿を西部の祭祀者へと重ね、それを自らへと取り込んでいる。オホナムチの祭祀権を西部から収奪した東部の国造はこうして自らを正当化する必要があったのである。

出雲国造は祭神であるオホナムチも格上げすることで、自らの祭祀者としての立場を高めていた。出雲国内における統治を強化する必要があったと同時に、ヤマトとの関係も意識してのことであった。天孫による国土領有の話を載せることで、ヤマトとの関連におけるオホナムチの位置を定め、さらに、オホナムチおよび出雲の神々に対して、それらが天皇を守護するものである存在として、皇祖神と同等の位置にあるという主張を当風土記に織りこめたのである。

すなわち、出雲国風土記に描かれたヤマトとは決して絶対的な中心として認識されていたのではなく、天皇は出雲の主祭神、オホナムチにより国土の領有を任命される存在として描かれ、ヤマトは出雲の神々から守護される世界として認識されていることがみてとれるのである。

このヤマトと出雲の関係は中央で成り立った古事記と日本書紀からどのように位置づけられていたのか、ということについて、第Ⅰ部第五章で考察を行ってきた。出雲の祭神であるオホナムチに関する神話は両書において語られているが、その相違が著しい。日本書紀はオホナムチを服従させ、出雲を武力でもって征伐してしまう、律令制下の一地方でしかないという出雲を描きだしている。それに対して古事記は、オホナムチをオホクニヌシというように偉大なる神として描き、オホクニヌシを言葉でもって鎮め和らげ、国を譲ってもらう代わりに、祭祀を行うことを語っている。

第Ⅰ部に続き、第Ⅱ部の分析から、こうした天皇の土地の神との接し方は出雲の神に関してのみならず、その他の文脈においてもうかがえた。初代天皇である神武に関してだが、日本書紀では神武がヤマトを征伐し、徳を広めることによって、ヤマトを秩序化するというように描かれている。こうした神武像が確立することによって失われた大王の在り方を描き出そうとしたのが古事記ではないだろうか。古事記における神武はヤマトの荒ぶる地主神、オホモノヌシと一体化することで、その霊威を音で以て歌い表す。それによって、その激しい勢いを生成の力へと転換させ、ヤマトを自らの拠点にする。日本書紀の天皇像の確立によって失われた[4]、土地神を自ら祭祀するという大王の在り方へと古事記は回帰しているのである。

日本書紀は国家を揺るがす疫神オホモノヌシを天皇の系譜に入れず、神武は服属神のコトシロヌシの娘と結婚する。それに対して、古事記はオホモノヌシを系譜に取り入れ、この神を祭祀することで神武のヤマトでの拠点づくりを語る。さらに崇神はオホモノヌシの祭祀を中心にして、ヤマトの国作りの完成を描き出す。

背く者を征伐し、誅殺する天皇、天の意をこうむり、王化のうるおい（秩序）を辺土に武力制圧をもってとどけるヤマトを語るのは日本書紀である。古事記はそれと異なり、辺土の力を吸収し、それを自らの基盤とすることによって更新されていく。

勇猛果敢で、将軍としてのタケル像が日本書紀によって確立すると、それによって失われたタケル性、そしてタケルと天皇の関係を古事記は再創出している。そこで求められたのは、暴力を駆使し、残虐で狂暴な御子の性格であった。ミコトを実行することで成り立つ古事記は、タケルにミコトをあやまった形で実行することで、「コト」にある力を暴力性へと転換する能力を付与し、ヤマトの名を冠した。そして、その制御されない勢い、超常な力は景行によってコントロールされることを語る。景行は自らタケルをミスリードし、それに内在する荒ぶる力を発動させる。時にはその暴力性と自らが一体化し、ヤマトの基盤を拡大していく。ヤマトに潜む荒ぶる力をいかにして制御するか、このことによって天皇としての資格が左右されるといっても過言ではない。そういう世界を語るのが古事記である。日本書紀における、動じない中心、辺土を征伐、誅殺するヤマト像が確立することによって失われたヤマト像、それを創出するのが古事記なのである。

天皇像のみならず、ヤマトの地域豪族との接し方も古事記と日本書紀では相違していることがうかがえた。その代表として挙げられるのは出雲である。日本書紀は出雲大神を朝廷の祭祀制度に取り込まれている神としてとらえ、それを祀る出雲臣を従順な存在として描く。それに対して古事記は、かつての対立者であった出雲西部の祭祀者とその手による出雲大神の祭祀を描いている。さらに古事記はホムチワケの出雲訪問の物語を通して、出雲大神の霊威の付与によって国土の支配を宗教的に保証されるという大王像を描いている。このことは、古事記が豪族に承認され始めて大王の座(支配の根拠)を手に入れるという大王像へと回帰していることを意味する。このことは「天」の絶対性に根拠づけられる日本書紀の天皇像との相違を明白に示していることがうかがえた。

このように八世紀初頭に成立した古事記と日本書紀は異なる天皇像およびヤマト像を表出してい

ることがみえてきたのである。また、律令政府の官命によって編纂された風土記の一つである出雲国風土記も中央で成立した記紀とは異なるヤマト像、天皇像を現しだしていることがうかがえた。こうした違いは各テクストの我々に送るメッセージと深くかかわっているのである。

本書でみてきたように、律令国家の理念を貫く日本書紀はヤマトを「天」に象徴される絶対的な中心として位置付けている。こうした日本書紀の成立によって中国的発想に根拠づけられた世界が確立するのである。それに対する反発として古事記のヤマト像、天皇像が成立する。古事記は、日本書紀の成立によって失われていくヤマトの在り方へと回帰し、ヤマトそのものを荒ぶる世界として描き、大王たるもののその勢いとの関わり方を示す。また王と諸豪族の関係性をお互いに承認しあうものとして描いている。

こうみてくると、ヤマトの絶対性を断固たるものとして描くのは日本書紀であることがうかがえる。だが、こうした日本書紀のヤマトもあるがままの歴史事実の反映として伝えられたのではなく、こうありたいというヤマト朝廷の自らの願望を現しだしているととらえることになろう(5)。「解文」としての提出を求められ成立した出雲国風土記は、また異なったヤマト像を表出している。その天皇像とはオホナムチから国土の統治を委任され、出雲の創造神・祭神よりも下位に置かれているものとして語られる。出雲国風土記の分析から、朝廷祭祀における自らの主祭神（オホナムチ）とその祭祀者としての自らの位置の重要性をアピールする国造の意図がみてとれる。出雲国風土記の分析からもヤマトは決して絶対性を帯びた中心として機能していないことがみえてくるのである。

ヤマトは古代神話の世界の分析からみえてきたように、諸テクストにおいてその位置づけが異なっており、異なる方向へと向いている。古代におけるヤマトは一つの固定した概念（意義）に還元しえないものとして捉えるべきであることがいえる。それぞれのテクストの側から考察することによって、天皇を動じない聖性を浴びた中心とするヤマト像は成り立たず、〈ゆれうごく〉ヤマトの姿が自明なこととして現れているのである。

本書で示した分析は古代神話におけるヤマトの問題を少しだけ明らかにしたに過ぎず、多くの課題が残されている。今後の課題として出雲国風土記の分析を進めると同時に、本書でふれることができなかった播磨、豊後、肥前、常陸風土記や風土記逸文の分析を試みたい。また、本書は古事記中巻の分析でとどまっているのだが、今後は古事記下巻および日本書紀の応神天皇以降の巻も分析対象とし、考察を深めていきたい。

あとがき

神話の言葉は独特である。象徴性や比喩にとんでおり、神と人の領域を往来する。本書においても神武の「サヰ河」での歌やタカクラにおける夢、ホムチワケの奇妙な発話など、古代神話の一つひとつの言葉や表現に見え隠れする感性にインスパイアされた議論が出発点となっている。

本書は、学会誌で既に発表している論稿を単著にする意図のもとスタートしたのだが、書き始めると、個々の論文のまとめとしてではなく、一つの論理・意図に貫かれた全体像をつくらなければならないことに気付いた。それにくわえ、新たな課題が浮上し、それまでふれることのなかった領域に突入することとなった。それは風土記、とりわけ本書で取り上げている出雲国風土記のことである。古代神話を捉えるうえで、記紀のみならず、風土記も欠かせない資料であることがわかった。

こうして本書の第Ⅰ部は出雲国風土記が分析対象となり、第Ⅱ部は古事記および日本書紀の天皇代が対象となっている。第Ⅰ部、第Ⅱ部の後半部分は本書において初めて発表する議論である。第Ⅱ部前半は既に発表している論稿を踏まえているが、本の全体像に沿うべく全面的に改稿している。

古代神話の世界はどのようなものであり、それを担っていた者たちはどのような存在だったのだろうか。日本神話を追求することは、私にとって常に母国の神話の再認識とつながっている。

私の生まれたカザフスタンの神話は一つのまとまった体系を有さず、歌謡や叙事詩が主流をなしている。即興詩人による歌の掛け合いや叙事詩語りによる大会が開催されるほど、口承文芸の伝統が強いようにみえるが、その内実は七〇年間にもわたるソビエト政策により失われたものが大きい。私の祖父母、いやそれより少し前の時代の語り手たちは、どのように日常を過ごしていたのだろうか。彼らは、語りに何をたくし、どのように自らと向き合っていたのだろうか。その暮らしぶりをのぞいてみたいとたまに思うときがある。

こうしてカザフと日本を行き来している間、国際日本文化研究センターの外国人研究員、さらに日本学術振興会の外国人特別研究員に採択され、再び日本で本格的に研究できるチャンスをいただいた。受け入れ先となってくださった研究機関および先生方にお礼を申し上げたい。研究員の期間の終了後にしばらく日本に残り、学習院大学非常勤講師、上智大学非常勤講師も務めさせていただいた。講師の仕事を紹介してくださった先生方にお礼を申し上げる。

日本での滞在中に、それまでに本を熟読していた先生方に実際にお目にかかり、お話を伺えたこと、国内外の日本文化・文学の研究者方とお知り合いになれたことをとても嬉しく思っている。毎週のように、学会や研究会に出向き、議論に参加させていただき、多くの先生方、仲間にご意見をいただいたことに感謝している。

本書の企画が採用されたのは去年の一一月で、日本での研究期間が継続中のころだった。それまで考えてきた論点をまとめ、新たにみえてきた課題のための資料収集やデータスキャン、コピーなどをとることができた。翌年の四月に章立ても定かでないまま帰国を迎えたが、幸いにも執筆に集中できる環境にめぐまれ、半年後の九月に本書のもととなった原稿をほとんど完成させた。その間、内容の具体的な方針から校正作業まで、アドバイスをくださっていた編集者の菱沼達也さんにお礼を申し上げる。そもそも、その「本を作ろう」との声掛けがなかれば、この本もなかったはずである。

帰国後は、次から次へと新資料の必要性が発覚する毎日だったが、そうした中で、論文を何本も面倒くさがらずコピーして送ってくださっていた古代文学会の仲間の堀井瑞生さんにも感謝の念を申し上げる。また、英文あとがきをチェックしてくださった友人のウォーカー由里子さんにもお礼を申し上げたい。

本の企画採用後から初稿の校正が一段落した今頃までには目が回るほど忙しく、普段とは異なるペースで生活していたのだが、新課題を発見しては、その位置づけを再考し、構成を何回も変えながら、登場人物の息遣いを追うかのように過ごしていたこの時期はとても幸せだった。書いていく中で巡り合えた出雲国造とそのいつく神々、天空をあおぐ出雲大社、異界へ誘い込むホムチワケ、心をざわつかせるヤマトタケル。古代神話の語りから、私が学ぶことはとても大きい。

最後に常から研究を応援してくれている家族に感謝を記し、この書をむすぶこととする。

二〇一九年一二月一五日

アンダソヴァ・マラル

注

序章

（1）古事記および日本書紀の神話に関して、記紀神話と一括してとらえるのではなく、異なるコスモロジーを有する書物としてとらえるべきであることについて論じた神野志隆光の研究があげられる（神野志隆光『古事記の達成』東京大学出版会、一九八三、同『古事記の世界観』吉川弘文館、一九八六、同『古代天皇神話論』若草書房、一九九九）。だが、神野志隆光は両書物における出雲に関して、ほとんどその相違をみとめていない。それに対して、三浦佑之は古事記上巻は三分もの一の分量を出雲を舞台とする神話に費やしている点で日本書紀と大きくことなっているとし、出雲を軸にする両書物の相違について論じている。（三浦佑之『口語訳古事記』文藝春秋、二〇〇二、同『古事記講義』文藝春秋、二〇〇三、同『古事記を読みなおす』ちくま新書、二〇一〇）

（2）本書におけるこの視点は呉哲男の議論をふまえている（呉哲男『古代日本文学の制度論的研究――王権・文字・性』おうふう、二〇〇三、同『古代文学における思想的課題』森話社、二〇一六）。

第I部

（1）門脇禎二『出雲の古代史』日本放送出版協会、一九七六、同『古代出雲』講談社学術文庫、二〇〇三、瀧音能之『出雲古代史論攷』岩田書院、二〇一四

（2）松本直樹『出雲国風土記注釈』新典社、二〇〇七、小村宏史「『出雲国風土記』におけるオホナムチ像」『古代神話の研究』新典社、二〇一一。両者の研究は神田典城『日本神話論考――出雲神話篇』（笠間書院、一九九二）を受け継ぐものとしてとらえられる。

（3）神田典城、前掲（2）と同じ。

（4）瀧音能之、前掲（1）と同じ。

（5）神田典城、前掲（2）に同じ。

（6）石母田正『日本古代国家論』「第二部　神話と文学」岩波書店、一九七三

（7）三浦佑之「カムムスヒ考――出雲の祖神」『文学（特集 古事記をよむ）』一三（一）、二〇一二年一月、同『風

土記の世界』岩波書店、二〇一六
（8）瀧音能之、前掲（1）と同じ。
（9）大浦元彦「『出雲国造神賀詞』奏上儀礼の成立」『史苑』第四五巻第二号、立教大学史学会、一九八六年一一月

第一章

（1）瀧音能之「風土記の成り立ちとその時代」瀧音之行編『風土記をひらく』新井出版、一九八七。瀧音能之は『風土記』の名が明確にみられるのは延喜一四（九一四）年の三善清行の「意見封事十二箇条」が最初であると指摘している。
（2）瀧音能之、前掲（1）に同じ。
（3）荻原千鶴『出雲国風土記』講談社学術文庫、一九九九
（4）『続日本紀』神亀元年（七二四）の記事に出雲臣広島が神賀詞を奏上した記録がみられる。『続日本紀』（新日本古典文学大系）岩波書店、一九八九―一九九一
（5）荻原千鶴、前掲（3）に同じ。
（6）井上光貞「国造制の成立」『史学雑誌』六〇―一一、（のち『井上光貞著作集』第三巻、岩波書店に収録された）
（7）水野祐『古代の出雲』日本歴史叢書二九、吉川弘文館、一九九六
（8）門脇禎二『出雲の古代史』日本放送出版協会、一九七六、同『古代出雲』講談社学術文庫、二〇〇三
（9）前記の論者に加えて瀧音能之（『出雲古代史論攷』岩田書院、二〇一四）もオホナムチを祭祀するようになったのは、東部を中心とする国造が西部を支配下に入れることによるものであるとする見解を示している。
（10）荻原千鶴、前掲（3）に同じ。
（11）門脇禎二、前掲（8）に同じ。
（12）門脇禎二、前掲（8）に同じ。
（13）水野祐「出雲の豪族と出雲臣族」、「出雲の国造」、上田正昭編『古代を考える　出雲』吉川弘文館、一九九三
（14）荻原千鶴、前掲（3）に同じ。古事記においてオミズヌの命は系譜にのみ登場し、荻原千鶴はこの神に関して、出雲の神としてスサノヲの系譜に取り入れられたとする。
（15）加藤義成『修訂　出雲国風土記参究』今井書店、一九八七（初版、一九五七）
（16）加藤義成、前掲（15）、瀧音能之「（第二部）国引き神話の諸様相」『出雲古代史論攷』岩田書院、二〇一四

（17）『風土記』（新編日本古典文学全集）植垣節也校注、小学館、一九九七
（18）三浦佑之『風土記の世界』、岩波書店、二〇一六
（19）石母田正『日本古代国家論』「第二部　神話と文学」岩波書店、一九七三
（20）瀧音能之、前掲（16）に同じ。
（21）荻原千鶴、前掲（3）、瀧音能之、前掲（16）に同じ。
（22）石母田正、前掲（19）に同じ。
（23）石母田正、前掲（19）に同じ。
（24）瀧音能之、前掲（16）に同じ。
（25）石母田正、前掲（19）に同じ。
（26）瀧音能之、前掲（16）に同じ。
（27）瀧音能之、前掲（16）に同じ。
（28）本居宣長『古事記伝　本居宣長全集第九巻~十二巻』筑摩書房、一九六八―一九九三
（29）石母田正、前掲（19）に同じ。
（30）折口信夫『折口信夫全集』中央公論社、一九七七。西郷信綱は「おゑ」とはア行とオとワ行のヱ、神武記の「をえ」はワ行のヲとア行のエであり、両者は別語であるとしている。さらに神武記の「をえ」は動詞ヲユの連用形であり、国引き神話の場面においては「おゑ」と「詔」りたまひきとあることから、それは完結した語でなければならなす、連用形を持ってくる理由はわかりにくいと述べ、「意恵」は「意宇」の誤写であると解している（西郷信綱『国引き考――出雲国風土記』《リキエスタ》の会、二〇〇一）。国引きの「意恵」と神武記の「遠延《をえ》」と同語として扱っていいのかと、問題は残る。
（31）『風土記』（日本古典文學大系）秋本吉郎校注、岩波書店、一九五八
（32）加藤義成、前掲（15）に同じ。
（33）加藤義成、前掲（15）、荻原千鶴、前掲（3）、新編日本古典文学全集の風土記も同様に「おゑ」を感動詞ととらえ、「おゑ」と「をえ」と混同するのは誤りであるとし、播磨の国の神が「おわ」と通じる語であるとしている。
（34）荻原千鶴、前掲（3）に同じ。
（35）赤坂憲雄『境界の発生』講談社学術文庫、二〇〇二
（36）千家尊統『出雲大社』学生社、一九九一（初版、一九六八）

(37) 千家和比古「出雲大社と祭祀――その祭主、出雲国造の祭儀」上田正昭編『古代を考える　出雲』吉川弘文館、一九九七（初版、一九九三）

(38) 平井直房「「御杖代」としての国造」『出雲国造火継ぎ神事の研究』房三堂、一九八九。本引用は平井直房の「「御杖代」としての国造」に引用されている文章による。

(39) 平井直房、前掲（38）に同じ。『媒家伝之神書』は平井直房の同著の「火継ぎ神事の展開」編に収録されている。

(40) 小村宏史「『出雲国風土記』におけるオホナムチ像」『古代神話の研究』新典社、二〇一一

(41) 秋本吉徳「風土記神話試論――伊和大神をめぐって」『古事記年報』一八号、一九七六年一月

(42) 高橋六二「神、詔りたまひき・風土記の神言」『日本文学史を読む1　古代前期』有精堂、一九九〇

(43) ミルチャ・エリアーデ『神話と現実』エリアーデ著作集第七巻、せりか書房、一九七三

第二章

(1) 多くの表記を有する神であるが、本稿においてオホナムチと統一して記述する。

(2) 和田萃「杵築大社の成立」『日本古代の儀礼と祭祀・信仰　下巻』塙書房、一九九五

(3) 瀧音能之「オホクニヌシ神の現像」『出雲古代史論攷』岩田書院、二〇一四

(4) 和田萃、前掲（2）に同じ。

(5) 門脇禎二『出雲の古代史』日本放送出版協会、一九七六、門脇禎二『古代出雲』講談社学術文庫、二〇〇三、瀧音能之『出雲古代史論攷』岩田書院、二〇一四

(6) 出雲国風土記のオホクニヌシ関連の記事に出雲国造の祭祀者として姿が投影されているとする研究として小村宏史の『古代神話の研究』（新典社、二〇一一）があげられる。本書はこの視点から多くを学んだが、小村宏史が出雲国風土記の記事を『記』『紀』を享受した結果成立するととらえる議論に対して異なる意見を述べたい。

(7) 和田萃、前掲（2）、門脇禎二、前掲（5）に同じ。

(8) 門脇禎二、前掲（5）、和田萃、前掲（2）、瀧音能之、前掲（3）に同じ。門脇禎二は斐伊川下流域、神門川下流域を中心として出雲部族連合体があることを指摘し、その祭神（仏経山の祭神とキツキ大神）は後にオホナムチとしてととのえ上げられた神格だったとする。

(9) 本書が踏まえている荻原千鶴の『出雲国風土記』は多くの古写本が「宇比多伎山」の山名を脱することから、掲載していないのだが、本書では文意を明確にするために掲載することにした。

（10）加藤義成『修訂　出雲国風土記参究』今井書店、一九八七（初版、一九五七）、荻原千鶴『出雲国風土記』講談社学術文庫、一九九九、瀧音能之『出雲古代史論攷』岩田書院、二〇一四

（11）加藤義成、荻原千鶴、前掲（10）に同じ。

（12）加藤義成、前掲（10）に同じ。

（13）荻原千鶴、前掲（10）に同じ。

（14）瀧音能之、前掲（3）に同じ。

（15）荻原千鶴、前掲（10）に同じ。

（16）古来山の嶺や樹木などは神の降臨する場所であると信仰されていた。

（17）和田萃、前掲（2）、瀧音能之、前掲（3）に同じ。

（18）西郷信綱『古事記注釈』筑摩書房、二〇〇五（初版、平凡社、一九七五―一九八九）、西宮一民校注『古事記』（新潮日本古典集成）新潮社、二〇〇五（初版、一九七九）、神野志隆光校注『古事記』（新編日本古典文学全集）小学館、一九九七、三浦佑之『口語訳古事記』文藝春秋、二〇〇二、同『古事記講義』文藝春秋、二〇〇三

（19）拙稿「古事記のなかの出雲――ホムチワケの出雲訪問について本書第Ⅱ部において詳述する。ホムチワケのシャーマニックな体験から」、『現代思想』「総特集出雲」、青土社、二〇一三年一一月号。

（20）西宮一民校注『古事記』（新潮日本古典集成）新潮社、二〇〇五（初版、一九七九）

（21）和田萃、前掲（2）に同じ。

（22）西宮一民校注、前掲（20）に同じ。

（23）和田萃、前掲（2）に同じ。

（24）和田萃、前掲（2）、瀧音能之、前掲（3）。和田萃は「天の御舎」を杵築大社ではないとし、オホクニヌシが天つ神を迎えるためにたてたものであるとする。瀧音能之は和田萃と同様に杵築大社と「天の御舎」は所在地は異なっていたとするが、「天の御舎」をオホクニヌシの神殿であるととらえている。

（25）和田萃、前掲（2）、瀧音能之、前掲（3）に同じ。瀧音能之も現在の社地とは違うといい、「天の御舎」は現在の出雲市武志町に比定する説は有力であるとする。

（26）和田萃、前掲（2）、瀧音能之、前掲（3）に同じ。

（27）和田萃、前掲（2）に同じ。

（28）瀧音能之、前掲（3）に同じ。

（29）三谷栄一『日本神話の基盤』塙書房、一九八四（初版、一九七四）
（30）和田萃、前掲（2）に同じ。
（31）三谷栄一、前掲（29）に同じ。
（32）荻原千鶴、前掲（10）に同じ。
（33）高床式の建造物、タカクラに関して本書第Ⅱ部第一章に詳述する。
（34）安康天皇が神床で昼寝していたときに、目弱王が殿の下で遊んでいたと記されていることから、天皇が神の意を得る神床は高床式のものであったことがうかがえる。
（35）松本直樹『出雲国風土記注釈』新典社、二〇〇七
（36）荻原千鶴、前掲（10）に同じ。
（37）荻原千鶴、前掲（10）に同じ。
（38）瀧音能之、前掲（3）に同じ。
（39）和田萃、前掲（2）に同じ。
（40）荻原千鶴、前掲（10）に同じ。
（41）本節の分析対象である仁田郡三沢郷の記事だが、これを三沢ととる説（日本古典文學大系本と新編日本古典文学全集本）と三津ととる説（荻原千鶴校注の講談社学術文庫本）がある。「三津」とは河港の意で、「三沢」は神聖な沢を意味する。「三沢」の場合はその水を禊に用いるのは自然であり、本書で示した解釈と意味が通じるため、「沢」の説に従う。
（42）三谷栄一、前掲（29）に同じ。
（43）小村宏史『古代神話の研究』新典社、二〇一一
（44）通説
（45）大浦元彦『出雲国造神賀詞』奏上儀礼の成立『史苑』第四五巻第二号、立教大学史学会、一九八六年一一月
（46）瀧音能之、前掲（3）に同じ。
（47）菊池照夫「出雲国造神賀詞奏上儀礼の意義――神宝の検討を中心に」瀧音知之編『出雲世界と古代の山陰　古代王権と交流七』名著出版、一九九五
（48）水林彪「古代天皇性における出雲関連諸儀式と出雲神話」『国立歴史民俗博物館研究報告』第一五二集、二〇〇九年三月

（49）水林彪、前掲（48）、瀧音能之、前掲（3）に同じ。
（50）「国造奏神壽詞。玉六十八枚。〈赤水精八枚。白水精十六枚。青石玉汗四枚。〉金銀装横刀一口。〈長二尺六寸五分。〉鏡一面。〈徑七寸七分。〉倭文二端。〈長各一丈四尺。廣二尺二寸。並置案。〉白眼鴾毛馬一疋。白鵠二翼。〈垂軒。〉御贄五十舁。〈舁別盛十籠。〉」『延喜式』（国史大系）吉川弘文館、一九七二
（51）和田萃「出雲国造と変若水」『国立歴史民俗博物館研究報告』第一一二集、二〇〇四年二月
（52）本居宣長「出雲國造神壽後釋」『本居宣長全集 第七巻』（本居宣長著、大野晋、大久保正編集校訂、筑摩書房、一九六八—一九九三）
（53）和田萃「出雲国造と変若水」『国立歴史民俗博物館研究報告』第一一二集、二〇〇四年二月
（54）小村宏史、前掲（43）に同じ。
（55）記紀神話が宮廷祭祀に関係した祭儀神話としてとらえる研究としては岡田精司『古代王権の神話と祭祀』塙書房、一九八四（初版、一九七〇）、「記紀神話の成立」『岩波講座　日本歴史』一九七五、水林彪、前掲（48）があげられる。
（56）出雲国造神賀詞には「出雲の国の青垣山の内に、下つ石根に宮柱太知り立て、高天原に千木高知り坐す伊射那伎の日まな子、かぶろき熊野の大神、櫛御気野命、国作り坐し大穴持命、二柱の神を始めて、百八十六社に坐す皇神等を」と記され、「皇神」とは出雲国内の百八十六社に鎮座する神々をさす（青木紀元「出雲国造神賀詞」『祝詞全評釈』、二〇〇〇、右文書院）。
（57）荻原千鶴、前掲（10）に同じ。
（58）和田萃、前掲（2）、瀧音能之、前掲（3）に同じ。
（59）松本直樹、前掲（35）、荻原千鶴、前掲（10）、三浦佑之『風土記の世界』岩波書店、二〇一六
（60）本居宣長は「天の御舎」を杵築大社ととらえているのだが、本書において和田萃と瀧音能之の説を支持し、杵築大社と「天の御舎」は別のものであるととらえている。なお、本問題について本章および第Ⅱ部において細述している。
（61）松本直樹、前掲（35）に同じ。
（62）日本書紀巻第二神代下第九段一書第二には「時高皇産霊尊乃還二遣二神一、勅二大己貴神一曰、今者聞二汝所言一、深有二其理一。故更条条而勅之。夫汝所レ治顕露之事、宜二是吾孫治一之。汝則可三以治二神事一。又汝応レ住天日隅宮者、今当二供造一。即以二千尋栲縄一、結為二百八十紐一、其造宮之制者、柱則高大。板則広厚。又将二田供佃一。又為二

汝往来遊レ海之具一、高橋・浮橋及天鳥船亦将二供造一。又於二天安河一亦造二打橋一。又供二造百八十縫之白楯一。又当主二汝祭祀一者、天穂日命是也。（時に高皇産霊尊、乃ち二の神を還遣し、大己貴神に勅して曰はく、「今者し汝が所言を聞くに、深く其の理有り。故、更に条々にして勅したまふ。夫れ汝が治らす顕露之事、是吾が孫治らすべし。汝は以ちて神事を治らすべし。又汝が住むべき天日隅宮は、今し供造らむ。即ち千尋の栲縄を以ちて、結びて百八十紐とし、其の造宮の制は、柱は高く大く、板は広く厚くせむ。又田供佃らむ。又汝が往来ひて海に遊ぶ具の為に、高橋・浮橋と天鳥船も供造らむ。又天安河にも打橋を造らむ。又百八十縫の白楯を供造らむ。又汝が祭祀を主らむ者は、天穂日命是なり」とのたまふ）」とある。

(63) 和田萃、前掲（2）に同じ。
(64) 小村宏史、前掲（43）に同じ。
(65) 神野志隆光『古事記の達成』東京大学出版会、一九八三、同『古事記の世界観』吉川弘文館、一九八六、『古事記と日本書紀』講談社現代新書、一九九九
(66) 三浦佑之「カムムスヒ考——出雲の祖神」『文学（特集　古事記をよむ）』一三（一）、二〇一二年一月、同『風土記の世界』岩波書店、二〇一六
(67) 神野志隆光、前掲（65）に同じ。
(68) 加藤義成、前掲（10）、松本直樹、前掲（35）に同じ。松本直樹は「天」は中央神話の高天原的な世界観を背負うものとしてとらえている。
(69) 西郷信綱『古事記の世界』岩波書店、一九六七
(70) 橋本雅之『古風土記の研究』和泉書院、二〇〇七
(71) 荻原千鶴、前掲（10）に同じ。

第三章

(1)『風土記　新編日本古典文学全集』植垣節也校注、小学館、一九九七、荻原千鶴『出雲国風土記』講談社学術文庫、一九九九
(2) 神野志隆光『古事記の達成』東京大学出版会、一九八三、同『古事記の世界観』吉川弘文館、一九八六
(3)『記』『紀』神話を受けている。松本直樹『出雲国風土記注釈』新典社、二〇〇七
(4) 小学館、小島憲之『上代日本文学と中国文学』塙書房、一九八六（初版、一九六二）

（5）小島憲之、前掲（4）に同じ。
（6）小島憲之、前掲（4）に同じ。
（7）加藤義成『修訂　出雲国風土記参究』今井書店、一九八七（初版、一九五七）
（8）荻原千鶴、前掲（1）に同じ。
（9）荻原千鶴、前掲（1）に同じ。
（10）荻原千鶴、前掲（1）に同じ。
（11）瀧音能之『出雲古代史論攷』岩田書院、二〇一四
（12）神野志隆光、前掲（2）に同じ。
（13）平井直房『出雲国造火継ぎ神事の研究』房三堂、一九八九、千家尊統『出雲大社』学生社、一九九一（初版一九六八）
（14）平井直房、前掲（13）に同じ。
（15）千家尊統、前掲（13）に同じ。
（16）平井直房、千家尊統、前掲（13）に同じ。
（17）和田萃「杵築大社の成立」『日本古代の儀礼と祭祀・信仰　下巻』塙書房、一九九五、瀧音能之、前掲（11）に同じ。
（18）武廣亮平「天地開闢神話」『風土記の神と宗教的世界』おうふう、一九九七
（19）神田典城『日本神話論考――出雲神話篇』笠間書院、一九九二、松本直樹『出雲国風土記注釈』新典社、二〇〇七
（20）神田典城、前掲（19）に同じ。
（21）『時代別国語大辞典、上代編』三省堂、一九六七
（22）松本直樹、前掲（19）、佐竹美穂「『出雲国風土記』意宇郡母理郷条を読む」『古代文学』五八号、二〇一九年三月
（23）松本直樹、前掲（19）、佐竹美穂、前掲（22）に同じ。
（24）門脇禎二『出雲の古代史』日本放送出版協会、一九七六、門脇禎二『古代出雲』講談社学術文庫、二〇〇三、和田萃「杵築大社の成立」、前掲（17）、瀧音能之、前掲（11）に同じ。
（25）神田典城、前掲（19）、松本直樹、前掲（19）、小村宏史『古代神話の研究』新典社、二〇一一

(26) 神野志隆光『古事記の世界観』吉川弘文館、一九八六
(27) 松本直樹、前掲（19）に同じ。
(28) 橋本雅之『古風土記の研究』和泉書院、二〇〇七
(29) 橋本雅之、前掲（28）に同じ。
(30) 橋本雅之、前掲（28）に同じ。
(31) 神田典城をはじめ、松本直樹、小村宏史、前掲（19）、（25）に同じ。
(32) 和田萃、前掲（17）に同じ。
(33) 水林彪「古代天皇性における出雲関連諸儀式と出雲神話」『国立歴史民俗博物館研究報告』第一五二集、二〇〇九年三月、瀧音知之、前掲（11）
(34) 大浦元彦「『出雲国造神賀詞』奏上儀礼の成立」『史苑』第四五巻第二号、立教大学史学会、一九八六年一一月
(35) 菊池照夫「出雲国造神賀詞奏上儀礼の意義――神宝の検討を中心に」瀧音知之編『出雲世界と古代の山陰　古代王権と交流七』名著出版、一九九五
(36)『続日本紀』神亀元年（七二四）の記事に出雲臣広島が神賀詞を奏上した記録がみられる。（『続日本紀』（新日本古典文学大系）岩波書店、一九八九―一九九一
(37) 記紀神話が宮廷祭祀に関係した祭儀神話としてとらえる研究としては岡田精司『古代王権の神話と祭祀』塙書房、一九八四（初版、一九七〇）、「記紀神話の成立」『岩波講座　日本歴史』一九七五、水林彪「古代天皇性における出雲関連諸儀式と出雲神話」『国立歴史民俗博物館研究報告』第一五二集、二〇〇九年三月。また母理郷の記述を神賀詞奏上儀礼の影響のもと成立したとみる佐竹美穂の論文（前掲（22））も取り上げられる
(38) 加藤義成、前掲（7）、『風土記　新編日本古典文学全集』植垣節也校注、前掲（1）に同じ。
(39) 松本直樹、前掲（19）に同じ。
(40) 加藤義成、前掲（7）。加藤義成の『参究』は「御膳《みけ》」と訓読しているが、大系本、新編日本古典文学全集本、講談社学術文庫本は郷名の「飯成《いひなし》」と通じさせるため「御膳《みいひ》」と訓読している。
(41)『風土記　新編日本古典文学全集』植垣節也校注、小学館、一九九七
(42) 岡田精司『古代王権の神話と祭祀』塙書房、一九八四（初版、一九七〇）
(43) 平井直房、前掲（13）に同じ。
(44) 千家尊統、前掲（13）に同じ。

(45) 平井直房、前掲(13)に同じ。
(46) 呉哲男『古代文学における思想的課題』森話社、二〇一六

第四章

(1) 『角川大字源』角川書店、一九九二
(2) 渡辺信一郎『古代中国の王権と天下秩序――日中比較史の視点から』、校倉書房、二〇〇三
(3) 『角川大字源』、前掲(1)に同じ。
(4) 『令義解巻七　公式令』国史大系第二十二巻、吉川弘文館、二〇〇〇(初版、一九三九)
(5) 横田健一「古事記と日本書紀における詔と勅――類義語の分布よりみた巻々の特色」『日本書紀成立論序説』塙書房、一九八四
(6) 横田健一、前掲(5)に同じ。
(7) 瀧音知之「風土記と天皇号」『律令国家の展開過程』、一九九一
(8) 瀧音知之、前掲(7)、同「『出雲国風土記』の性格――神と天皇の表象を中心に」『出雲古代史論攷』岩波書院、二〇一四
(9) 神田典城『日本神話論考――出雲神話篇』笠間書院、一九九二
(10) 『風土記』(新編日本古典文学全集)植垣節也校注、小学館、一九九七、『風土記』(日本古典文學大系)秋本吉郎校注、岩波書店、一九五八、荻原千鶴『出雲国風土記』講談社学術文庫、一九九九
(11) 西宮一民校注『古事記』(新潮日本古典集成)新潮社、二〇〇五(初版、一九七九)、神野志隆光校注『古事記』(新編日本古典文学全集)小学館、一九九七
(12) 小島憲之校注『日本書紀』(新編日本古典文学全集)小学館、一九九四
(13) 古橋信孝「災いと法」古橋信孝編『言葉の古代生活誌』河出書房新社、一九八九
(14) 吉田修作「のる」『古代語を読む』桜楓社、一九八八
(15) 岡田精司『古代王権の神話と祭祀』塙書房、一九八四(初版、一九七〇)
(16) 瀧音能之、前掲(8)に同じ。
(17) この他にオホクメ、曙立王、ヤマトタケルの発話が「詔」で示される用例もあるが、これらに関しては、天皇の命令を受け、実行する「モコトモチ」であるため「詔」で発話が記されたと捉える。なお、ヤマトタケルの

「詔」について、第Ⅱ部第四章で詳述する。
（18）大浦元彦「『出雲国造神賀詞』奏上儀礼の成立」『史苑』第四五巻第二号、立教大学史学会、一九八六年一一月
（19）菊池照夫「出雲国造神賀詞奏上儀礼の意義――神宝の検討を中心に」瀧音知之編『出雲世界と古代の山陰　古代王権と交流7』名著出版、一九九五、水林彪「古代天皇性における出雲関連諸儀式と出雲神話」『国立歴史民俗博物館研究報告』第一五二集、二〇〇九年三月

第五章
（1）和田萃「杵築大社の成立」『日本古代の儀礼と祭祀・信仰　下巻』塙書房、一九九五
（2）西郷信綱『古事記の世界』岩波書店、一九六七、三浦佑之『古事記講義』文藝春秋、二〇〇三
（3）神田典城「ヤマトタケルとオホクニヌシ」『学習院大学上代文学研究』第四号、一九七八年一二月
（4）西郷信綱、前掲（2）、三浦佑之、前掲（2）に同じ。
（5）三浦佑之（「出雲と出雲神話――葦原中国、天之御舎、神魂命」『現代思想』青土社　二〇一三年一一月）は「葦原中国」の用例を分析した上で、地上世界を「葦原中国」と呼んでいるのはほとんど「高天原」の神々であり、オホクニヌシは自分の世界を「葦原中国」と呼ばず、「この国」と呼んでいることに注目し、「葦原中国」とは「高天原」の神々がオホクニヌシの世界をコトムケに導くために用いる言葉であるとする。拙稿（「古事記と『シャーマニズム』――葦原中国と命名することについて」『日本文学』六四巻五号、二〇一五年五月）では三浦佑之の右の論を受けて、命名することの呪術性の視点から考察を加えているが、本書の論点と異なるため、紹介でとどめる。
（6）西郷信綱、前掲（2）、西郷信綱『古事記注釈』筑摩書房、二〇〇五（初版、平凡社、一九七五―一九八九）
（7）神野志隆光『古事記の達成』東京大学出版会、一九八三
（8）水林彪「古代天皇性における出雲関連諸儀式と出雲神話」『国立歴史民俗博物館研究報告』第一五二集、二〇〇九年三月
（9）飯泉健司「播磨国風土記神話の研究――神と人の文学」二〇一七、坂江渉「『播磨国風土記』の神話からみる祭りの諸事の縁起譚」『専修大学古代東ユーラシア研究センター年報』、第三号、二〇一七年三月
（10）土橋寛『古代歌謡集』岩波書店、一九五七
（11）野田浩子「『さやけし』の周辺――〈清なる自然〉試論2」『古代文学』二四巻、一九八五
（12）本書における古事記の引用は神野志隆光校注の『古事記』（新編日本古典文学全集、小学館、一九九七）をもと

にしているが、「言向和平」に関しては「言葉を向け、鎮め和らげる」と解する立場をとるため、「言向け和平せ」と訓読している西宮一民校注の『古事記』（新潮日本古典集成、新潮社、二〇〇五（初版、一九七九））に従う。
（13）倉野憲司『古事記全注釈』1―4、三省堂、一九七三～一九八〇、西宮一民校注『古事記』（新潮日本古典集成）新潮社、二〇〇五（初版、一九七九）
（14）倉野憲司、前掲（13）に同じ。
（15）本居宣長『古事記伝　本居宣長全集第九巻～十二巻』筑摩書房、一九六八―一九九三、西郷信綱『古事記注釈』、前掲6、神野志隆光校注『古事記』（新編日本古典文学全集）小学館、一九九七
（16）神野志隆光、前掲（7）に同じ。
（17）森昌文「ヤマトタケル論――言（コト）」への展開」『古代文学』二五、一九八六年三月号
（18）折口信夫「国文学の発生（第四稿）」『古代研究V　国文学篇1』角川ソフィア文庫、二〇一七（初版、一九七七）
（19）森昌文、前掲（17）に同じ、稲生知子「『古事記』にとっての倭建命――「言葉」をめぐる問題から」『古代文学』五〇巻、二〇一一年三月
（20）拙稿、前掲（5）に同じ。神話や歌における人称転換および人称末分化な表現に関して藤井貞和『古日本文学発生論』思潮社、一九七八を参照されたい。
（21）三浦佑之『古代叙事伝承の研究』勉誠社、一九九二
（22）拙稿、前掲（5）に同じ。
（23）梅田徹「『古事記』の「神代」――根本原理としての「コトヨサシ」」『国語と国文学』六二―八、一九八五年八月
（24）森昌文、前掲（17）に同じ。
（25）森昌文、前掲（17）に同じ。森昌文は言を向けることに際して、向ける側と受け取る側どちらもの役割が重要視されるべきであるとし、「「言」をどちらか一方に固定化する捉え方は正しいとは言えない」と述べている。
（26）水林彪、前掲（8）に同じ。
（27）水林彪、前掲（8）に同じ。
（28）稲賀繁美「タケミカヅチはなぜタケミナカタに手を握らせたのか？――『古事記』「国譲り」の発話構造における神威発現の機制と策略」『図書新聞』三三五四号、二〇一八年六月九日

(29) 本書における古事記の引用は神野志隆光校注の『古事記』(新編日本古典文学全集、小学館、一九九七)をもとにしているが、左記引用の「水戸神之孫櫛八玉神為二膳夫一」の訓読に関しては、神野志隆光が示した解釈とは異なる説をとるため、「水戸神の孫孫櫛八玉の神、膳夫になり」にした。

(30) 諸解釈に対する考察は拙著『古事記　変貌する世界』(ミネルヴァ書房、二〇一四)において行っているため、ここは省略する。

(31) 本居宣長『古事記伝　本居宣長全集第九巻~十二巻』筑摩書房、一九六八—一九九三

(32) 倉野憲司『日本古典文学大系1　古事記祝詞』岩波書店、一九五八、同『古事記』岩波文庫、一九六三、西郷信綱『古事記注釈』、前掲(6)、『古事記』(新潮日本古典集成)西宮一民校注、前掲(13)

(33) 神野志隆光校注『古事記』(新編日本古典文学全集)、前掲(15)に同じ。

(34) 管浩然「『古事記』の「天之御舎」をめぐって」『万葉』第二二六号、平成三〇年、一〇月

(35) 西郷信綱『古事記注釈』、前掲(6)に同じ。

(36) 西宮一民校注『古事記』、前掲(13)に同じ。

(37) 西郷信綱『古事記注釈』、前掲(6)に同じ。

(38) 拙著、前掲(30)に同じ。

(39) 西宮一民校注『古事記』、前掲(13)に同じ。

(40) 和田萃、前掲(1)に同じ。

(41) 和田萃、前掲(1)、瀧音知之『出雲古代史論攷』岩波書院、二〇一四。瀧音能之は古事記に登場する「天の御舎」は西部の首長に祀られたときの斎場を指しているとする。

(42) 瀧音知之、前掲(41)に同じ。

(43) 三浦佑之『古事記講義』、前掲(2)、荻原千鶴『出雲国風土記』講談社学術文庫、一九九九

(44) 斎藤英喜『古事記　成長する神々』ビイング・ネット・プレス　二〇一〇

(45) 水林彪、前掲(8)に同じ。

(46) 水林彪、前掲(8)に同じ。

第Ⅱ部

(1) 西郷信綱『古事記の世界』岩波書店、一九六七

（2）神野志隆光『古事記の世界観』吉川弘文館、一九八六
（3）中心と周辺の二項対立を流動するものとしてとらえることに関して拙著（『古事記　変貌する世界』ミネルヴァ書房、二〇一四）において述べている。拙著では、古事記上巻を分析の対象としていたのだが、本書においては主に中巻を分析する。

第一章

（1）西郷信綱『古事記注釈』筑摩書房、二〇〇五（初版、平凡社、一九七五―一九八九）
（2）『エリアーデ世界宗教事典』せりか書房、一九九四
（3）神野志隆光校注『古事記』（新編日本古典文学全集）小学館、一九九七
（4）西郷信綱、前掲（1）に同じ。
（5）西郷信綱、前掲（1）に同じ。
（6）『日本古語大辞典』刀江書院、一九七四、田中卓「神武天皇の東征と熊野の高倉下」『芸林』四九―三、二〇〇〇年八月
（7）『古語大鑑　第二巻』東京大学出版会、二〇一六
（8）『日本古語大辞典』前掲（6）、『角川古語大辞典』角川書店、一九八四
（9）『角川古語大辞典』、前掲（8）、『古語大鑑　第二巻』、前掲（7）に同じ。
（10）小島憲之校注『日本書紀』（新編日本古典文学全集）小学館、一九九五
（11）西郷信綱、前掲（1）、西郷信綱「大嘗祭の構造」『古事記研究』未来社、一九七三
（12）『日本書紀』、前掲（10）に同じ。
（13）場所を意味していた語が人を指すようになることは他にもいくつかの用例がみられる。例えば、「沙庭」のサは神性なものをほめる接頭辞で、サニハは神を迎える神聖な場所をいう語であったが、後には神に仕える者もサニハ（審神者）を意味するようになっていった。古事記の神功皇后が神々を憑依させる場面において「沙庭」は聖なる庭という場所として機能しており、神功皇后に神が依りつく場所である。また、斎宮という語も皇族から伊勢神宮に派遣される皇女の住居の意から仕える女性そのものを意味するようになっていく。高倉の場合も、場所を意味していたものが、人として認識されるようになっていったのではないだろうか。
（14）岡田精司『古代祭祀の史的研究』塙書房、一九九二

(15) ここで示唆を与えるのは出雲国造によって行われる火継式という儀礼であろう。火継式において国造は祭神であるオホナムチに対して背を向けた位置にいることは、国造はオホナムチと一体化し、オホナムチとなって振舞うことを意味すると解される（千家尊統『出雲大社』学生社、一九九一（一九六八）、平井直房『出雲国造火継ぎ神事の研究』房三堂、一九八九）。神を背で受け持つことはその神と一体となり、神自身として振舞うことを意味していたことがうかがえる。

(16) 毛利正守「古事記に於ける「天神」と「天神御子」について」『国語国文』五九―三、一九九〇年三月。毛利正守は「天神御子」と「天神之御子」の用法は異なっているとする。「天神御子」とはアマテラスの血を継いでおり、天皇につながる存在に用いられているとしている。

(17) 西郷信綱「神武天皇」『古事記研究』未来社、一九七三

(18) 本書における古事記の引用は神野志隆光校注の『古事記』（新編日本古典文学全集、小学館、一九九七）をもとにしているが、当該歌に関しては多義的に解釈を行うため、神野志隆光が示している訓読「葦原の 穢しき小屋に 菅畳 弥清敷きて 我が二人寝し」をひらがな表記に変えた。また、文注の「山由理草多在」に関しては、西宮一民校注の新潮日本古典集成本『古事記』（新潮社、二〇〇五（初版、一九七九））の訓読「山ゆり草多《さは》に在り」に従った。

(19) 鉄野昌弘「人麻呂における聴覚と視覚」『万葉集研究 第17集』塙書房、一九八九

(20) 西宮一民「神武記「皇后選定」条の注文の新釈―さゐ河とさゐ草」『皇学館大学紀要』一七、一九七九年三月。『角川古語大辞典』（角川書店、一九八四）は「さわさわ」の項目で「さわ」は物騒がしい音を表す擬声語で、「さわく」の語基であるとし、『岩波古語辞典 補訂版』（岩波書店、二〇一六（初版、一九七四））は「さわさわ」は「さわき」と「さわ」と同根であると解していることから、西宮一民の説を支持するべきだと考える。

(21) 『角川古語大辞典』前掲（8）に同じ。

(22) 西宮一民校注『古事記』（新潮日本古典集成）新潮社、二〇〇五（初版、一九七九）

(23) 『神道大辞典』第二巻、臨川書店、一九七八

(24) 前掲（22）に同じ。

(25) 西郷信綱、前掲（1）に同じ。

(26) 『神道大辞典』、前掲（23）に同じ。

(27) 土橋寛「採物のタマフリ的意義」『古代歌謡と儀礼の研究』岩波書店、一九六五

(28) 野田浩子「『さやけし』の周辺――〈清なる自然〉試論2」『古代文学』二四巻、一九八五
(29) 土橋寛『古代歌謡集』岩波書店、一九五七
(30) 『角川古語大辞典』、前掲(8)に同じ。
(31) 西郷信綱、前掲(1)に同じ、山路平四郎『記紀歌謡評釈』東京堂出版、一九七八
(32) 『岩波古語辞典 補訂版』(岩波書店、二〇一六(初版、一九七四))では「さや」の項目に対して「動詞サヤギの語幹。ざわめくさま。ざわざわ。そよ。「小竹の葉はみ山もさやに乱げどもわれは妹思ふ別れ来ぬれば」〈万一三三〉」とある(五八九項)。『角川古語大辞典』(角川書店、一九八四)は「さやぐ」に対する解説では「さやぐ」は擬声語「さや」の動詞化。①さやさやと音を立てる。植物の葉などが触れ合って音を立てるのにいう。②騒ぐ。やかましくする。平穏でないことにいうと解している。
(33) 土橋寛、前掲(29)に同じ。
(34) 和田萃「三輪山祭祀の再検討」『国立歴史民俗博物館研究報告 第七集 共同研究「古代の祭祀と信仰」』、一九八五。和田萃は三輪氏の系譜『三輪高宮家系図』とその中臣氏の宮廷祭祀との関連性を分析した結果、オホタタネコを祖とする三輪君(神君、大三輪朝臣、大神朝臣とも表記される)による三輪山祭祀は六世紀中葉の欽明朝に始まるとしている。それ以前の三輪山祭祀はヤマト朝廷の大王が自ら行うものであったと推定している。
(35) 西宮一民、前掲(20)に同じ。
(36) 神野志隆光校注『古事記』前掲(3)に同じ。
(37) 『出雲国風土記』(新編日本古典文学全集)小学館、一九九七
(38) 西宮一民、前掲(20)に同じ、西宮一民は狭井神社に万病に効くという霊水があると指摘する。
(39) 『世界シンボル大事典』大修館書店、一九九六。さらに、『風土記』には「井」という言葉が登場する多くの用例をみることができ、その国において井戸が沸き、それが国の名の由来に結び付くとされている。また、南島歌謡の「祓い声」では、神が井戸を探し、水が口に合ったところに住居を定め、島立て・村立てをするモチーフをみることができる(『南島歌謡大成 宮古編』角川書店、一九七八―一九八〇)。「(前略)磯井の地に降りて 神の井戸に降りて 磯の井戸の水を 神の井戸の水を 白い真口に受けて 美しい真口に受けて 磯の井戸の水は 神の井戸の水は 水量は少ないけれど 湯(水)量は少ないけれど 水は旨いので 湯(水)は旨いので 粢水になるのだ 祈り水になるのだ(そこで) 頂杜に登って 頂崎に登って 島根の方をとって 村根の方をとって 居り心地はよいのであるが 踏み心地はよいのであるが (後略)」。

(40)『風土記』(新編日本古典文学全集)小学館、一九九七。『播磨国風土記』賀古郡では「或人、於此、掘出冷水。故曰松原御井」と記され、『播磨国風土記』揖保郡では「酒井野。右、所以称酒井者、品太天皇之世、造宮於大宅里、闢井此野、造立酒殿、故号酒井野」と記されている。どちらもの用例において、その地で井戸を掘ったことがその地名の起源となっている。
(41)三浦佑之『古事記講義』文藝春秋、二〇〇三
(42)神野志隆光『古事記の世界』吉川弘文館、一九八六、神野志隆光校注『古事記』、前掲(3)
(43)三浦佑之、前掲(41)に同じ。
(44)土橋寛、前掲(29)に同じ。
(45)『角川古語大辞典』、前掲(8)に同じ。また、『岩波古語辞典　補訂版』(岩波書店、二〇一六(初版一九七四))では「さや」と題する二つの異なる項目があり、一つ目では「動詞サヤギの語幹。ざわめくさま。ざわざわ。そよ。「小竹の葉はみ山もさやに乱げどもわれは妹思ふ別れ来ぬれば」〈万一三三〉と解され、二つ目では「清。①すがすがしいさま。一説、モノがすれ合って鳴るさま。②「さやか」に同じ」と記されている(五八九項)。
(46)中西進校訂『万葉集1』講談社文庫、一九七八、第二巻、一三三歌「小竹の葉はみ山もさやに乱げどもわれは妹思ふ別れ来ぬれば」に対する注釈。
(47)野田浩子、前掲(28)に同じ。
(48)土橋寛、前掲(29)に同じ、『角川古語大辞典』前掲(8)に同じ、『古語大艦』前掲(7)に同じ。
(49)壬生幸子「大物主神についての一考察」『古事記年報』一九巻、一九七七
(50)「サヰ」という植物の名が登場するのは古事記の該当記述と「重訂本草網目啓豪・二三」(小野蘭山〔述〕、小野職孝、岡村春益〔編〕、一八〇三)である。「重訂本草網目啓豪・二三」では「サヰ」は山ゆりのことであると記されている。
(51)サキ草は『続日本紀』(吉川弘文館、一九六六)に「福草」と記述されている。『令集解・神祇』(吉川弘文館、一九六八)では三枝花は奈良の率川神社の祭において酒樽を飾る植物として用いられていたと記述されている。
(52)賀茂真淵「冠辞考」『賀茂真淵全集第八巻』続群書類従完成会、一九七八。本居宣長(『古事記伝』岩波書店、一九四〇―一九四四)も賀茂真淵説を支持している。
(53)西宮一民、前掲(20)に同じ。
(54)大津透等編『古代天皇制を考える』日本の歴史8、講談社学術文庫、二〇〇九

(55) 大津透『律令国家支配構造の研究』岩波書店、一九九三、同「「日本」の成立と天皇の役割」大津透等編『古代天皇制を考える』日本の歴史8、講談社学術文庫、二〇〇九
(56) 神野志隆光『古代天皇神話論』若草書房、一九九九、同『古事記と日本書紀』講談社現代新書、一九九九
(57) 大隅清陽「(第二章) 君主秩序と儀礼」大津透等編『古代天皇制を考える』日本の歴史08、講談社学術文庫、二〇〇九
(58) 大隅清陽、前掲 (57) の考察を受けている。
(59) 小島憲之校注『日本書紀』(新編日本古典文学全集) 小学館、一九九四
(60) 大隅清陽、前掲 (57) に同じ。
(61)『日本書紀』、前掲 (59) に同じ。
(62)『日本書紀』、前掲 (59) に同じ。
(63) 吉井巌「崇神王朝の始祖伝承とその変遷」『天皇の系譜と神話』塙書房、一九六七―一九九二
(64) 阿部眞司『大物主神伝承論』翰林書房、一九九九
(65) 阿部眞司、前掲 (64) に同じ。
(66) 吉井巌、前掲 (63) に同じ。
(67) 吉井巌、前掲 (63) に同じ。
(68) 神野志隆光、前掲 (56) に同じ。
(69) 三浦佑之『古代叙事伝承の研究』勉誠社、一九九二
(70) 梅沢伊勢三『記紀論――国学的古事記観の克服』創文社、一九七八
(71) 呉哲男『古代日本文学の制度論的研究――王権・文字・性』おうふう、二〇〇三、呉哲男「ヤマトタケルと「東方十二道」」『古代文学における思想的課題』森話社、二〇一六
(72) 呉哲男、前掲 (71) に同じ。

第二章
(1) 西宮一民校注『古事記』(新潮日本古典集成) 新潮社、二〇〇五 (初版、一九七九)
(2) 斎藤英喜『アマテラスの深みへ　古代神話を読み直す』新曜社、一九九六
(3) 和田萃「三輪山祭祀の再検討」『国立歴史民俗博物館研究報告　第七集　共同研究「古代の祭祀と信仰」』、一九

八五
（4）和田萃、前掲（3）に同じ。
（5）赤坂憲雄『境界の発生』講談社学術文庫、二〇〇二
（6）ヤマトの天皇は天と血統でつながっている点で、中国の皇帝の制度と異なるのだが（丸山裕美子「第五章　天皇祭祀の変容」大津透等編『古代天皇制を考える　日本の歴史08』講談社学術文庫、二〇〇九）、日本書紀における崇神は天下を統治するにあたって、天の意を重要視していることがうかがえる。
（7）小島憲之校注『日本書紀』（新編日本古典文学全集）小学館、一九九四
（8）阿部眞司『大物主神伝承論』翰林書房、一九九九
（9）斎藤英喜『アマテラスの深みへ　古代神話を読み直す』新曜社、一九九六
（10）斎藤英喜、前掲（9）に同じ。
（11）折口信夫「幣束から旗さし物へ」『古代研究I民俗学篇1』角川ソフィア文庫、二〇一七（初版、一九七七）
（12）阿部眞司、前掲（8）に同じ。
（13）阿部眞司、前掲（8）に同じ。
（14）松田浩「歴史叙述の中の大物主神――三輪の酒と『記』『紀』の論理と」『古代文学』五八号、二〇一九年三月
（15）岡田精司『古代王権の祭祀と神話』塙書房、一九七九
（16）阿部眞司、前掲（8）に同じ。
（17）阿部眞司、前掲（8）に同じ。

第三章
（1）西郷信綱『古事記注釈』第三巻、平凡社、一九八八
（2）川副武胤「男子の称号」『古事記の研究』至文堂、一九六七。川副武胤は「御子」の用例を分析した結果、ホムチワケの他に「御子」と呼ばれるのは倭建御子、穴穂御子と応神であるとし、その用法は天皇になる人物に限定されていると述べている。
（3）三浦佑之「話型と話型を超える表現――ホムチワケとサホビメ」『古代叙事伝承の研究』勉誠社、一九九二、川上順子「本牟智和気王物語と出雲」『古事記と女性祭祀伝承』高科書店、一九九五
（4）菊池照夫「出雲国造神賀詞奏上儀礼の意義――神宝の検討を中心に」瀧音知之編『出雲世界と古代の山陰　古

代王権と交流7』名著出版、一九九五
(5)菊池照夫、前掲(4)に同じ。
(6)三浦佑之、前掲(3)に同じ。
(7)折口信夫「『ほ』・『うら』から『ほがひ』へ」『折口信夫全集』第十六巻、中央公論社、一九七七
(8)松本弘毅「垂仁記の祭祀――出雲大神の「祟」」『国文学研究』一四四号、二〇〇四年一〇月
(9)斎藤英喜『古事記　成長する神々』ビイング・ネット・プレス　二〇一〇
(10)日本書紀には「先レ是軍二金綱井一之時、高市郡大領高市縣主許梅、儵忽口閉、而不レ能レ言也。三日之後、方着レ神以言、吾者高市社所レ居名事代主神。又身狭社所居レ名生霊神者也。(是より先に、金綱井に軍せし時に、高市郡大領高市縣主許梅、儵忽に口閉びて、言ふこと能はず。三日の後に、方しに神着りて言はく、「吾は、高市社に居る、名は事代主神なり。又、身狭社に居る、名は生霊神なり」といふ)」とある。
(11)大久間喜一郎「司祭伝承考」『古代文学の伝統』笠間書院、一九七八
(12)ミルチャ・エリアーデ『シャーマニズム　古代的エクスタシーの技術　下』ちくま学芸文庫、二〇〇四
(13)論文：多田元「本牟智和気御子伝承の構想――「出雲」と「高志」とをめぐって」『国学院大学大学院紀要』一七号、一九八五。三浦佑之「話型と話型を超える表現――ホムチワケとサホビメ」『古代叙事伝承の研究』勉誠社、一九九二。長野一雄「本牟智和気の不毛な神婚」『古事記説話の表現と構想の研究』一九九八、おうふう。松本弘毅「垂仁記の祭祀――出雲大神の「祟」」『国文学研究』一四四号、二〇〇四年一〇月号、岡本恵理「垂仁記と出雲――「葦原色許男大神」を中心に」『上代文学』九八号、二〇〇七年四月号、川上順子「本牟智和気王物語と出雲」『神道宗教』一二三号、一九八六年六月号。注釈：『古事記』(新潮日本古典集成)西宮一民校注、新潮社、二〇〇五(初版、一九七九)。西郷信綱『古事記注釈』筑摩書房、二〇〇五。『古事記』(新編日本古典文学全集1)山口桂紀・神野志隆光校注、小学館、二〇〇四(初版、一九九七)。三浦佑之『口語訳　古事記(完全版)』文藝春秋、二〇〇五(初版、二〇〇二)。
(14)神野志隆光『古事記の達成』東京大学出版会、一九八三、同『古事記の世界観』吉川弘文館、一九八六、
(15)『古事記』(新潮日本古典集成)西宮一民校注、新潮社、二〇〇五(初版、一九七九)
(16)ミルチャ・エリアーデ「第十三章　相似せる神話、シンボル及び儀礼、橋と「難径」」『シャーマニズム　古代的エクスタシーの技術　下』ちくま学芸文庫、二〇〇四。エリアーデは橋がかつて天地を結んでいた橋というシンボルであるとし、さらに、「フィン人の伝承では、ウェイネメイネンと、トランスにおいて異界に旅するシャーマ

ンとは、剣と小刀で作られた橋を渡らなければならない」と述べている。
（17）『宗教学辞典』小口偉一、堀一郎監修、東京大学出版会、一九七三
（18）多田元、前掲（13）に同じ。
（19）古事記上巻オホクニヌシの別名に関して下記の記述がみられる。「大国主の神。亦の名は大穴牟遅の神といひ、亦の名は葦原の色許男の神といひ、亦の名は八千矛の神といひ、亦の名は宇都志国玉の神といひ、併せて五つの名あり。」
（20）西郷信綱、前掲（1）に同じ。
（21）神の荒魂が憑依する一例として挙げられるのは『太神宮諸雑事記』である。『太神宮諸雑事記』ではアマテラスの本体アマテラスの荒魂が斎宮に憑依して、託宣したことが記述されている（斎藤英喜『アマテラス――最高神の知られざる秘史』学研新書、二〇一一）。
（22）巫者と司霊者がセットになっているとみることができる。セット型シャーマニズムに関しては以下を参照した。岩田勝「神楽のことば――神霊の両義的なはたらきと司霊者のはたらき」斎藤英喜編『日本神話その構造と生成』有精堂出版、一九九五（初出『国文学』三四号、一九八九年一月号）
（23）和田萃「杵築大社の成立」『日本古代の儀礼と祭祀・信仰　下巻』塙書房、一九九五、瀧音能之「オホクニヌシ神の原像」『出雲古代史論攷』岩波書院、二〇一四
（24）門脇禎二『古代出雲』講談社学術文庫、二〇〇三
（25）三浦佑之『口語訳古事記』文藝春秋、二〇〇二、同『古事記講義』文藝春秋、二〇〇三、荻原千鶴『出雲国風土記』講談社学術文庫、一九九九
（26）瀧音能之、前掲（23）に同じ。
（27）神野志隆光校注『古事記』（新編日本古典文学全集）小学館、一九九七
（28）三浦佑之、前掲（25）に同じ。
（29）「異界」での様々な試練を乗り越え、主人公は異界に属する女性と結婚をする。このパターンはよく見ることができる。「異界」の女性と結婚をすることは「異界」の力を手に入れることを意味し、主人公のこれからの成長が保証されるのである。西郷信綱、前掲（1）に同じ。
（30）吉井巌「ホムツワケ王――崇神王朝の後継者像」『天皇の系譜と神話』塙書房、一九九二（初版、一九七六）
（31）川副武胤、前掲（2）に同じ。

(32) 出雲国造神賀詞奏上儀礼は資料上、霊亀二年(七一六)から天長十年(八三三)までの一一七年間にわたる期間において確認されるが、その間に儀礼の意図や内容が変遷していたととらえる見方がある。水林彪「古代天皇性における出雲関連諸儀式と出雲神話」『国立歴史民俗博物館研究報告』第一五二集、二〇〇九年三月、瀧音能之「「出雲国造神賀詞」とその奏上儀礼」『出雲古代史論攷』岩田書院、二〇一四
(33) 大浦元彦『出雲国造神賀詞』奏上儀礼の成立」『史苑』第四五巻第二号、立教大学史学会、一九八六年一一月
(34) 水林彪、前掲(32)に同じ。
(35) 菊池照夫、前掲(4)に同じ。
(36) 拙稿「古事記のなかの出雲――ホムチワケのシャーマニックな体験から」、『現代思想』「総特集出雲」、青土社、二〇一三年一一月
(37) 斎藤英喜、前掲(9)に同じ。
(38) 水野祐『古代の出雲』日本歴史叢書29、吉川弘文館、荻原千鶴、前掲(25)、三浦佑之『風土記の世界』岩波書店、二〇一六
(39) 水野祐、前掲(38)、三浦佑之『風土記の世界』、前掲(28)に同じ。

第四章

(1) 三浦佑之『口語訳古事記』文藝春秋、二〇〇二、同『古事記講義』文藝春秋、二〇〇三
(2) 森昌文「ヤマトタケル論――言(コト)への展開」『古代文学』二五号、一九八六年三月号、三浦佑之、前掲(1)、松本直樹『古事記神話論』新典社、二〇〇七
(3) 西條勉「ヤマトタケルの暴力――構造化するテクスト」『日本文学』四一巻八号、一九九二年八月
(4) 岡田精司『古代王権の祭祀と神話』塙書房、一九七九
(5) 西條勉、前掲(3)に同じ。
(6) 西條勉、前掲(3)に同じ。
(7) 『時代別国語大辞典 上代編』三省堂、一九六七
(8) 西郷信綱『古事記注釈』筑摩書房、二〇〇五(初版、平凡社、一九七五―一九八九)、西宮一民校注『古事記』(新潮日本古典集成)新潮社、二〇〇五(初版、一九七九)
(9) 森昌文、前掲(2)、稲生知子「『古事記』にとっての倭建命――「言葉」をめぐる問題から」『古代文学』五〇

巻、二〇一一年三月
(10) 本書における古事記の引用は神野志隆光校注の『古事記』(新編日本古典文学全集、小学館、一九九七)をもとにしているが、「言向和平」に関しては「言葉を向け、鎮め和らげる」と解する立場をとるため、「言向け和平せ」と訓読している西宮一民校注の『古事記』(新潮日本古典集成、新潮社、二〇〇五(初版、一九七九))に従う(本書第I部第五章に詳述)。
(11) 本章で取り上げたヤマトタケルの景行の命令の誤認に関する分析は前掲(2)(9)の議論を踏まえてのものである。
(12) 森昌文、前掲(2)に同じ。
(13) 稲生知子、前掲(9)に同じ。
(14) 荻原千鶴『出雲国風土記』講談社学術文庫、一九九九
(15) 森昌文、前掲(2)に同じ。
(16) 折口信夫「国文学の発生(第四稿)」『古代研究V 国文学篇1』角川ソフィア文庫、二〇一七(初版、一九七七)
(17) 日本書紀巻第六、垂仁天皇九十九年三月の条である。小島憲之校注『日本書紀』(新編日本古典文学全集)小学館、一九九四
(18) 小島憲之校注『日本書紀』、前掲(17)頭注
(19) 日本書紀巻第七、景行天皇二十八年二月の条である。小島憲之校注『日本書紀』、前掲(17)に同じ。
(20) 日本書紀巻第七、景行天皇四十年七月の条である。小島憲之校注『日本書紀』、前掲(17)に同じ。
(21) 岡田精司『古代王権の神話と祭祀』塙書房、一九八四(初版、一九七〇)
(22) 福田良輔「倭建の命は天皇か——古事記の用事法に即して」『語文研究』第三号、一九五五年一一月、九州大学国文学会、小学館古事記
(23) 西宮一民校注『古事記』、前掲(8)に同じ。
(24) 神野志隆光校注『古事記』(新編日本古典文学全集)小学館、一九九七
(25) 神野志隆光校注『古事記』、前掲(24)に同じ。
(26) 吉井巌『ヤマトタケル』学生社、一九八一(初版、一九七七)
(27) 都倉義孝『古事記　古代王権の語りの仕組み』有精堂出版、一九九五

（28）松本直樹『古事記神話論』前掲（2）に同じ。
（29）稲生知子、前掲（9）、飯泉健司「タケと王——タラシヒコ三代（景行・政務・仲哀）の為政者観」『國學院雑誌』第一一二巻第一一号、二〇一一
（30）西條勉、前掲（3）、同「〝雄略的〟なものの克服」『古事記と王家の系譜学』笠間書院、二〇〇五
（31）森昌文、前掲（2）に同じ。
（32）三浦佑之、前掲（1）に同じ。
（33）古橋信孝『神話・物語の文芸史』ぺりかん社、一九九二
（34）呉哲男「ヤマトタケルと「東方十二道」」『古代文学における思想的課題』森話社、二〇一六
（35）三浦佑之、前掲（1）に同じ。

第五章

（1）飯泉健司「タケと王——タラシヒコ三代（景行・政務・仲哀）の為政者観」『國學院雑誌』第一一二巻第一一号、二〇一一
（2）飯泉健司、前掲（1）に同じ。
（3）ミコトを実行する能力の重要性について森昌文「ヤマトタケル論——言（コト）への展開」『古代文学』二五、一九八六年三月、稲生知子「『古事記』にとっての倭建命——「言葉」をめぐる問題から」『古代文学』五〇巻、二〇一一年三月号が参照される。
（4）坂下圭八『古事記の語り口』笠間書院、二〇〇二
（5）赤坂憲雄『境界の発生』講談社学術文庫、二〇〇二
（6）多田元「本牟智和気御子伝承の構想——「出雲」と「高志」とをめぐって」『国学院大学大学院紀要』一七号一九八五
（7）西郷信綱『古事記注釈』第三巻、平凡社、一九八八
（8）神野志隆光校注『古事記』（新編日本古典文学全集）小学館、一九九七
（9）本居宣長『古事記伝　本居宣長全集第九巻～十二巻』筑摩書房、一九六八—一九九三
（10）西宮一民校注『古事記』（新潮日本古典集成）新潮社、二〇〇五（初版、一九七九）
（11）西宮一民校注『古事記』、前掲（10）に同じ。

（12）古事記の天の岩屋戸の条に「天児屋命、布刀詔戸言禱白而」と記載されている。
（13）西宮一民校注『古事記』、前掲（10）、神野志隆光校注『古事記』、前掲（8）に同じ。
（14）吉田修作「のる」『古代語を読む』桜楓社、一九八八
（15）西宮一民校注『古事記』、前掲（10）頭注
（16）三浦佑之『古事記講義』文藝春秋、二〇〇三
（17）西郷信綱、前掲（7）に同じ。
（18）坂下圭八、前掲（4）に同じ。
（19）倉塚曄子「胎中天皇の神話」『古代の女——神話と権力の淵から』、平凡社、一九八六
（20）赤坂憲雄、前掲（5）に同じ。
（21）小島憲之校注『日本書紀』（新編日本古典文学全集）小学館、一九九四

終章

（1）石母田正『古代国家論1』岩波書店、一九七三
（2）三浦佑之『口語訳古事記』文藝春秋、二〇〇二、同『古事記講義』文藝春秋、二〇〇三、同『古事記を読みなおす』ちくま新書、二〇一〇、同『出雲神話論』講談社、二〇一九
（3）神田典城『日本神話論考——出雲神話篇』笠間書院、一九九二、松本直樹『出雲国風土記注釈』新典社、二〇〇七、小村宏史『古代神話の研究』新典社、二〇一一
（4）本書第Ⅱ部においても考察しているが、本書の議論は呉哲男『日本古代文学の制度論的研究——王権・文字・性』おうふう、二〇〇三、同『古代文学における思想的課題』森話社、二〇一六を踏まえている。
（5）吉田和彦『「日本書紀」の呪縛』集英社新書、二〇一六

参考文献一覧

テクスト

古事記

倉野憲司校注『日本古典文学大系1　古事記祝詞』岩波書店、一九五八

倉野憲司校注『古事記』岩波文庫、一九六三

倉野憲司校注『古事記全注釈』1-4、三省堂、一九七三〜一九八〇

西宮一民校注『古事記』（新潮日本古典集成）新潮社、二〇〇五（初版、一九七九）

神野志隆光校注『古事記』（新編日本古典文学全集）小学館、一九九七

日本紀

小島憲之校注『日本書紀』（新編日本古典文学全集）小学館、一九九四

『続日本紀』（国史大系）吉川弘文館、一九六六

『続日本紀』（新日本古典文学大系）岩波書店、一九八九-一九九一

風土記

『風土記　日本古典文學大系』秋本吉郎校注、岩波書店、一九五八

『風土記　新編日本古典文学全集』植垣節也校注、小学館、一九九七

荻原千鶴『出雲国風土記』講談社学術文庫、一九九九

その他

青木紀元「出雲国造神賀詞」『祝詞全評釈』、二〇〇〇、右文書院

『令義解巻七　公式令』（国史大系）、吉川弘文館、二〇〇〇（初版、一九三九）

『令集解・神祇』（国史大系）、吉川弘文館、一九六八

『南島歌謡大成　宮古編』角川書店、一九七八－一九八〇

事典・辞典類
『岩波古語辞典　補訂版』岩波書店、二〇一六（初版、一九七四）
『エリアーデ世界宗教事典』せりか書房、一九九四
『角川古語大辞典』角川書店、一九八四
『角川大字源』角川書店、一九九二
『古語大鑑　第二巻』東京大学出版会、二〇一六
『神道大辞典』第二巻、臨川書店、一九七八
『宗教学辞典』小口偉一、堀一郎監修、東京大学出版会、一九七三
『時代別国語大辞典、上代編』三省堂、一九六七
『世界シンボル大事典』大修館書店、一九九六
『日本古語大辞典』刀江書院、一九七四

参考文献
赤坂憲雄『境界の発生』講談社学術文庫、二〇〇二
秋本吉徳「風土記神話試論――伊和大神をめぐって」『古事記年報』一八号、一九七六年一月
阿部眞司『大物主神伝承論』翰林書房、一九九九
飯泉健司『播磨国風土記神話の研究――神と人の文学』二〇一七
飯泉健司「タケと王――タラシヒコ三代（景行・政務・仲哀）の為政者観」『國學院雑誌』第一一二巻第一一号、二〇一一
石母田正『日本古代国家論Ⅰ、Ⅱ』岩波書店、一九七三
稲賀繁美「タケミカヅチはなぜタケミナカタに手を握らせたのか？――『古事記』「国譲り」の発話構造における神威発現の機制と策略」『図書新聞』三三五四号、二〇一八年六月九日
稲生知子「『古事記』にとっての倭建命――「言葉」をめぐる問題から」『古代文学』五〇巻、二〇一一年三月
井上光貞「国造制の成立」『史学雑誌』六〇－一一、（のち『井上光貞著作集』第三巻、岩波書店に収録された）

岩田勝「神楽のことば――神霊の両義的なはたらきと司霊者のはたらき」斎藤英喜編『日本神話その構造と生成』有精堂出版、一九九五（初出『国文学』三四、一九八九年一月）
梅沢伊勢三『記紀論――国学的古事記観の克服』創文社、一九七八
梅田徹「『古事記』の「神代」――根本原理としての「コトヨサシ」」『国語と国文学』六二―八、一九八五年八月
ミルチャ・エリアーデ『神話と現実』エリアーデ著作集第七巻、せりか書房、一九七三
ミルチャ・エリアーデ『シャーマニズム　古代的エクスタシーの技術　下』ちくま学芸文庫、二〇〇四
ミルチャ・エリアーデ「第十三章　相似せる神話、シンボル及び儀礼、橋と「難径」」『シャーマニズム　古代的エクスタシーの技術　下』ちくま学芸文庫、二〇〇四
大浦元彦『出雲国造神賀詞』奏上儀礼の成立『史苑』第四五巻第二号、立教大学史学会、一九八六年一月
大久間喜一郎「司祭伝承考」『古代文学の伝統』笠間書院、一九七八
大隅清陽「（第二章）君主秩序と儀礼」大津透等編『古代天皇制を考える』日本の歴史08、講談社学術文庫、二〇〇九
大津透『律令国家支配構造の研究』岩波書店、一九九三
大津透「「日本」の成立と天皇の役割」大津透等編『古代天皇制を考える』日本の歴史08、講談社学術文庫、二〇〇九
岡本恵理「垂仁記と出雲――「葦原色許男大神」を中心に」『上代文学』九八号、二〇〇七年四月
小村宏史『古代神話の研究』新典社、二〇一一
折口信夫「幣束から旗さし物へ」『古代研究Ⅰ　民俗学篇1』角川ソフィア文庫、二〇一七（初版、一九七七）
折口信夫『折口信夫全集』中央公論社、一九七七
折口信夫「国文学の発生（第四稿）」『古代研究Ⅴ　国文学篇1』角川ソフィア文庫、二〇一七（初版、一九七七）
折口信夫「『ほ』・『うら』から『ほがひ』へ」『折口信夫全集』第十六巻、中央公論社、一九七七
岡田精司『古代王権の神話と祭祀』塙書房、一九八四（初版、一九七〇）
岡田精司『古代祭祀の史的研究』塙書房、一九九二
岡田精司「記紀神話の成立」『岩波講座　日本歴史』一九七五
加藤義成『修訂　出雲国風土記参究』今井書店、一九八七（初版、一九五七）
門脇禎二『出雲の古代史』日本放送出版協会、一九七六

門脇禎二『古代出雲』講談社学術文庫、二〇〇三
賀茂真淵「冠辞考」『賀茂真淵全集第八巻』続群書類従完成会、一九七八
川上順子「本牟智和気王物語と出雲」『古事記と女性祭祀伝承』高科書店、一九九五
川副武胤「男子の称号」『古事記の研究』至文堂、一九六七
管浩然「『古事記』の「天之御舎」をめぐって」『万葉』第二二六号、二〇一八年一〇月
神田典城『日本神話論考——出雲神話篇』笠間書院、一九九二
神田典城「ヤマトタケルとオホクニヌシ」『学習院大学上代文学研究』第四号、一九七八・一二
菊池照夫「出雲国造神賀詞奏上儀礼の意義——神宝の検討を中心に」瀧音知之編『出雲世界と古代の山陰　古代王権と交流七』名著出版、一九九五
倉塚曄子「胎中天皇の神話」『古代の女——神話と権力の淵から』平凡社、一九八六
神野志隆光『古事記の達成』東京大学出版会、一九八三
神野志隆光『古事記の世界観』吉川弘文館、一九八六
神野志隆光『古代天皇神話論』若草書房、一九九九
神野志隆光『古事記と日本書紀』講談社現代新書、一九九九
小島憲之『上代日本文学と中国文学』塙書房、一九八六（初版、一九六二）
呉哲男『古代日本文学の制度論的研究——王権・文字・性』おうふう、二〇〇三
呉哲男『古代文学における思想的課題』森話社、二〇一六
西郷信綱『古事記の世界』岩波書店、一九六七
西郷信綱『古事記研究』未来社、一九七三
西郷信綱『国引き考——出雲国風土記』《リキエスタ》の会、二〇〇一
西郷信綱『古事記注釈』筑摩書房　二〇〇五（初版、平凡社、一九七五—一九八九）
西條勉「ヤマトタケルの暴力——構造化するテクスト」『日本文学』四一巻八号、一九九二年八月
西條勉『古事記と王家の系譜学』笠間書院、二〇〇五
斎藤英喜『アマテラスの深みへ　古代神話を読み直す』新曜社、一九九六
斎藤英喜『古事記　成長する神々』ビイング・ネット・プレス、二〇一〇
斎藤英喜『アマテラス——最高神の知られざる秘史』学研新書、二〇一一

坂江渉「『播磨国風土記』の神話からみる祭りの諸事の縁起譚」『専修大学古代東ユーラシア研究センター年報』第三号、二〇一七年三月
坂下圭八『古事記の語り口』笠間書院、二〇〇二
佐竹美穂「『出雲国風土記』意宇郡母理郷条を読む」『古代文学』五八号、二〇一九年三月
千家尊統『出雲大社』学生社、一九九一（初版、一九六八）
千家和比古「出雲大社と祭祀――その祭主、出雲国造の祭儀」上田正昭編『古代を考える　出雲』吉川弘文館、一九九七（初版、一九九三）
高橋六二「神、詔りたまひき・風土記の神言」『日本文学史を読む1　古代前期』、有精堂、一九九〇
瀧音能之「風土記の成り立ちとその時代」瀧音之行編『風土記をひらく』新井出版、一九八七
瀧音知之「風土記と天皇号」『律令国家の展開過程』名著出版、一九九一
瀧音能之『出雲古代史論攷』岩田書院、二〇一四
武廣亮平「天地開闢神話」『風土記の神と宗教的世界』おうふう、一九九七
多田元「本牟智和気御子伝承の構想――「出雲」と「高志」とをめぐって」『国学院大学大学院紀要』一七号、一九八五
田中卓「神武天皇の東征と熊野の高倉下」『芸林』四九－三、二〇〇〇年八月
土橋寛『古代歌謡集』岩波書店、一九五七
土橋寛「採物のタマフリ的意義」『古代歌謡と儀礼の研究』岩波書店、一九六五
鉄野昌弘「人麻呂における聴覚と視覚」『万葉集研究　第17集』塙書房、一九八九
都倉義孝『古事記　古代王権の語りの仕組み』有精堂出版、一九九五
中西進校訂『万葉集1』講談社文庫、一九七八
長野一雄「本牟智和気の不毛な神婚」『古事記説話の表現と構想の研究』おうふう、一九九八
西宮一民「神武記「皇后選定」条の注文の新釈――さゐ河とさゐ草」『皇学館大学紀要』一七、一九七九年三月
壬生幸子「大物主神についての一考察」『古事記年報』一九巻、一九七七
野田浩子「『さやけし』の周辺――〈清なる自然〉試論2」『古代文学』二四巻、一九八五
橋本雅之『古風土記の研究』和泉書院、二〇〇七
平井直房『出雲国造火継ぎ神事の研究』房三堂、一九八九

福田良輔『倭建の命は天皇か――古事記の用事法に即して』『語文研究』第三号、一九五五年一一月、九州大学国文学会
藤井貞和『古日本文学発生論』思潮社、一九七八
古橋信孝『神話・物語の文芸史』ぺりかん社、一九九二
古橋信孝「災いと法」古橋信孝編『言葉の古代生活誌』河出書房新社、一九八九
松田浩「歴史叙述の中の大物主神――三輪の酒と『記』『紀』の論理と」『古代文学』五八号、二〇一九年三月
松本直樹『古事記神話論』新典社、二〇〇七
松本直樹『出雲国風土記注釈』新典社、二〇〇七
松本弘毅「垂仁記の祭祀――出雲大神の「祟」」『国文学研究』一四四号、二〇〇四年一〇月
丸山裕美子「第五章　天皇祭祀の変容」大津透等編『古代天皇制を考える　日本の歴史08』講談社学術文庫、二〇〇九
三浦佑之『古代叙事伝承の研究』勉誠出版、一九九二
三浦佑之『口語訳古事記』文藝春秋、二〇〇二
三浦佑之『古事記講義』文藝春秋、二〇〇三
三浦佑之『風土記の世界』岩波書店、二〇一六
三浦佑之『古事記を読みなおす』ちくま新書、二〇一〇
三浦佑之「カムムスヒ考――出雲の祖神」『文学（特集 古事記をよむ）』一三（一）、二〇一二年一月
三浦佑之「出雲と出雲神話――葦原中国、天之御舎、神魂命」『現代思想』青土社　二〇一三年一一月
水野祐『古代の出雲』日本歴史叢書二九、吉川弘文館、一九九六
水野祐「出雲の豪族と出雲臣族」、「出雲の国造」、上田正昭編『古代を考える　出雲』吉川弘文館、一九九三
水林彪『記紀神話と王権の祭り』岩波書店、一九九一
水林彪「古代天皇性における出雲関連諸儀式と出雲神話」『国立歴史民俗博物館研究報告』第一五二集、二〇〇九年三月
三谷栄一『日本神話の基盤』塙書房、一九八四（初版、一九七四）
毛利正守「古事記に於ける「天神」と「天神御子」について」『国語国文』五九－三、一九九〇年三月
本居宣長『古事記伝　本居宣長全集』第九巻―第一二巻、筑摩書房、一九六八－一九九三

本居宣長「出雲國造神壽後釋」『本居宣長全集』第七巻、本居宣長著、大野晋、大久保正編集校訂。筑摩書房、一九六八－一九九三
森昌文「ヤマトタケル論――言（コト）」への展開」『古代文学』二五、一九八六年三月
山路平四郎『記紀歌謡評釈』東京堂出版、一九七八
横田健一「古事記と日本書紀における詔と勅――類義語の分布よりみた巻々の特色」『日本書紀成立論序説』塙書房、一九八四
吉田修作「のる」『古代語を読む』桜楓社、一九八八
吉井巖『天皇の系譜と神話』塙書房、一九九二（初版、一九七六）
吉井巖『ヤマトタケル』学生社、一九八一（初版、一九七七）
吉田和彦『「日本書紀」の呪縛』集英社新書、二〇一六
渡辺信一郎『古代中国の王権と天下秩序――日中比較史の視点から』、校倉書房、二〇〇三
和田萃『日本古代の儀礼と祭祀・信仰　下巻』塙書房、一九九五
和田萃「三輪山祭祀の再検討」『国立歴史民俗博物館研究報告　第七集、共同研究「古代の祭祀と信仰」』、一九八五
和田萃「出雲国造と変若水」『国立歴史民俗博物館研究報告』第一一二集、二〇〇四年二月

索引

あ行
アシナヅチ　117
アシハラシコヲ　44, 52, 109, 127, 226-9
アタヒメ　194-5
アヂスキタカヒコ　54-60, 63, 72-3, 156
アツカヤ　263
アヒラツヒメ　190
阿部眞司　199
アマテラス　17, 38-9, 87, 108, 117, 120-1, 129-30, 135, 137-9, 164, 166-7, 177-8, 195, 197, 212, 248-9, 258
アメノコヤネ　195, 278
アメノヒボコ　109
アメノホヒ　69, 81, 129, 147, 149, 152, 228-30
アメノミトリ　68, 70
アメノワカヒコ　129, 137, 149, 249
飯泉健司　271-2
イカガシコヲ　210
イザナキ　108, 137, 183, 274
イザナミ　108, 137
イザホワケ　276-81
石母田正　32-3, 35, 37
イスケヨリヒメ　10, 174-81, 184-7, 189, 198, 201, 206, 208
イスズヒメ　198, 200
出雲臣広島　23-5, 62, 96, 106
出雲タケル　11, 46, 246, 261, 264
出雲国造神賀詞　19, 24, 26-7, 39, 54-5, 60-6, 69, 95-6, 100, 121-2, 126, 157, 229, 232, 287
イチシノナガオチ　214
イツセ　164, 171, 190, 193
イヅモイヒイリネ　237-8
イヅモフルネ　237-9
稲生知子　248, 260
井上光貞　25
伊和の大神　109
忌部宿祢子首　27
ウツシクニタマ　44
梅沢伊勢三　203
エヒメ　243
『延喜式』　55, 62-3, 95
応神天皇　121, 232, 267, 275-6, 279-80, 282-4, 292
大浦元彦　61, 95
岡田精司　171, 253
荻原千鶴　37, 49, 57-8, 66, 72
オシクマノミコ　282
オシホミミ　129-30, 132, 177-8
オトウカシ　194
オトタチバナヒメ　256
オトヒメ　243
オホウス　242-5, 260, 263
オホクニヌシ　12, 14, 16, 44, 52-3, 69, 72, 87, 96, 98, 127-32, 134, 138-48, 150, 206, 211, 224, 227-8, 235-6, 289
オホタタネコ　181, 207-10, 214-6, 218
オホナムチ　12-4, 16-9, 25-6, 28, 35, 39, 41, 44-6, 48-9, 53-8, 60, 62-70, 72-4, 76, 78-9, 81-4, 86-8, 90-6, 99-100, 117, 122-3, 126-9, 146-52, 156-7, 199, 201, 229, 231, 235-6, 286-9, 291
オホヒルメ　191
オホモノヌシ　10-1, 157, 159, 174, 179, 181, 185-6, 189, 198-201, 204, 206-12, 214-20, 283, 285, 289
オミヅヌ　17, 29-38, 40, 65-6, 83-5, 118-9
小村宏史　39, 61, 88, 94
折口信夫　37, 224, 251

か行
カゴサカノミコ　282
加藤義成　37, 97-8
門脇禎二　16, 25, 88
神野志隆光　70, 89, 131, 134, 144, 158

カムムスヒ　17-8, 50, 68-70, 72-3, 119
カムヤマトイハレビコ　162
賀茂真淵　188
カワカミタケル　264
神田徹　139
神田典城　87-8, 94
杵築大社　49, 53-4, 57-8, 60, 65-70, 72-4, 84-5, 143-4, 146-7, 151-2, 156
キヒサカミタカヒコ　50-4, 57-8, 72-3, 156, 229
キヒサツミ　46, 51-4, 58, 225-30, 232, 238, 240
気比の大神　108, 120-1, 276, 281-2, 284
クシナダヒメ　16
クシヤタマ　142-3, 145-6, 224
熊襲タケル　11, 242, 245-6, 250-1, 253, 259, 264
倉塚曄子　281
倉野憲司　134, 144
元明天皇　27
呉哲男　203
コトシロヌシ　142, 150, 198-201, 204, 289
コノハナサクヤビメ　222

さ行

西郷信綱　71, 130, 144-5, 158, 167, 173, 227, 280
西條勉　242, 260
坂下圭八　280
サカヤ　263
佐草自清　39
サホネツヒコ　163-4
サホビメ　222, 224
シヒネツヒコ　194
『続日本紀』 22, 24, 27-8, 108, 188
『続日本後紀』 281
新羅　30, 121, 182, 270-2, 274, 281-2
神功皇后　120-1, 270, 272, 274, 278, 282
神武天皇　10-1, 37, 134, 137, 158-9, 162-4, 166, 169-201, 203-4, 206-7, 210-1, 213, 217, 220, 248, 251, 262, 285, 289
垂仁天皇　12, 51, 121, 147, 157, 167, 207, 222-4, 226, 231, 234-6, 240, 248, 251-2, 262, 275
スクナビコナ　69, 90, 211
スサノヲ　16-7, 29, 108, 117, 119, 127-8, 135, 147, 249
崇神天皇　11, 157, 181, 204, 206-20, 236-9, 248, 251, 262, 289
スセリビメ　128, 178, 222
住吉三神　108, 120-1
成務天皇　270
千家尊統　99
千家和比古　39

た行

高木の神　136-9, 165-6, 172, 177-8, 248
タカクラジ　165-6, 168-71, 173, 193
タカミムスヒ　18, 68-70, 108, 128-30, 137, 139, 146, 148-9, 152, 167, 191, 197, 248
瀧音能之　16-7, 36, 49, 53, 61, 79, 146
タケウチノスクネ　273, 275-80
タケハニヤスビコ　194
武廣亮平　84
タケミカヅチ　129, 138-40, 142-3, 145, 149-50, 166
タケミナカタ　140, 142
タケモロスミ　237
タマクシヒメ　198
タラシナカツヒコ　262
仲哀天皇　137, 249, 262, 270-3, 275-6, 278, 282
土橋寛　131, 179
ツヌガアラシト　281
鉄野昌弘　175
トヨスキイリビメ　212

な行

ナガスネビコ　190, 193

成務天皇　270
西宮一民　146, 176, 182-3, 188, 227, 258
ヌナキノイリビメ　212, 215
野田浩子　131, 179, 184

は行

橋本雅之　71, 90-1
斐伊川　12, 45-6, 52-5, 57, 63, 66, 79, 84, 86, 146, 229, 275
ヒナガヒメ　230-1, 233, 262
平井直房　39, 81-2, 99
フタヂノイリビメ　262
フツヌシ　76-7, 79
フトタマ　195
古橋信孝　116
ホノニニギ　108, 148, 164, 167, 169, 172, 190-1, 222, 248, 251, 279
ホムチワケ　12, 46, 51-3, 147, 152-3, 207, 222-36, 240, 249, 262, 275-6, 290

ま行

松本直樹　17, 56, 68, 88-9, 94, 259
松本弘毅　224
三浦佑之　70, 202, 224, 261, 279
水野祐　25, 28
水林彪　62, 131, 139
三谷栄一　55-6, 60-1
壬生幸子　185
ミヤズヒメ　257-8, 261
三輪山　127, 157, 181, 201, 206, 211, 215
毛利正守　172
本居宣長　37, 63, 143-5
モモソヒメ　207, 213-5
森昌文　135, 139, 248

や行

ヤカミヒメ　128
ヤソタケル　194-5, 263
ヤチホコ　44, 127
ヤマタノヲロチ　16, 46, 231
ヤマトタケル　11, 46, 90-1, 105, 109, 134, 137, 158-9, 203, 242, 247-53, 255-66, 270
ヤマトヒメ　38, 247, 253, 261
雄略天皇　258-60
横田健一　106-8
吉井巌　199, 231, 259

ら・わ行

『令義解』　106
和田萃　45, 52-3, 55, 63, 69-70, 94, 146, 181, 209
ヲウス　242-6, 251, 253, 260-1, 263

Summary

The analysis performed in this book shows that the *Kojiki* and *Nihon shoki*, which appeared in the early eighth century, express differing forms of the statues of the Emperor and Yamato. It is also apparent that *Izumo no kuni fudoki*, one of the Fudoki compiled by the government of the Ritsuryō, shows a Yamato and Emperor statue different from the one depicted in the *Kojiki* and *Nihon shoki*. These differences are closely related to the messages which each text delivers to us.

As we have seen in this book, *Nihon shoki*, which adheres to the philosophy of the Ritsuryō state, positions Yamato as the absolute center symbolized by "*Heaven* (*ame* 天)". This positioning of Yamato was dictated by the philosophy of the *Nihon shoki* which is based on the ideas of ancient Chinese statehood, wherein the Emperor was considered a divine entity from Heaven – wielding absolute power. As we have seen, the *Kojiki* was compiled as a revolt against oppression of the *Nihon shoki's* "Chinese worldview". *Kojiki* tries to revive the image of Yamato, which was lost due to the compiling of the *Nihon shoki*. That is why *Kojiki* describes Yamato as a devastating world and also describes "the local ruling families or clans (*gōzoku* 豪族)" not as absolutely submissive to the Emperor but as mutually approving of each other.

This suggests that it is *Nihon shoki* which depicts Yamato as absolute. However, Yamato in the *Nihon shoki* was not conveyed reflecting historical facts for what it was, but rather to express Yamato's imperial desire to be so.

The *Izumo no kuni fudoki*, which was requested to be submitted as "a report (*gebumi* 解文)", also shows a different image of Yamato. The emperor statue is delegated by Ōnamuchi to govern the territory, and is described as being below the creator and god of Izumo. An analysis of the Izumo no kuni fudoki suggests that "the ruler of the Izumo area (*Izumo no kuni no miyatsuko* 出雲国造)" intends to emphasize the importance of its main priest deity (Ōnamuchi) and its position as a priest in rituals of the Yamato Imperial Court. The analysis of the *Izumo no kuni fudoki* suggests that

Yamato never functioned as an absolute center.

Yamato is positioned differently in different texts and points in different directions, as can be seen from an analysis of the world of ancient mythology. It can be said that Yamato in ancient times should be regarded as something that cannot be reduced to a fixed concept or significance. Each text describes in its own way, so we should not consider Yamato as being absolute, but as something whose meaning changes depending on the story and message of the text.

The analysis presented in this book reveals only partially Yamato's problems in ancient mythology. Many challenges remain. As a future task, I hope to proceed with the analysis of the *Izumo no kuni fudoki*, and at the same time, conduct analyses of the *Harima*, *Bungo*, *Hizen*, *Hitachi no kuni fudoki* which were not mentioned in this book. In addition, although the scope of this book stops with the analysis of the second volume of *Kojiki*, I hope to analyze the third volume of *Kojiki* – thereby deepening its consideration – in the future.

Andassova Maral

著者　アンダソヴァ・マラル（Andassova Maral）

1982 年、カザフスタン生まれ。2003 年に名古屋大学日本語・日本文化研修コースを修了し、2004 年にカザフ国際関係外国語大学（Kazakh University of International Relations and World Languages）を卒業。2013 年に佛教大学大学院文学研究科にて博士課程を修了、博士（文学）学位を取得。2016 年に国際日本文化研究センター外国人研究員として採択され、後に日本学術振興会外国人研究員として活躍。学習院大学非常勤講師、上智大学非常勤講師を経て現在はカザフ国際関係外国語大学講師、早稲田大学人間総合研究センター招聘研究員、国際日本文化研究センター海外研究員。古代神話における出雲とヤマトについて独自の視点から一貫して考究している。著書に『古事記　変貌する世界』（ミネルヴァ書房、2014）がある。

ゆれうごくヤマト

もうひとつの古代神話

2020 年 1 月 25 日　第 1 刷印刷
2020 年 2 月 10 日　第 1 刷発行

著者――アンダソヴァ・マラル

発行人――清水一人
発行所――青土社

〒 101-0051　東京都千代田区神田神保町 1-29　市瀬ビル
［電話］03-3291-9831（編集）　03-3294-7829（営業）
［振替］00190-7-192955

印刷・製本――シナノ印刷

装幀――今垣知沙子

ISBN978-4-7917-7237-7 C0095